経営学新講義

宮脇 敏哉 編著

小田哲明　福田拓哉　稲永健太郎
岩田一男　大澤弘幸　金津 謙　栁田健太

晃洋書房

まえがき

　2008年9月17日のリーマンショックにより，失われた15年から回復していた日本経済は，再び下降したのである．その後，日経平均株価は6000円台から，約2年を掛けて1万円台に回復したのである．しかし，ヨーロッパ発のギリシャショックにより，再び9000円台へと下降した．思えば1989年は，日本経済の天井となる株価3万8915円を付けた年であった．そして，翌年のバブル経済崩壊を受けて長いトンネルに入った状態が20年続いているのは，日本経済の現状であることを受け入れなければならないと考える．

　編著者は近年の研究調査として，大きく2つのことを行っている．1つは，アジアにおけるマーケティングのロジステイックス調査研究として，タイ（バンコック）・ベトナム（ハノイ・ホーチミン）・中国（上海・南京）・韓国（インチョン・ソウル）の企業訪問とヒヤリング調査である．2つめは，日本の中小企業クラスター地域の調査分析である．これまでの調査地域は，東大阪市・燕市・三条市・大田区・北九州市・鯖江市・魚津市の7ヵ所である．

　日本を含めたアジアは，次の世代の機関車になると考える．それは，アジア地域における「沸騰都市」と言われる急成長都市が多く存在していることによって推測される．アジアの各都市の企業を訪問し，ヒヤリング調査することによって，アジアの時代を予感できる様々な場面に遭遇した．マズローの欲求5段階説である「生理的」，「安全」の段階にある国も存在していることは，現実であるが，中国経済の急速な発展を見ていると，アジアの各国は，4，5年のうちに中国を追随する急成長国家になると推測される．

　では，日本経済は失った時間ばかりを過ごしているのかというと，そうではない．確実に日本企業はイノベーションを行っており，ギリシャショック後でも，高収益を叩き出している企業は多々存在している．アジア各国において調査を行っていると，目につく日本企業が多く存在する．ベトナムと中国では，TOTOの存在感があり，高級な衛生機器と認知され，活発な経済活動が行われていた．そして，ハノイでは，パナソニック・キヤノン・旭ガラスなどが工場展開を行っていた．

　中小企業クラスター地域の調査では，これまで調査した7ヵ所と新潟経営大

学のプロジェクトにおいてヒヤリング調査した新潟県・栃木県・群馬県・埼玉県の中小企業全般に言えることは，2008年末から翌年4月にかけて仕事が激減していることである．特に，中国における技術発展が著しく，マーケティングにおける価格政策において，敗北していると認識した．しかし，すべての中小企業が疲弊しているわけではなく，燕三条の企業はグローバル化とイノベーションを行い「爪切り」1個が8万円という高級品で世界展開を行っている．

本書には，全国の優れた研究者が多く参加している．できるだけ，新しい経営学書にするために，知的財産権や経営学に役立つ法律，会計学などの範囲を拡大した構成となっている．

第1章は起業論，第2章は経営管理論，第3章は経営組織論，第4章は知的財産の概要，第5章は経営資源としての知的財産，第6章はマーケティング，第7章は情報品質とその保証，第8章は経営情報論，第9章は会計学，第10章は経営学を学ぶ上で必要な法律，第11章はリーダーシップである．

今回，出版事情の厳しい時に，全国において活動を続ける研究者のために，出版の機会をいただいた，晃洋書房代表取締役社長 上田芳樹氏，ご担当の西村喜夫氏には，心より感謝申し上げる．

なお，最後に日本経営スポーツ学会会員の強力なサポートに感謝申し上げる．

　　2010年11月6日　桐の加工産地・新潟加茂にて

　　　　　　　　　　　　　　　　　　　　　　編著者　宮 脇 敏 哉

目　　次

まえがき

第1章　起　業　論 ……………………………………… (1)
　はじめに　(1)
　第1節　アントレプレナー　(2)
　第2節　起業とイノベーション　(9)
　おわりに　(17)

第2章　経営管理論 ……………………………………… (20)
　はじめに　(20)
　第1節　経営管理の研究者　(20)
　第2節　経営管理の歴史と現代イノベーション経営管理　(28)
　おわりに　(33)

第3章　経営組織論 ……………………………………… (36)
　はじめに　(36)
　第1節　バーナードとサイモン　(36)
　第2節　組織論の要諦　(41)
　おわりに　(52)

第4章　知的財産の概要 ………………………………… (54)
　第1節　知的財産　(54)
　第2節　知的財産制度　(57)
　第3節　知的財産の動き　(66)
　おわりに　(68)

第5章　経営資源としての知的財産 (69)
　第1節　知的財産戦略　(69)
　第2節　知的財産の活用と技術移転　(72)
　おわりに　(76)

第6章　マーケティング (77)
　はじめに　(77)
　第1節　マーケティングの概念　(78)
　第2節　顧客中心主義に至る背景　(84)
　第3節　マーケティングによる仕組みづくり　(87)
　おわりに　(93)

第7章　情報品質とその保証 (97)
　第1節　情報の品質とは　(97)
　第2節　経営における情報品質　(103)
　第3節　情報品質の第三者保証　(109)

第8章　経営情報論 (118)
　はじめに　(118)
　第1節　経営情報の段階的ステージ　(118)
　第2節　現代のステージへ導いたネットワークの発展　(123)
　第3節　ネットビジネスの特徴　(129)
　おわりに　(133)

第9章　会　計　学 (135)
　はじめに　(135)
　第1節　財務会計 (Financial accounting)　(135)
　第2節　管理会計 (Management accounting)　(153)
　第3節　税務会計 (Tax accounting)　(156)

第10章　経営学を学ぶ上で必要な法律 ……………………………（159）
　はじめに　（159）
　第1節　法人格と会社組織　（159）
　第2節　企業間取引において重要な法律　（163）
　第3節　消費者保護と公正な企業活動の確保　（173）
　おわりに　（181）

第11章　リーダーシップ ……………………………………………（183）
　はじめに　（183）
　第1節　リーダーシップとは　（183）
　第2節　リーダーシップの歴史的系譜　（185）
　第3節　リーダーシップの3要件　（193）
　第4節　現代のリーダーシップ　（200）
　おわりに　（203）

人名索引　（207）
事項索引　（208）

第1章

起 業 論

はじめに

　現代企業はどのように発生するのだろうか，すべての企業はある時，起業家によってスタートされて誕生したのである．企業を何もないところから発生させる人物を，起業家，アントレプレナーという．起業家は新技術開発型，新ビジネスモデル型の企業を起こすことに意義がある．新しい企業が誕生することによって，その地域の産業振興，新規雇用創出に貢献し，派生する新産業をさらに創出することになる．さらに地域行政の予算増加や失業問題の解決にも繋がるのである．経営学の中でも経営戦略とともに起業論は注目されている領域となっている．

　起業家を多く輩出するためには，アントレプレナーシップ（起業家精神）の活用，変化，変革が必要とされるが，それはイノベーション（技術革新）が重要と言われている．起業家はどこから発生するのか検討すると，ベンチャー企業・中小企業のクラスター地域（京都，浜松，東大阪市，北九州市，大田区等）が圧倒的に多いことは分かっているが，クラスター地域のみに期待するのは，連続性が希薄になると考える．起業家を輩出できる部分として労働者があげられるが，それは労働者の企業における豊富な経験，コミュニケーション能力，業界の理解をもとに安定成長が期待できるのである．日本を代表する起業家としては，松下電器産業の松下幸之助，本田技研工業の本田宗一郎，ソニーの井深大，盛田昭夫，京セラの稲盛和夫，ソフトバンクの孫正義があげられる．本章においては，アントレプレナー（起業家）を検討する．キーワードはアントレプレナー，アントレプレナーシップ，イノベーション，ベンチャー企業，エンジェル，ベンチャーキャピタル，経営戦略，ビジネススクールである．

第1節　アントレプレナー

1　アントレプレナーの発生

　アントレプレナーは，何もないところから発生する．計画的または突然にアントレプレナーシップを持ち登場するのである．それは起業意識，起業知識，起業実践を備えた果敢に挑戦するハイリスクハイリターン型の人間によって発生させられる．バイグレイブは，1994年に起業家発生を「引き金を引く」ということばで表現した．これは「爆発」ということばと同じ意味をもっている．アントレプレナーは，起業の意思決定をどのように行うのか疑問であるが，意外と単純な理由が多いと考える．例えば「高級車がほしい」，「豪邸に住みたい」，「異性に興味をもってほしい」，「人を動かしたい」などである．また外部要因としては，「地域」，「家庭」，「学校」，「会社」などがあげられる．
　アントレプレナー誕生のメカニズムは，大きくは4つのステージが存在している．第1に発案であるが，ここには環境，機会，創造がある．次に爆発的な意思決定があり，競争，経営資源，インキュベーション，国の政策が影響する．さらに，事業を始める段階に入り，熱意，展望が大きく左右する．そして成長がはじまり，組織，経営戦略，製品計画，価格政策が登場するのである．起業家の能力には，判断力，統率力，先見力，調整力さらに説得力がある．起業家は，その器量によって自己脱皮し，企業を急成長させ出口経営戦略へと展開する．起業家には，やるべきことがあり，それは「夢」，「判断力」，「実行力」，「決意」，「献身」などである．夢は，自分自身や事業がこれからどうなるのか，見通しをもっていることである．判断力は，素早く物事を意思決定することである．実行力は，意思決定後は，可能な限り早く動き出すことである．そして決意は，どのような困難に当ってもあきらめない強い意志をもつことである．献身は，事業に立ち向かっているときに，様々な付合いが途切れるが，疲れることなく仕事を行うことである．アントレプレナーは，曖昧性，不確実性に対する許容度が求められる．明日，明後日の売上確証無いまま，経営を続ける能力は起業時に重要視される．起業時におけるビジョン（未来図），ミッション（使命）設定は，成長に不可欠といえる．アントレプレナーに率いられた新企業は，様々な社会貢献を行っている．まず経済成長，雇用促進，技術革新であり，その立地する国，地域においてなくてはならない企業に成長する．成長に重要

なキーは技術革新，イノベーションであり，新企業による技術革新，市場創造は，我々に生活向上をもたらしてくれた．

2 アントレプレナーの資金調達

　果敢に挑戦するアントレプレナーは，なにもないところから新企業を起こすが，どのような手順を踏めばスムーズな起業ができるか検討する．アントレプレナーのシード期（種まき時期）における第1の仕事は，「初期資金」の調達である．なにもないところから起業する場合は，この初期資金は自分自身でつくるしかない．その後は，エンジェルおよびエンジェルファンドからの出資を受けるが，日本ではエンジェルがどこに行けば会えるのか，分からないのが現状である．アメリカにおいてはサンフランシスコ近郊のシリコンバレー，サンドヒル3000番地にベンチャー企業関連のエンジェル，ベンチャーキャピタル，弁護士，会計士，経営コンサルタントなどが集積している．よって起業を志すアントレプレナーは，サンドヒル3000番地に行けば大きなチャンスを攫むことができる．アントレプレナー行動において象徴的なこととして，シリコンバレーの低層（3F）のエレベーターの中で1Fから3Fまでに至る短い時間の間にアントレプレナーがエンジェルに対して「投資行動の決定」を勝ち取ることがある．

　次にスタートアップ期（開業時期）に入るが，このステージでも資金は，自己資金，エンジェル，エンジェルファンドに頼りがちになる．一部では，国民生活金融公庫，地元の信用組合，JAなどが対応してくれる場合もある．アーリーステージ期（急成長期）に入るとノンバンク，ベンチャーキャピタルが参加してくる．日本のベンチャーキャピタルは，銀行，証券系が多く，独立系は少ないが，まず独立系が参加し，その後銀行，証券系が参入するのが一般的である．その後，中小企業投資育成会社や中小企業金融公庫などが，参入してくる．アーリーステージ期は，ベンチャー企業にとって資金が多く必要な時期であるが，銀行はまだ参入してこないのが現状である．次にグロース期（安定成長期）に，はじめて銀行，生命保険会社，損害保険会社などが参加してくる．そこで見えてくるのが，出口経営戦略のIPO，M&Aである．

3 アントレプレナーのイノベーション

　アントレプレナーは，ある時に起業の意思決定を行い，起業という楽しくも

あるが苦難の道に入るのである．そして，アントレプレナーは，無の状態において強い意思決定を行ってスタートアップする．強い意思決定は引き金を引く，または爆発するという表現で表されるが，本章では「爆発」を採用したいと考える．アントレプレナーは，アントレプレナーシップに則って企業を起こし経営するが，その時に必要とされるのがイデア（着想力），イノベーション（革新力），インフォメーション（情報力），インテリジェンス（思考力）である．

イノベーションを最初に述べたのは，オーストリア出身のシュンペーターであった．シュンペーターは，「新結合」ということばによって，変化，変革が重要であると指摘した．それは，人類が内燃機関を手に入れたとき，人々は蒸気機関車よりも郵便馬車を連結したほうが，速度が出るといったのである．シュンペーターは，人々に向かって「新技術である蒸気機関車は，今はまだ速度が遅いが，技術革新によって変化，変革する」と述べた．新結合は，新しい財貨，新しい生産方法，新しい販路，新しい供給源であり，単に古いものに新しいものがとって代わるのではなく並走する時間も必要とした．また必要とする生産手段は，旧結合より持ってくる必要があるとした．さらに，シュンペーターは，安定を破り，秩序を壊す，この過程を「創造的破壊」と呼んだ．今井賢一はシュンペーターの『経済発展の理論』から以下の3つの要点を指摘している．①「新結合」という明快かつ鋭い用語をもって，技術革新を軸とする経済転換の諸相に動態的に道筋をつけていること．②その新結合を遂行する経済主体としての「企業家」の機能を明確にし，かつそれが指導的機能（リーダーシップ）と結びついたときに，創造的破壊というべき変革が起こることを解明していること．③シュンペーター自身が「自分がかいたもので，経済の実態を念頭においていないものは1つもない」と述べた．そして，複雑な問題に関する自己のビジョンを他者に伝達することに成功していることの重要性を説いた．また，新結合について現代のIT革命についても「コンピュータを何台つなげてみてもイノベーションにはならない」．それがイノベーションといえるほどになるには，画期的な検索エンジンとの新結合が不可欠であり，現代ではグーグルの2人がその新結合を強力に推進し，21世紀型の創造的破壊の嵐を起こしていると述べた．

今井賢一は創造的破壊について，シュンペーターが言わんとしたことは，『経済発展の理論』の後に書かれた『資本主義・社会主義・民主主義』の中の2つの文章に凝縮していると述べた．それは，①資本主義のエンジンを起動

させ，それを回転させ続ける基本的な原動力は資本主義企業が「新結合」によって創造する「新消費財，新生産方法はないし新輸送方法，新市場，新産業組織からもたらされるものである」というイノベーションに関する基本論点である．注目される点は，「新結合」は単に技術の結合ではなく，新市場や新産業組織との結合が重視されている．②「ここでの本当の問題は，資本主義がいかにして現存構造を創造しかつ破壊するかということである」として「資本主義がいかにして現在構造を操作しているか」にすぎないと述べている．[2)]

その後，ドラッカーが著書『断絶の時代』において，これまでの時代を断ち切り，全く新しい時代に変化しなければならないと，イノベーションの重要性を説いたのである．ドラッカーは，あらゆる企業に2種類のイノベーションがあるとした．1つは製品，サービスであり，もう1つは，技術であるとした．さらに，ドラッカーは，その著書『未来企業』において，生産性とイノベーションという2つの灯台が我々の道しるべであり，生産性を軽視したり，イノベーションをおこなわなければ，あげられた利益も実は利益ではない資本を食いつぶしているにすぎないと述べた．アントレプレナーにとってイノベーションは連続する変化，変革であり，ベンチャー企業を成功させる中心点であると考える．アントレプレナーは，強い意志，独立心，情熱によって企業経営を行い成長させるのである．

4　フレッド・ターマンとヒューレット・パッカード

ターマンは1900年アメリカ・カリフォルニアパロアウトに生まれた．スタンフォード大学が卒業後にマサチューセッツ工科大学大学院に進学したが病気のためにカリフォルニアに戻ってきた．そして，健康が回復したのち1929年にスタンフォード大学の助教授となり，1937年に教授となったのである．ターマンは産学協同の考え方を持ち，大学の知恵を出し，産業界がビジネスを起こすという理念を持っていた．ターマンはスタンフォード大学の教え子であったヒューレットとパッカードに注目しており，その後，カリフォルニアに帰ってきた2人の起業に対して多くの援助を行った．

ターマンが講義を行っていたスタンフォード大学は地域に溶け込んでおり，一般学生にまじって街の発明家というべき人達が聴講にきていた．ターマンがよく学生に言っていたのは「注意したまえ，諸君．いまこの世を振り動かしているような連中は，決して学識豊かな学者ではないんだよ．かえって何も知ら

ない連中のほうが革新の旗手たり得るんだ」と説いていたのである．ターマンは2人の起業時に医療機器の仕事を提示している．2人はアデソン通りに2階建ての家を借り，そのガレージからHPをスタートした．1938年の暮れになっても，2人はアルバイトをしながら，ターマンの研究室でいろいろな実験を行い，発振器などの新技術開発に没頭していた．HPの正式起業は1939年であった．

HPの事業は水が流れるように順調に推移した．エレクトロニクス・ビジネスの黎明期であり，発振器はその基本をなしていたため急成長したのである（水野［1996］13-28頁）．

5　ショックレイ研究所とスタンフォード・インダストリアル・パーク

トランジスタの発明は1946年，ベル研究所の3人（ショックレイ，バーディン，ブレティン）であった．この功績によって，3人は1956年にノーベル物理学賞を獲得している．しかし，ショックレイはこの半導体普及に失敗し，自身で会社（ショックレイ研究所）を設立した．ターマンの強い進めによって1956年に設立始動したのである．トランジスタの発明者として名が通っていたショックレイのもとに多くの優秀な技術者が集まったが，意見の対立から八人の技術者が転出していった．そして，8人はフェアチャイルドの支援を受けて，フェアチャイルド半導体（株）を設立した．この8人のなかにインテルの起業家となるノイスがいたのである．これらの独立志向は，その後のシリコンバレーモデルとなり，次々と新企業は発生する原型となったのである．シリコンバレーのシリコンは半導体産業の主原料である真砂からきている．

リーランド・スタンフォードは所有する土地1200万坪を大学の資産として寄付し，スタンフォード大学が設立された．この土地はリーランドの遺言によって売ることができないことになっていた．ターマンはここで，土地を売らずに有効利用できる方法として，産学協同によって大学の土地をハイテク企業に貸し出すことにしたのである．ターマンによってスタンフォード・インダストリアル・パーク構想が薦められ，1953年以降，バリアン，イーストマンコダック，GE，IBM，ウォルストリートジャーナルなどが集積してきた．大学にとってはリース料が入り，企業は大学技術を導入できる利点があり，現在でもこのシステムで運営されている（水野［1996］29-36頁）．

6　アントレプレナーのナレッジマネジメント

　ナレッジマネジメントは知識経営といわれ，現代企業経営に欠かせない存在となっている．アントレプレナーによってスタートアップしたベンチャー企業は，ビジョン，ミッション，ドメイン，意思決定によって急成長する．ドラッカーは，早い段階から知識社会の到来によって知識労働の生産性向上があり，アメリカ，日本，ドイツの成長は続くと述べた．ナレッジマネジメントを構成するサプライチェーンマネジメントは，原料の調達から開発，生産，輸送，販売に至る各社の連鎖関係にITが参加する状態をさしている．それらがさらに発展してロジスティクスとして成立，発展している．

　ナレッジマネジメントは，ドラッカーによって提示され，その後，日本において1980年代に盛んに研究された．このころは，日本が世界経済をリードしている時代だったためにアメリカは，その成長要因を研究し，日本の生産システム，知識産業を多く分析したのである．その結果，日本の強さは「教育」にあることを突き止めることができ，アメリカにおいての低年齢に対するアントレプレナー教育がスタートしたのである．日本がバブル経済崩壊後に経済が疲弊すると，同じくアントレプレナー教育がおこなわれた．ドラッカーは，『未来企業』において，これからは，鍵は知識である．世界は，労働集約的でも，原材料集約的でも，エネルギー集約的でもなくなる．知識集約的になろうとしていると1990年に述べた．さらに知識社会における経営管理者にとって決定的に重要な問題は，イノベーションとアントレプレナーシップと指摘したのである．

7　アントレプレナーのビル・ゲイツ

　アメリカにて誕生したコンピュータは，当初軍事目的であったが1945年以降は高速道路と同じく，情報高速道路設置計画によって急速に発展することとなった．ビル・ゲイツは，マイクロソフトのスローガンとして「指先に情報を」をあげ，ネットワークによる利益を重視している．ビル・ゲイツは，ハイスクール在籍の1968年に小型コンピュータを数台連結して遊んでいたが，どうしても大型コンピュータを使用したくなり，友人のポールアレンとともに電話回線を使って高価なアクセスを開始したのである．

　1970年前後は，市販のソフトが大変高価であり，当然のごとくハードはさらに高価であった．そこでビル・ゲイツは，ポール・アレンとソフト開発に着

手したのである．そしてハイスクールの学生2人が，ひと夏に5000ドルの報酬を受け取ることとなった．その後，インテルの8008チップとの出会いが起業へと繋がっていくのである．そして，ビル・ゲイツは1973年にハーバード大学に進学し，今後のソフト制作の研究を始めた．なぜ，ハードではなくソフトにしたのかは，将来ハードは日本メーカーかIBMが独占するだろうと推定したことによる．ビル・ゲイツは，大学に在学したまま1975年にニューメキシコ州アルバカーキにおいてマイクロソフトを起業した．この時点から，すでに日本企業は，ビル・ゲイツに接触していた．特に西和彦（アスキー）の存在は大きいと考える．

　1979年にマクロソフトは，アルバカーキからシアトルへ移転し，1983年にウィンドウズを発売した．この当時の日本では，まだパーソナルコンピュータではなく，大型コンピュータの時代であった．ビル・ゲイツは1960年代から政府によって開発されていたWWW（ワールドワイドウェブ）に注目しソフト開発を急いだ．1995年には，日本においてウィンドウズを発売し，世界最大のソフトメーカーとして発展している．

8　アントレプレナーの孫正義

　孫正義は，佐賀県鳥栖市に生まれ高校1年まで日本で生活した．高校1年生でアメリカに渡り，1974年にハイスクールに入学してビル・ゲイツと同じインテルチップと出会うこととなった．その後，カルフォルニア大学バークレー校に入学し発明に没頭した．そして，同じバークレー校のホン・ルーと知り合い会社を起業した．当初は，翻訳機を開発して日本企業へ売り込み，先見性のあったシャープにパテントの売却に成功したのである．この取引で孫正義は1億数千万円を手に入れた．その資金をもとにして行ったのは，日本のインベーダーゲームの輸入であった．アメリカで経営していた会社は，ユニソン・ワールドといいゲームソフト会社であった．

　孫正義は，1980年に日本に帰国し，福岡市博多区にアメリカと同名のユニソン・ワールドを起業した．翌年には，東京に進出し，日本総合研究所と合弁で新会社日本ソフトバンクを設立した．孫正義は，この時期にコンピュータの本を出版して，またしても成功するのであった．次のチャンスは，大阪の上新電器との取引と札幌のハドソンとの出会いであった．その後，ソフトバンクは急成長し，さらにヤフーへの出資，日本ヤフー設立と2000年代には，売上2

兆円となった．近年は中国・百度への出資，提携と活発な投資行動を行っている．

9　IT革命がもたらしたシステム

1990年代のアメリカ経済を牽引したのはサンフランシスコ郊外にあるシリコンバレーに群生した企業群である．インテル，アップルコンピュータ，サン・マイクロシステムズ，シスコ・システムズ，スリーコムなど，設立数年で「フォーチュン」500社に名を連ねた企業群が，半導体，パーソナルコンピュータ，ワークステーション，インターネットなどのハイテク産業を創りだし，経済の新次元を切り開いた．シリコンバレーでは，様々なことが言われている．ベンチャービジネスのあり方，ベンチャーキャピタルの重要性，ハイテク産業の新しい形態，産学官連携などである．

シリコンバレーの資金調達はベンチャーキャピタル，ベンチャーキャピタリスト，ナスダック，ストックオプションにおいてなされている．シリコンバレーからアメリカの経済再成長が展開している．シリコンバレーからナスダックへ株式上場する企業が続出し，何倍ものキャピタルゲインを起業家，ベンチャーキャピタリストにもたらしている．さらに，ストックオプションにより，従業員にも多くの報酬を獲得させている．IPO (Initial Public Offering) がシリコンバレーの合言葉になっている．重要なことは，ハイリターンがあがることではなく，その，ハイリターンが再度，起業家や企業群に再投資されることである（米倉 [1999] 224, 239, 241頁）．

第2節　起業とイノベーション

1　起業とは

これまでは起業というと，根底にあるものとして旋盤やフライス盤の技術で町工場を立ち上げることが，働く人の夢であり，目標であった．そして，修得した能力を駆使することによって「自分の城をもつ」，「独立する」を実現してきた．小さな工程に特化した専門企業からなる産業集積では，1つの企業が倒産すると，従業員が独立して2-3社の企業が誕生することも珍しいことではなかった．そこには，事業を開始すれば後から仕事がついてくるだろうという思惑と，夫婦2人で努力すればどうかなるという環境があった．起業家特有の

自信と楽観主義が「起業するという意思決定」を決断させている．この時点では起業家は失敗するという状態を想像することはありえない．
　起業する事業が一般には未知の新しい分野なのか，すでに存在する分野なのかによって，起業の方法は異なっている．アイデアや経験によって潜在的ニーズを発見した場合，あるいは自己ももつノウハウで新しい製品や技術，サービスを創造する場合が，未知の事業分野つまり潜在市場における事業の創造である．未知の分野での事業創造では，その成功の確率が低い状況である．それはコンシューマのニーズを無視した事業であったり，自分自身がかってにすぐれた製品であると思い込んだ事業であったりしている．すばらしい製品とは機能だけではなく売れる製品のことである．つまり，売れない製品はすばらしくないのである．
　未知の潜在する市場の発掘は難しいものの，それが的確であれば，企業はしばらくの間，競争企業の動向を考慮せずに，自己の経営資源に合わせた事業システムで収益が得られる．ベンチャー企業ブームのなかで事業の新規性が叫ばれるが，すでに事業者が存在している既存の市場に参入する起業家が多い．このことがイノベーションの基本といえる．イノベーションはなにも今までなかった製品を突然発明することではない．既存の製品を一部改良するだけでイノベーションといえる．近年はオープンイノベーションの考え方が浸透しているが，中小企業クラスター地域における価値の共有が重要な発展の要素である．
　後発企業では経営資源が脆弱なために，新しい発想でのコスト削減や技術開発に力を注ぐことで事業を形成している．それは，製造や資材調達業務で，他の企業とは異なった事業システムを構築することによって差別化と競争優位を図っている．後発であったために急激な技術開発や独自性が求められ，コンシューマ創造によって生き残った中小企業が多く存在している（渡辺ほか［2001］32-36頁）．
　起業家は知的能力が高く，総じて高学歴で高い専門能力を有しており，大企業をスピンアウトした者が多い．そして，マネジメント能力が高く，能力主義を掲げる場合が多い．起業家は知識集約型の事業を好んでおり，コンピュータ関連事業に携わることが多いといえる．これまでに多くの起業家を見てきたが，総じて明るく積極的な人物が多いと感じている（渡辺ほか［2001］125頁）．
　起業家が学ぶべき先行研究としてシュンペーターやドラッカーがあげられる．シュンペーターは新結合とイノベーションの重要性を説いた．発展の要因の内

部要因，すなわち新結合の遂行として以下の5つの項目をあげている．① 新商品：新しい，すなわちコンシューマの間には未だ充分に知られていない財貨あるいは新品質の財貨の製造．② 新生産方式：新しい，すなわち当該産業部門において実際上未知な生産方法の導入．③ 新市場：新販路の開拓，すなわち当該国の当該産業部門にこれまで開かれていなかった市場の開拓．④ 新資源：原料あるいは半製品の新しい獲得資源の占拠．⑤ 新組織：新組織の達成．これは，独占的地位の形成あるいは独占の破壊を意味する．以上の内容は新結合といわれ，創造的破壊である．

シュンペーターはイノベーションを革新と考えていたが，イノベーションは発明ではないと述べている．その理由として① 革新は発明と結びついていなくてもよく，また従来の知識に基づいたものでも良いとした．② 自律的に，あるいは特別になされた発明をそのまま経済プロセスに導入する場合においてさえ，革新をすることと発明をすることとは，経済学的にも社会学的にも全く異なった事柄である．などをあげている（高崎経済大学附属産業研究所［2002］33-38頁）．

2　起業家の発生

齊藤毅憲［2006］は起業家を心理的側面から分析している．そして，起業家のパーソナリティやキャラクターに注目してリーダーシップ論から分析している．① 達成意欲が強い，② コントロールの位置，③ リスクテイキング（危険負担）の3つに分けている．達成意欲が強いについては達成意欲が経済発展を支えており，意欲の強い人は，自ら目標設定を行い努力を続ける情熱ある．起業家は一般的に日々の業務に追われており，企業存続活動に集中している．次にコントロールの位置では起業家の第2の資質として位置付け，2つのタイプがあるとした．それは，外的な人間（externals）と内的な人間（internals）であり，外的な人間は運命，チャンス，幸運などが示すように自分自身の力を越えるものが存在することを信じるタイプである．そして，内的な人間は自分の将来について，自分自身でコントロールできると信じており，自力で未来を切り開くタイプである．また，リスクテイキングは起業家の第3の資質である．起業家になるということ自体がリスクに直面することであり，それを乗り越えていくタイプでなければならない．元々リスキーな状況に挑戦するのが起業家であるが，自分自身でそのリスクに気が付かないタイプが多いと考える．

さらに，齊藤は起業を考える個人的な要因を検討する必要があると述べている．起業家としてパーソナリティを持っていても，実際に起業することにはかぎらない．有効な起業支援策やエンジェルがいたとしてもすべての人が起業家になるわけではない．起業家の発生には，何かの「爆発」が必要不可欠である．それは，起業するという意思決定がどこで構築されるかに掛かっている．起業家自信の中から湧き出て，初めて爆発すると考えられる．

3 シリコンバレー

サンフランシスコ南西約50 kmに位置するスタンフォード大学を核としてサンノゼ市周辺にまで拡大しているシリコンバレーは，今や先端技術のソフトウェア・バイオテクノジーなどの世界的中心となっている．1990年代よりのマルチメディアラッシュとでも言うべき様相を呈している．民間主導でおこなわれているシリコンバレーにおけるマルチメディアラッシュは，その基本的目的，到達点はコンシューマ，ユーザーが豊かになる仕組みの構築である．シリコンバレーにおいて念頭に描いているマルチメディア社会は今までの社会システムとは異なった非連続な世界である．シュンペーターのイノベーションが1980年代と1990年代では全く異なった様相をしている．1980年代におけるイノベーションは技術がリードしていたが，1990年代は技術とインターアクション（ユーザーとサプライヤーとの間の知識経営）により，生成発展している．

シリコンバレーにおけるマルチメディアラッシュを進めるメカニズムをシリコンバレーモデルと呼んでいる．このシリコンバレーモデルは，技術主導とマーケット主導の両面を兼ね備えている．ドラッカーは社会的・政治的イノベーションを必要とする21世紀社会を目指している．そもそもシリコンバレーはサンタクララに住んでいたエンジニアであり編集者でもあったドン・ヘフラーが1971年に，ある産業情報誌への寄稿においてハイテクに変貌してゆくサンノゼ周辺をそのように呼んだのがその由来である（今井 [1991] 2-12頁）．

シリコンバレーでみられるようなハイテク企業クラスターは，ボストンやテキサスなどにも存在している．アメリカにおいてもっとも熱い注目を浴びているシリコンバレーのハイテククラスターには，ビジネス面での特性，構造等の点で他にはない特徴がある．その特徴とはまず，ベンチャービジネスが主体となっていることが挙げられる．西海岸と東海岸の対比でみると，西海岸は個人起業家が中心であり，東海岸は大企業が中心である．シリコンバレーでは会社

のプランといって話を持ち出すよりも，個人のアイデアといって話を切り出すほうが仕事としてスムーズに行くと言われている．

　ベンチャービジネス中心の産業構造の場合，経営戦略はターゲットを絞ったほうがうまく行っている．ベンチャービジネスの場合，組織が小さく個人的な企業とため，小回りがきく．これに対して大企業は多数のステークホルダーが関係しており，意思決定が遅い．マルチメディア産業においては，小回りのきくベンチャービジネスの方が有利である．先端技術を支えているのは，アジアや東欧からの移民である．シリコンバレーの企業には，じつに様々な人々がマルチメディアに関わっている．シリコンバレーの頭脳をどんな人々が担っているかというと，技術的には圧倒的に中国系・インド系である．スタンフォード大学のドクターコースの半分以上が中国系，シリコンバレーのベンチャービジネスの技術者の3割は中国系と言われている．

　シリコンバレーの特徴として，たくさんのベンチャービジネスがアメーバのようにシナジー効果を発揮し，それ自体がシリコンバレーインクと言える．シリコンバレーの企業の多くは，大企業をスピンアウトした技術者が起業家として起こした会社である．このトレンドは1957年にショックレー研究所から8人の社員が独立して，フェアチャイルド・セミコンダクターを設立し，ICを開発したことから始まった．シリコンバレーに働く人々は特定の会社に忠誠心を持っておらず，個人のアイデアとビジョンが忠誠と情熱の対象となっている（今井［1991］50-55頁）．

4　アメリカのイノベーション

　2010年アメリカはリーマンショック後の対策として新産業創造戦略を国家戦略と位置付けている．イノベーション（革新や変化・技術革新と呼ばれている）に照準を定めて環境などの成長分野を育成する予定である．アメリカイノベーションは大きく3つに分けられている．①基本要素への投資（知識・技能を備えた次世代の教育），②生産性の高い起業家精神を刺激する競争市場の推進（輸出促進，有望なアイデアに資本配分する開かれた市場の支援），③国家的優先技術での開発の躍進（クリーンエネルギー革命，先端自動車，医療IT）などである．

　「イノベーションか衰退か」とIBMのサムエル・パルミサーノCEOらが2004年にまとめた「パルミサーノリポート」はアメリカが生き残る手段は科学技術と産業の革新であると指摘した．アメリカはこれまでもアポロ計画や情

報スーパーハイウェー構想など，政府主導の新産業創造政策が成功してきた．ところが，近年は中国による環境対応自動車の登場やEUにおける多額の資金を投入する新製品開発，日本における政策など国家間競争が激化している[3]．

　アメリカでは超党派でイノベーションを推進している．世界の英知がアメリカに集結しており，代表例のブルームエナジーのシュリダーCEOはインド生まれで元NASAの技術者である．火星で人間が居住する際に限られた燃料と電気で酸素を作り出す技術を逆に応用して燃料電池を開発した．同社に限らず，シリコンバレーでの起業や研究開発の担い手はアメリカ外出身者が目立っている．

　調査会社のジョイント・ベンチャー・シリコンバレー・ネットワークによると，2008年にシリコンバレーで働いていた科学者・技術者の約60％が外国生まれであった．出身地別ではインドが28％で，続いて中国，ベトナム，台湾，フィリピン，韓国とアジアが続くが日本は香港に続いて第8位であった．2010年2月には超党派の上院議員によって，起業家ビザ法案が提出された．これは，アメリカで起業する外国人に対してアメリカの投資家より一定額の投資を確保すれば2年間のビザを発行する．その後，雇用創出や追加資金が調達できれば，永住権も取得可能である．アメリカは失敗と蓄積，開放性を持って，革新できる人材を世界中から集めている[4]．

5　日本のイノベーション

　イノベーションは企業の優れた発明を活用して，研究開発を行うことである．研究開発を学問から検討するのが，技術経営である．技術経営とは企業が持つ技術を競争力に繋げる経営手法であり，MOT（Management of Technology）と呼ばれる．MOTは1980年代から90年代に，アメリカにおいて，高度な科学技術やITを扱う企業の経営手法として発達した．MOT教育には市場開拓やイノベーションの手法や，研究者のモチベーション管理，標準化戦略などがある．

　近年は事業モデルにたけたEUやアメリカ，そしてコスト競争力に勝る新興国に押され，キャッチアップ型で強みのあった日本企業が低迷している．その対策として技術経営は戦略として重要性を増している[5]．

6 クラウドコンピューティング

　ミクシィを起業した笹原健治は2010年3月の「日経トップリーダー」において SNS について，学校や会社の友人や同僚，共通の趣味を持つ人たちをインターネット上において結びつけることを目的としていると述べている．笹原は就職情報サイトの運営を経て2004年2月にミクシィを開設した．ミクシィは20-30代を中心に会員が1800万人を超える国内最大の SNS（ソーシャルネットワーキングサービス）サイトになっている．ミクシィのコアバリューは友人知人の人間関係を深めていく舞台を提供することであり，ゲーム会社になることが目的とはなっていない．後発の交流サイトの中には，ゲーム中心に最初は無料にしてその後，有料サイトに導き課金するシステムを取るところが多く存在している．ミクシィの経営戦略は経営資源を投入するところを明確にしており，ユーザーに心地よく交流してもらう仕組みづくりである．今後の目標としてSNS 的な要素を取り入れた広告「ソーシャルアド」を提示している．

　ディー・エヌ・エー（DeNA）が2006年2月に開始した携帯電話向け無料ゲームと SNS のモバゲーは開始当初から巧みな収益構造を持っていた．会員が広告をクリックすると，広告主は新規会員を獲得できた見返りとしてディー・エヌ・エーに手数料を支払う．その時にモバゲーの会員にも仮想通貨を発行して利益を獲得できるシステムになっている．この仮想通貨（モバゴールド）をさらに獲得するために会員は広告をクリックするという好循環を構築している．さらに，アバターに対して仮想通貨を多く使用することで無料から多くの収益を発生させている．

　ディー・エヌ・エーはこれらの SNS 事業を行う前はオークションサイトを運営する小企業であったが，2007年の売上は前期の約64億円から，約142億円に急成長している．基本的には無料ゲームであるが，ある一定のレベル以上になると有料になる仕組みによって課金システムを維持成長させている．[6]

　今日はクラウドコンピューティングの黎明期である．富士通総研経済研究所の2009年『研究レポート』No. 337によると，クラウドコンピューティングは経営情報やマーケティングなどに使われているが，企業と個人での定義もまだ定まっていないと述べている．クラウドコンピューティングという言葉が使われ始めた例としては，2001年4月の New York Times において，ソフトウエア開発者の Dave Winer が Microsoft の .NET 戦略に関する批判的コメントにおいて Cloud computing という言葉を使用した．これまでのソフト

ウエア開発や新ビジネスモデル開発，イノベーションを基にクラウドコンピューティングを進化させていると考えられる．

富士通総研経済研究所の『研究レポート』において，湯川抗・前川徹はクラウドコンピューティングを利用者側から以下のように定義した．それは「ユーザーが様々なITリソースをインターネット経由で社外から調達し，サービスとして利用するコンピューティング形態」である．また，供給者側からは「様々なITリソースを顧客にインターネット経由でサービスとして提供すること及び，それを実現するための技術・ハードウエアを供給すること」と定義した．供給者にとってのクラウドコンピューティングは非常に広範なIT関連の事業分野を含んでいることである．顧客が必要とするすべてのITリソースを1社で賄うことは不可能であり，IT業界全体が取り組むべきである．クラウドコンピューティングはIT業界全体の今後のイノベーションの方向性を表すコンセプトおよびパラダイムシフトであると言える．

7　起業家が貢献できるもの

ドラッカーはその著書『チェンジ・リーダーの条件』において，起業家が貢献できるもの，他に抜きんでて貢献できるものは何かについて述べている．それは「ベンチャーが発展し，成長するに伴い，起業家たる企業家の役割は変わらざるをえない．これを受け入れなければ，事業は窒息し，破壊される」であった．ベンチャー企業が成功を始めたら，自らの役割を変えなければならない．しかし，具体的に何をどう変えたら良いかを知る者は少ない．ドラッカーは，何をおいてもまず初めに考えるべきことが「事業にとって大事なことは何か」であると指摘した．起業家は事業をスタートさせた時，事業が軌道に乗った時，大きく伸びた時，この問いを必ず考えなければならない．そして，次に「自らの強みは何か」であり，「事業にとって大事なことのうち，自らが貢献できるもの，他に抜きんでているおり，貢献できるものはなにか」である．最後に「自分は何を行いたいか」である．

ドラッカーは自分が何が得意で何が不得意かとの問いこそ，ベンチャー企業が成功しそうになったとたんに，起業家が直面し，徹底的に考えなければならない問題であると述べている．[7)]

おわりに

　2009・2010年度における起業家教育において，目標としたのは中越地域において多くの起業家が発生することである．小中学校・高校・大学における起業家教育を実際に行い手ごたえを感じている．特に小中学校で行った，ものづくり実習は生徒の感性に訴えることが主体であったが，生徒たちの取り組みを見るにつけ可能性を確信したしだいである．地域の特産である桐を使った鉛筆立て作成，桐を使用した起業家教育教材，紙製ロボットキットなど教材作成に夢中になって取り組んでいたのが印象的であった．ものづくりの楽しさを知ってもらい，将来起業家になりたいと1人でも思えば，起業家教育は成功したと考える．

　今回の起業家育成研究事業における行動において，①小学校・中学校・高等学校・大学における起業家教育授業，②高校生起業家作文コンクール，③高校生・大学生による実習店舗開店運営，④起業家教育講演会が要諦であった．時間的制約があったが①から④まで，概ね成功であったと言える．

　今後の起業家育成研究事業における課題として，コンソーシアムの組織補強と教材としてのプログラム開発を迅速化することである．これらのことを踏まえて次年度の起業家育成研究事業に取り組みたいと考える．最後に新潟県産業観光労働部，その他の関係各位に対して，ご協力に感謝申しあげる．

資料

起業家教育の工程表

　2009年10月から「起業家育成教育研究事業」はスタートしている．
1．起業家育成教育研究事業の計画書作成
2．同事業の予算書作成
3．新潟経営大学コンソーシアム設立
4．第1回コンソーシアム会議
5．コンソーシアム組織構築
6．第2回コンソーシアム会議
7．京都リサーチパークでの研修

8．堀場製作所・島津製作所起業家研究見学
9．高校・大学用教材ソフト開発スタート
10．小中学校教材開発スタート
11．新潟経営大学における起業家教育4回の授業を行う
12．加茂農林高等学校における起業家教育6回の授業を行う
13．第3回コンソーシアム会議
14．加茂市立七谷小学校における起業家教育1回の授業を行う
15．加茂市立七谷中学校における起業家教育1回の授業を行う
16．起業家をテーマとした高校生作文コンクール開催
17．第4回コンソーシアム会議
18．北越高等学校における起業家教育2回の授業を行う
19．福岡リサーチパークでの研修
20．福岡ロボスクェア起業家教材見学
21．第5回コンソーシアム会議
22．大阪大学小田先生による起業育成講演会開催
23．加茂商店街において起業家教育店舗を開店し運営
24．第6回コンソーシアム会議
25．決算し総括する

注

1）日本経済新聞2007年1月4日「今日的意義」記事.
2）同上紙2007年1月5日「創造的破壊とは」記事.
3）日本経済新聞2010年3月26日「革新の総力戦」記事.
4）同上紙2010年3月27日「起業家は世界から」記事.
5）同上紙同年同月29日「ニッポンの科学技術力」記事.
6）週刊ダイヤモンド2010年3月13日号「FREEを探る」記事, ダイヤモンド社, 42-43頁.
7）同上誌2010年3月27日号, 85頁.

参考文献

今井賢一監修［1991］『シリコンバレー・モデル』NTT出版.
金井一頼・角田隆太郎［1994］『ベンチャー企業経営論』有斐閣.
木下英治［1999］『孫正義起業の若き獅子』講談社.
齊藤毅憲［2006］『スモール・ビジネスの経営を考える』文眞堂.

関口和一 [2000]『パソコン革命の旗手たち』日本経済新聞社.
高崎経済大学附属産業研究所編 [2002]『ベンチャー型社会の到来』日本経済評論社.
中小企業庁 [2000]『中小企業白書』大蔵省印刷局.
ドラッカー, ピーター [1969]『断絶の時代』ダイヤモンド社.
――― [1989]『新しい現実』ダイヤモンド社.
――― [1992]『未来企業』ダイヤモンド社.
日経BP社 [2010]『日経トップリーダー』3月号.
ゲイツ, ビル [1995]『ビル・ゲイツ未来を語る』アスキー出版.
――― [1999]『思考スピードの経営』日本経済新聞社.
富士通総研経済研究所 [2009]『研究レポート』No. 337.
水野博之 [1996]『ベンチャーやんなはれ――シリコンバレイ流成功の条件』日刊工業新聞社.
米倉誠一郎 [1999]『経営革命の構造』岩波書店.
渡辺幸男・小川正博・黒瀬直宏・向山雅夫 [2001]『21世紀中小企業論』有斐閣（有斐閣アルマ）.

(宮脇敏哉)

第2章

経営管理論

はじめに

　企業のおけるマーケティングには，プレイス，プライス，プロダクトなど4Pのうち3Pがシード期からスタートアップ期に必要となる．その後プロモーションの1Pが加わり，企業の発展に貢献する．また，マーケティング戦略が重要な位置を占め，急成長するために必要不可欠である．本章では，ベンチャー企業がアーリーステージ期からグロース期に至る過程で必要となる経営管理について歴史，形成を中心に基礎的展開に注目した．経営管理とは，協働体に本質的な「組織」そのものの形成，維持，存続，発展が「管理」であり，したがって協働体の維持，存続こそ「管理」の本質・役割に他ならない．

　管理と組織は表裏一体的である．管理の道具だった仕事のピラミッドとしての組織が，やがて，人間行動から構成される組織となり，その維持，存続をはかることこそ管理と考えられるようになった．経営学の根幹をなす経営管理の各理論を修得する．経営管理論の科学的分析を初めて行ったテーラー，ファヨールの管理法に視点を置いて検討した．

第1節　経営管理の研究者

1　経営管理の誕生と形成

　経営管理はアメリカ，フランスの地において，ほぼ同時に花開き広まった．すべての組織体の中心点にある．経営管理によって，組織体は成長できるのである．また萌芽企業を支えていく理論には，起業論，経営戦略論，経営管理論の3点があげられる．アントレプレナー（起業家），イントレプレナー（企業内起業家）によって果敢に挑戦する先端技術開発型のベンチャー企業は，起業時点においては，経営学の中のアントレプレナー論しか持ち得ない．そしてベンチャ

ー企業が急成長するとともに，ベンチャー企業論，経営戦略論を吸収し，やがて経営管理論，経営組織論，人的資源論，マーケティング論を必要とする．その後に経営情報論，財務管理論，環境経営論を必要とする．経営管理に必要になる項目を以下に提示する．経営管理の誕生と形成，経営管理の構造，テーラーシステムと生産管理の発展，ファヨールの経営管理論，経営管理の基本，ならびに管理階層と管理者の役割，機械システムと有機的システム，コーポレートガバナンス，ベンチャーマネジャー，ベンチャービジネスなどである．経営管理は，中小企業，中堅企業，ベンチャー企業，大企業においても経営戦略，マーケティングとともに，重要な位置を占めると考える．

　関口［1987］は経営管理の対象範囲が工場または作業場での能率向上とコスト低減に限定されていた初期的特性は労働科学的な合理性を求めていたといえるだろう．しかし，そうしたなかでも能率を妨げている労働者の意識的怠業をなくし，作業活動の合理化を促進するうえで職場においてどのような管理，監督がのぞましいかを求めていたことは機能的職長制度の提唱やホーソン工場実験の過程でも明らかであった．

　その後の小集団内の人間行動の実証的研究においても，生産性や業績の高い集団の監督者のあり方を求めた多様なアプローチによる調査研究が積み重ねられ，職場レベルでのリーダーシップに関連する主要なアイデアが生み出されてきたのであった．参加の問題，コミュニケーション・ネットワークの比較，動機づけの方法に関する問題，そして集団間のコンフリクトのアイデアなどである．

　作業場，工場といった職場レベルでの管理上の諸問題とは別に，企業全体の組織構造の設計を管理の観点から体系的に追求する流れがあった．同時に，組織運営の基本的経営管理の機能の体系的な研究が進められ，それらが合体して，いわゆる「伝統的経営管理論」を形成してきたのであった．

　産業革命はヨーロッパに本格的な企業を生み出しながら，アメリカに波及していった．南北戦争後のアメリカではニューイングランドを中心に機械工業が発展した．とくに機械が機械を作るという新しいタイプの産業の発展は産業の機械化を押し進め，経済は急拡大していった．いわゆる第二次産業革命である．

　しかし，早くも1873年には本格的な経済恐慌に直面した．その後は10年ごとに恐慌に襲われたが，企業は生産力を集中させ，競争を強めていった．やがて企業では膨れ上がったヒト，モノ，カネの効率的な運用をはかることが急務

となった.

　こうして経営資源の転換効率を高める技術論として，経営管理論は19世紀から20世紀初頭の欧米の経営の現場から経験に基づいて発生することになる（塩次ほか [1999] 40-41 頁）.

　1910 年頃を境にして，今日の経営管理論の土台をなす理論的成果が一挙に噴出してきた．その最初の産声は資本主義の先進国であったイギリスからではなく，20 世紀初頭のほぼ同時期にアメリカのテーラー（F. W. Taylor）とフランスのファヨール（H. Fayol）という 2 人の実務家からあがった．テーラーは科学的管理法による大量生産システムに道を開き，ファヨールは大規模企業における経営と管理の重要性を明らかにしたのであった．この 2 人の提案する管理論によって，企業経営は経験と勘の世界から科学的考察に基づいた論理と実践の世界に歩みを進めることになった（塩次ほか [1999] 41 頁）.

　経営管理論はあらゆる組織体の運営に必要となる経営の基礎的学問である．組織体は理論なくして運営はできない．現代史において最初の理論はアメリカのテーラー，フランスのファヨールによって誕生した．経営管理は経営管理者の職務のために基礎が形成されたが，それは経営計画，人的資源，組織，運営のために研究された．経営管理は人間が人間を管理することからスタートし，やがて組織の規則が管理する方向へと進展した．バーナードは社会全体から考え，人間行動，文化的行動を含んで経営管理を捉えた．経営管理思考は数量的アプローチ，管理会計，管理普遍，科学的，人間関係，行動科学に分けられる．テーラーとファヨールによって，近代経営管理は始動したのである．

　テーラーは科学的管理論の父といわれている．テーラーはアメリカ・フィラデルフィアに 1856 年に生まれる．父は弁護士で，裕福な家庭に育った．1874 年にハーバード大学に入学が許可されたが，眼病のために進学を断念している．そして近くにあるポンプ工場に見習いとして職を得た．その後科学的管理法を研究することになるミッドベール製鋼所に転職した．そこでテーラーは科学的な賃金と課業の動作，時間の研究をまとめることになった．テーラーのシステムは課業管理，時間研究，行動研究，職能制，出来高制，などを基本とした．

　テーラーは，ミッドベール製鋼所，ベッレヘム製鋼所における現場の技師，管理者の経験をもとに数々の論文を発表した．1883 年にはスチブンス工科大学の夜間部を卒業している．最初の論文は「一つの出来高給制度」といわれている．テーラーの 3 大内容としては① 基本的時間研究（elementary time study），

② 職能組織（functional organization），③ 差別出来高給制度（the differential rate system of a piece work）があげられる．テーラーが実際にミッドベール製鋼所で実験を行ったのは 1880 年に職長になってからである．

　テーラーは職長になってから，これまでの自身の経験により，製造時間の短縮を工員に命じて工員と対立することになった．ここでテーラーは，工員の1日の作業工程の把握が不足していることに気づいて，正確な1日の作業分析を行った．そして標準作業工程を割り出したのである．工員が1日に遂行できるこの標準時間が，課業といわれた．課業はこれまでの成行きでされてきた作業ではなく，前日までに作業工程を決定し，工程表が作成され，それにしたがって作業が行われることをさしている．課業は工員だけではなく，職長，管理職すべてに課せられ，組織体全体が課業により，作業が遂行されることを基本とした．

　テーラーの差別出来高給制度は 1895 年に発表され，課業に対して，時間が短くすぐれた製品作りができれば，高い賃金がもらえるが，時間が長くかかり不良品がでれば賃金が低くなるシステムである．このテーラーの差別出来高給制度はすぐれてはいたが，相次いで非難もおこった．それは人間をあたかも機械のごとく扱っていて非人間的であるということであった．当時のアメリカ社会は労働力が不足しており，南北戦争復員やヨーロッパからの移民を効率良く働かせるためには必要であったと言える．テーラーによって，これまでの成行き作業から，管理者と工員の分担がはっきりし，計画的な作業ができるようになり，作業が効率的になったのである．

　ファヨールはテーラーと対比される管理論を打ち立てた．ファヨールは 1841 年にフランスに生まれた．鉱山技師から経営者に登りつめ，1916 年に著者『産業並びに一般の管理』を刊行した．ファヨールは鉱山会社の経営者となるが，経営が思わしくないのは，経営全般が科学的でないことに気づくのである．ファヨールは経営管理には5つの要素があるとした．それは計画化，組織化，指揮，調整，統制であると述べた．

　計画化はビジョン設定であったと思われるが，その会社がなにをするのか，どこに向かうのかを明確にすることである．計画化は企業存続の原点であり，企業の経営資源（ヒト，モノ，カネ，情報）をいかに有効利用して企業の永続性，利益を追求するかである．

　組織化は各部門相互の明確化，活動重複回避，命令伝達一元化が要点である．

組織は一般には，従業員の数によって決まるが，1つの集団は50名までである．50名を超えると管理が行き届かないのが現状である．管理者にはレベルの高い管理能力が求められるのである．まず健康であること，知識，道徳観，教養などが求められる．ファヨールは管理者が全体を把握するためにはスタッフが必要であると述べた．実際に50名までは1人の管理者で管理できるが，それには最低2名のサブ管理者が必要となる．そのサブ管理者には，命令，調整，統制力が必要となる．

　ファヨールはあらゆる組織体には経営管理能力が必要であり，管理原則，管理原理が求められる．管理原則には分業，権限，規律，命令，指揮などがある．経営者は経営管理を講義する学校での教育が必要であり，企業内大学等における経営管理教育を提唱した．これらの考え方はアメリカ経営学に大きな影響を与えた．

2　人間関係論

　1924年，アメリカのウェスタン・エレクトリック社のホーソン工場において，これまでの科学的管理論における人間性の欠如を解き明かす実験が行われた．これは作業者が非合理性の状況においても作業効率が人間関係に大きく左右されることが明らかになったのである．ホーソン実験には，心理学者のメイヨー，レスリスバーガーが参加した．

　実験には国家学術調査審議会，マサチューセッツ工科大学が参加して3年間に渡って，おもに作業効率と照明の関係などを実験した．ホーソン工場は比較的恵まれた労働環境をもっていたが，それでも労働者からの不満がおこっていたのである．検証仮説として，照明が明るければ明るいほうが作業効率上昇になるということがあげられた．実験は照明実験，リレー組立，雲母はぎ作業，面接，バンク巻き取りが行われた．

　ホーソン実験の結果は労働者の効率は労働者の心理状況に大きく左右されるとの結論を引き出した．労働者は感情から解放されない，さらに感情の偽装は簡単である．一般には労働者は得ることができる賃金分の働きしかしないことが推測される．また経営管理の人間関係論には監督者の教育，意思決定への参加，コミュニケーション能力，提案受諾，人事が大きく関係している．

　人間関係論はドラッカーをはじめ，この時代の経済状況が悪化していたこともあるが批判も多くでた．ホーソン実験によりメイヨー，レスリスバーガーは

人間関係論の新しい理論を打ち立てようとしたが，産業社会学，心理学などの関連する学問の融合が求められた．これまでは人間関係論は経験論をもとに考えられていいたが，新しい科学的思考が必要であることが判明した．

3 経営管理の構造と生産管理

ここで，経営管理（マネジメント）とは何かを明らかにしておこう．経営管理は，経営（administrative management）と管理（operative management）の2つの機能（function）に分けることができる．前者は経営活動の中核となる経営の基本的，構造的問題の意思決定に関する機能であり，今日的には経営戦略推進機能が最重視される．後者は前者の下位機能であり，経営の基本的，構造的意思決定にしたがって，その枠組みの内部で行動する機能である．管理を単にマネジメントともいう．それは経営諸資源に働きかけて，その稼働（operation）の効率向上を図る仕事である．

このような経営管理活動の普遍的過程は，次のように要約できる（持本［1993］6頁）．

経営……目的，方法，戦略
管理……計画，組織化，統制

経営管理は一般に企業，工場を連想するが，学校，病院，生協，政府，地方自治体，美術館，水族館，動物園，農園，NPO，自衛隊，警察署，消防署などの，すべて組織体に必要不可欠である．

生産管理の発展の発展を紐解く研究によると，植藤［1988］が述べたように，「能率増進運動」はテーラーの「差別的出来高給制度」を契機として「科学的管理運動」へと発展することになった．それまでの「能率増進運動」の中心であった賃金支払い制度の改善によって組織的怠業を解消し，生産の合理化を達成しようとした方法を「成行管理」として批判するテーラーは，まず組織的怠業の原因を賃金支払い制度の不合理性にもとめ，賃率設定の合理化は，従来の「経験的方法」や「伝統的方法」にかえて，労使双方が納得し，信頼できる客観的な「科学的方法」で労働者の1日の作業量，すなわち課業の決定をすることであった．テーラーが述べたのは，賃率設定の合理化を意味し，さらには，課業設定の合理化は，その化学化を意味することになった．そして，この課業設定の合理化のための科学化，すなわち，ストップウォッチによる時間研究に

もとめられたことは周知のところである．ストップウォッチによる研究は，非人間的に思われるが能率設定に必要とされたのである．

さらに植藤は「能率増進運動」が，生産の人的合理化を目的としたことからみて，テーラーの科学的管理は，生産の人的合理化に質的深化をもたらしたといえる．さらにテーラーの科学的管理が課業管理を中核にすえたことが大きな意味を持つことになった．課業制度の実施は，工場制度の確立によって手工的な個性的，主観的作業が大衆化，客観化せられる時，はじめて可能となる．換言すればテーラーシステムは産業革命によって機械化せられた経営を地盤としてのみ存在しうるものである，と述べた．

またファヨールは，経営管理における長年の経営者としての経験から，経営管理の重要性と管理教育の必要性を認識していた．「経営」と「管理」を明確に区別し，経営とは「企業に委ねられているすべての資源からできるだけ多くの利益をあげるよう努力しながら企業の目的を達成するよう事業を運営すること」であり，管理は「経営がその進行を確保せねばならない本質的六職能の1つにすぎない」としている．近年においては，経営に専念する専門経営者の登場をみている．

経営の本質的職能は，技術職能（生産，製造，加工），商業職能（購買，販売，交換），財務職能（資金の調達と運用），保全職能（財産と従業員の保護），会計職能（棚卸，貸借対照表，原価計算，統計），管理職能（計画，組織，命令，調整，統制の職能）からなっているとされる．この6つの職能のうち管理職能は経営者の役割がもっぱらこの職能であるかのようにみられるほど大きな地位を示している．管理職能は，事業の全般的活動計画を作成すること，そして，組織体を構成すること，さらに，諸努力を調整すること，諸活動を調和させることを任務にしているのである．さらにこの管理職能は5つの「管理要素」からなるとファヨールは定義した．つまり，「管理する」とは，計画し，組織し，命令し，調整し，統制することになるのである（大月ほか [1997]）．すべての組織体に必要な経営管理は，100年~200年の先人による研究により，近年花開いたのである．経営管理の理解を深めずに経営すれば，必ず成長が鈍る．また経営破綻に追い込まれる可能性が高くなるのである．組織体を構成する人数によっては，早めの専門経営者の導入が求められる．

4 テーラー

　テーラーは，ミッドベール製鋼所，ベツレヘム製鋼所の現場において技師，管理者として科学的管理を実行した．テーラーは管理者と労働者との協調を基本に考え，科学的管理を検討したのである．この当時のアメリカでは職能専門化が未発達であり，深刻な労働搾取が行われていた．それにより個人的怠業，組織的怠業が発生し，生産力の低下がみられた．テーラーは組織的怠業の解決には，科学的課業設定が必要と考えた．テーラーの科学的管理の基礎は公平な1日の作業量といえる．

　テーラーは多くの論文，報告書を作成し，公表し続けた．テーラーシステムの科学的管理法は課業管理を基本としている．作業は最大の速度で最高の能率をあげなければならないという考えで研究が続いた．この時間管理はテーラーシステムの根幹をなしている．テーラーの課業は一流の作業員ができる1日の作業量である．この課業はその後，管理者，会社自体にも応用された．課業管理を遂行するためには，職能組織が重要になり，組織改革を行った．

　テーラーはさらに差別出来高払制度を唱え，社会に対して大きな影響を与え，賃金制度は出来高払制度の能率給が最高のシステムと述べた．1895年に出来高払制度私案を提示し，同一仕事に異なった賃金を採用するように提唱した．この科学的管理法はアメリカの産業界に大きな影響を与えたのである．しかしテーラーのストップウォッチによる科学的管理法を批判する人々もいたのである．

5 ファヨール

　フランスのファヨールは技術的管理論だけでなく，経営者側からの管理論が企業発展の基礎と唱えた．また1916年に経営者からの経営管理の著書「産業ならびに一般の管理」を公刊し，一般の人々に経営管理を紹介した．ファヨールは1841年，現在のイスタンブールに生まれている．1860年に鉱山学校を卒業し，鉱山会社に鉱山技師として就職をし，1888年から30年間，鉱山会社の社長を務めた．

6 バーナードの近代管理論

　近代管理論を確立したバーナードは1886年アメリカ・マサチューセッツに生まれる．ハーバード大学中退後，1909年アメリカ電話電信会社に入社した．

その後，ニュージャージー・ベル電話会社の社長となった．バーナードは協業システムを確立し，組織論の基礎を提示した．バーナードは著書『経営者の役割』によって経営者の経営管理を明らかにしようと試みた．経営者は経営管理の研究において組織論を中心に据えるべきと提唱した．近代管理論は記述科学的方法論をとり，行動科学的研究法，意思決定論的研究法の2つの協同を求めた．

バーナードは人間の意思決定を人間の仮説とし，人間は組織体において，自身の意思決定により行動すべきとした．また人間は組織人格，個人人格の二面性があり，決定論と自由意思により，協働を求めるものとした．人間には目的と制約があり，その目的を達成するためには制約があると述べた．

バーナードは組織のなかにおいての意思決定について，個人的意思決定，組織的意思決定に分けたが，意思決定の道徳性を強く求めた．個人的意思決定はあくまでも個人によって行われ，組織外で成立する．組織的意思決定は組織体内部の各階層において意思決定され，各階層のコミュニケーションが求められる．バーナードによる組織は意識的に調整された人間の活動や諸力の体系と『経営者の役割』で述べている．人間が組織体に所属するのは，組織体からの賃金が労働に見合っているか，それ以上の場合である．

バーナードによれば，前にも述べているように組織とは「人間の協働システム」と定義しており，組織とは，ある目的達成のために，2人以上の意識的に調整された人間の様々な活動，ないし様々な力のシステムと述べている．協働システムの成立要因は，組織を構成する人々が行動を通じて貢献しようとする協働意欲をもち，共通の目的達成を目指して，相互に意思を伝達できることとしている．協働意欲は，組織の目的を達成するために，組織内の他の構成員との協働関係をどのようにつくりあげるかが問題である．また，共通目的は，協働意欲を盛りたてる基本的要素であり，組織の構成員が組織の目的を認めることによって，協働関係を確立することができる（森田［1996］120-121頁）．

第2節　経営管理の歴史と現代イノベーション経営管理

1　経営管理と職能

吉田［1993］によると，管理者は管理職能を行う者である．管理は，階層性（hierarchy）を持った組織を通して行われるのである．したがって，管理者も

階層的な職位（position）を持って組織に配置されるのである．その結果としてできあがるのが，管理階層である．管理者の職位は一般的に，トップマネジメント層（top management），中間管理者層（middle management），下級管理者層（lower or first-line or operating management）の3階層に分けられる．

トップマネジメント層に含まれるのは，会長，社長や副社長であり，この他に取締役会や常務会をつけ加えることもある．ホールデン，フィッシュ，およびスミスの古典的研究によれば，社長や副社長は，全般管理を担当することから全般管理階層と呼ばれている．また取締役は，株主より企業経営を信託されて，信託職能を担当することから信託階層と呼ばれる．

トップマネジメントは会社の所有者（多くの場合，株主）に対して経営責任を負っているのであって，ほとんどの場合，トップであるかれらに命令を下す上司は存在しない．しかし，トップメネジメントは部下たちに依存して，自らの仕事を行うのである．

トップマネジメント固有の職能として，次のようなものが基本的職能として4つ指摘されている．① 目標の計画化と明瞭化，② 組織の健全化，③ 主要な地位に関する人事の適正化，④ 効果的な統制の方法である．

また機械的システムと有機システムは，創造的な組織の基本問題を解決するための1つの有用なフレームワークとして，機械システムと有機システムの概念がある．それは，イギリスのバーンズとストーカー（P. Burns & C. M. Stalker）によって提唱されたものである．バーンズとストーカーは，イギリスのレーヨン工場やエレクトロニクスの会社の組織の実証研究から，次のような結論を導きだしている．

機械的管理システム（mechanistic management system）は，機械的管理システムは機械的組織（mechanistic organization）ともいわれる．それは，安定的な環境においてルーチンな作業を遂行する組織としては，効率的なシステムであり，それは，次のような組織特性によって特徴づけられる．企業全体の問題やタスクの職能的分化は，企業全体の目的の達成よりも，手段の技術的改善を追求する傾向がある．調整は，すぐ上の上司によってなされ，そして，上司が，部下にたいする調整の責任をもつ（階層の原則）．各役割にともなう権限，責任および技術的手続の明瞭な規定が行われる（権限と責任の明確化の原則）．さらに，権限と責任は，職位につくもので，職位を占める人につくものではない（官僚制の原則）の三特性がある．

有機的管理システム（organic management system）は，有機的組織ともいわれ，企業の市場環境や技術環境の変化がはげしく不確実な環境ものとで，革新の活性化には有効な組織とされ，機械的組織と対比される．有機的管理システムは次のような組織特性をもっている．各自の専門的知識や経験が，企業の共通のタスクに貢献できるような組織があり，企業の全体的な状況から個々のタスクが，現実的に設定される．そして，他の成員との相互作用を通じて，個々のタクスがたえず調整され，再定義される．などの特性がある．さらに，上司への忠誠心や服従よりも，企業全体のタクスや進歩および成長にたいする責任感にたいして高い価値がおかれ，企業の技術的および経済的環境にたいする専門的知識や技術が重要視され評価される[1]．

2　マーケティング経営管理の概念と意義

　岡本 [1993] によると今日，企業経営においては製造，人事，財務といった諸活動が重要であることが良く知られているが，そこにおいては，またマーケティングの果たす役割も益々重要性を増してきている．すなわち，今日のように市場環境が変化に富み，複雑化してくると，対市場との直接的な接点をもつマーケティング活動が，企業活動の中心的な位置を占めてくるようになる．実際には，マーケティング活動は，自社製品の需要の喚起・創造を図るために行われる活動であり，それはマーケティング情報，製品政策，価格政策，チャネル政策，プロモーション政策などの諸活動を通じて展開される．ところが，これらの諸活動は，お互いに作用し合い，関連しあっているので個々ばらばらに行われたのでは，マーケティングの目的や目標を達成することはできない．そうであるならば，これらの諸活動を統一的な管理の下に置き，計画，組織，指揮，統制していく必要がある．すなわち，トップマネジメントによって示された企業の目標や目的を達成するために，マーケティング部門の業務を統一的管理の下で計画し，組織し，指揮し，統制することが不可欠となる．したがって，このようにマーケティング活動を計画，組織，指揮，統制すると言う一連のプロセスをマーケティング管理と言うのである．

　マーケティング管理は，第1に，標的市場のニーズと欲望がどのようなものであるかという観点に立って組織の提供物を設計すること，第2に，価格設定，コミュニケーションおよび流通を効果的に行うことによって，標的市場に対する情報伝達，動機付け，ならびにサービス提供を行うこと，という2つの事柄

表 2-1　ゴアの経営管理イノベーション

経営管理イノベーションの課題	W・L・ゴアの独特な経営管理慣行
会社のすべての人間をイノベーターとして参加させるにはどうすればよいか.	階層をなくす．イノベーションは誰でも生み出すことができるという信念を絶えず強化する．創造的プロセスを促進するために，さまざまなスキルの社員を同じ場所で働かせる．
経営陣の空疎な信念がイノベーションを妨げないようにするにはどうすればよいか.	経営陣の承認を新しいプロジェクトを開始するための必要条件にしない．階層の影響を最小限に抑える．資源の配分に仲間を主体とするプロセスを用いる．
誰もが全力で働いているときに，イノベーションの時間と余地を生み出すにはどうすればよいか.	社員の時間の10％を，通常なら予算がつかないプロジェクトや検討対象にならないプロジェクトに自由に充てさせる．新しいアイデアに熟成の時間をたっぷり与える．

（出所）　ゲイリー・ハメル，ビル・ブリーン［2008］『未来の経営――マネジメントをイノベーションせよ』日本経済新聞出版社，124頁.

に強く依存している．

　AMAの定義によると「マーケティング管理とは，企業または企業の事業部が全てのマーケティング活動を計画し，管理し，統制することでマーケティングの目標，政策，実施計画および戦略などの作成を含む．そして，また通常製品開発を含み，諸計画を遂行するための組織編成と要員の配置，マーケティングを含む．」となっている．

　またコトラー（P. Kotler）によると「マーケティング管理とは，組織目標を達成しようという目的のために標的市場との間に有効な交換および関係を創出し，確立し，維持するために意図し，設定された諸プログラムを分析し，計画し，実行し，そして統制することである．」といっている．

3　経営管理イノベーション

　経営管理イノベーターたらんとする人は，ゴアの成功から学ぶ必要がある．ゴアの経営管理モデルが今日もなお，50年近く前と変わらず風変わりで前例がないように見えるのは，ゴアが世界のどの会社よりもイノベーションを行っているからである．ゴアが株式非公開企業であるため，公開企業であれば株主が納得できないような経営管理慣行をも遂行できるのである．肩書きに頼って物事を進めることに慣れているリーダーは，ゴアのモデルを羨望だけでなく，それに劣らぬ大きな恐怖をもって眺めることになる．

　企業幹部にとって，肩書きや階級による権力をもっていることは，管理職で

```
┌─────────────────────┐
│                     │
│    70 ‐ 20 ‐ 10     │
│                     │
└─────────────────────┘
```

図 2-1　グーグルのイノベーションの公式
（出所）　筆者作成.

あることの証明である．斬新な経営管理イノベーションが従来の組織を破壊するのは当然であり，経営管理イノベーションは権限を下位の職制へ委譲するのである．管理職はエンパワーメント（権限譲渡）を支持しても，自身のエンパワーメントには消極的になる（Hamel and Breen [2007] pp. 120-124）．

4　グーグルのイノベーション経営管理

　IT業界の革命者，グーグルは，ソフトウエアビジネスを根底から変化させた．従来型の小売チャネルを通じて有形の製品としてのソフトウエアを販売しているマイクロソフトとは異なり，グーグルはオンラインサービスとしてソフトを提供している．グーグルはマイクロソフトと違い，オンラインサービスを通じてソフトウエアを提供している．グーグルの収益の中心は，クイックスルー広告を販売することによって成り立っている．グーグルが特異な存在になっているのは，同社の無秩序な経営管理モデルによることが多いと言える．グーグルの他に類のない経営管理システムは，同社の初期の成功に対するブリンとペイジの解釈から発生している．

　彗星のように登場したグーグルの成功は，創業者は幸運であったと認めている．しかし，シリコンバレーの成功者としてブリンとペイジは，今後のグーグルの長期戦略を立てるべき役割まで担ってないと考えている．これまでも，ブリンとペイジは，シリコンバレーの中にある豊かなイノベーションの風土をグーグルにも築こうとしてきた．グーグルの社員は検索エンジンというコアコンピタンスを活用し，さらなる成長を目指してきた．

　グーグルのイノベーションの公式は，グーグルがエンジニアリング資源の70％をコアビジネスの強化に投じ，20％をコアビジネスを大きく拡大すること，そして10％を市町村でのネットワーク構築の支援や周辺のアイデアに割り当てた．この公式はグーグルにとってたいへん重要なことであって，新規採用者に対してグーグルの戦略を説明するときの要諦としている．ペイジとブリ

ンは最初から，自分たちがたむろしたいと思うような会社にしたいと考えていた．そして，優秀な人たちが多く在籍できる会社を目指した．

グーグルの組織はインターネットと非常に似ている．きわめて民主的で，緊密につながっており，徹底的にフラットな組織形態をとっている．グーグルの経営管理はこれまでの経営管理とは大きく異なり，ピラミッド型をしてなく，プロジェクト型の管理体制となっている．グーグルの1万人の社員のおおよそ半分が製品開発に携わっており，エンジニアは平均3，4人のチームの小規模なチームで仕事をしている．そして，それぞれのチームに「スーパー技術リーダー」がおり，プロジェクトの任務の変化に対応する形でメンバーが交代で担う責任である．グーグルの考えは「機会を見つけたら，とにかくやってみる」である．小規模なチームは，グーグルを和気あいあいとした企業にして，これまでの企業が行っていた官僚型と決別した経営管理になっている（Hamel and Breen［2007］pp.128-142）．

おわりに

アメリカのテーラー，フランスのファヨールと2人の実務家による科学的管理法により，大量生産システムが確率した．企業経営においても，経営管理が財務経営と双璧をなし重要となってくる．企業の経営者は専門経営者でないため，様々な分野でコンサルタント，メンターを必要とする．アントレプレナー，イントラプレナーは起業に対する情熱により，初期（シード期，スタートアップ期）は経営に邁進できるが，アーリーステージ期，グロース期になると，経営学の専門知識が必要となってくる．この時点で専門知識を修得できなければ，経営に支障がでてくる．

アメリカで20世紀初頭にマーケティングの概念ができ，現在はその概念が世界中に浸透している．ベンチャー企業は，マーケティング抜きには成長がありえないのが現状である．

また，経営管理論なくして，企業の運営は成り立たない．ベンチャー企業が成長し，安定した時にこの管理論の基礎がなければ，企業存続も危ぶまれる．テーラー，ファヨールに代表される科学的管理法を駆使し，生産から販売までを総合的に検討する必要がある．コトラーがマーケティング管理で述べたように「設定された諸プログラムを分析し，計画し，実行し，統制する」が経営管

理論の基礎と言える．

今後の課題としては，調整，統合によるマーケティング諸活動のケーススタディを進めることであり，さらに経営管理を企業の視点から掘り下げたいと考える．

注
1）占部［1984］『経営管理論』215-217頁．有機的組織の具体例として，プロジェクト組織，マトリックス組織，ベンチャーマネジャー，ベンチャービジネスがある．
2）同上書，62頁．岡本によるマーケティング管理の定義は「経営管理の一分野であり，企業のマーケティング活動の計画，組織，指揮，統制を通じてそれらを統一し，調整し，有効なマーケティング成果を創造するためになされるマーケティングの総合的な管理である．」であると考えられる．
3）同上書，63頁．ロビンソン（P. T. Robinson）は「マーケティング管理の重要な機能は，実はマーケティング資源や経費の配分機能である」と述べた．

参考文献
Hamel, G., and B. Breen ［2007］ *The Future of management*, Boston: Harvard Business School Press（ゲイリー・ハメル，ビル・ブリーン，『経営の未来――マネジメントをイノベーションせよ』藤井清美訳，日本経済新聞出版社）．
赤岡功［1998］『経営学入門』日本放送協会．
伊藤収編著［1989］『経営管理論』建ぱく社．
植藤正志［1988］『経営職能管理の生成』税務経理協会．
占部都美［1984］『経営管理論』白桃書房．
大島俊一［1996］『ビジネスと経営管理』成文堂．
大月博司・高橋正泰・山口善昭［1997］『経営学』同文館．
岡本喜裕［1993］『マーケティング要論』白桃書房．
斎藤毅憲［1987］『経営管理論の基礎』同文館．
塩次喜代明・高橋伸夫・小林敏男［1999］『経営管理』有斐閣．
関口操［1987］『現代経営管理講義』税務経理協会．
高柳暁［1983］『現代経営管理論』同文館．
出牛正芳［1996］『現代マーケティング管理論』白桃書房．
都筑栄［1982］『経営管理の展開』税務経理協会．
松江　宏［2001］『現代マーケティング論』創成社．
南龍久［1992］『経営管理の基礎理論』中央経済社．

宮坂純一 [1991]『経営管理の論理』晃洋書房.
持本志行 [1993]『現代企業の経営管理』中央経済社.
森田保男 [1996]『経営学』同文舘.
よくわかる現代経営編集委員会 [2004]『よくわかる現代経営』ミネルヴァ書房.
吉田準三 [1993]『現代経営管理論』八千代出版.
吉田雄毅 [1994]『現代経営管理学の原理』税務経理協会.
――― [1999]『経営学要論』税務経理協会.
吉村孝司 [1995]『企業イノベーションマネジメント』中央経済社.

(宮脇 敏哉)

第3章

経営組織論

はじめに

　企業の組織はアントレプレナー，創業者によってスタートした後に形成される．企業は段階的に組織を構築していくが，要諦である経営資源のヒト，モノ，カネ，情報が揃ってはじめて経営組織が完成するのである．経営組織構成活動は階層型のコーポレートガバナンスが必要となり，企業の組織構成が推移する．1980年代より，自動車産業・電器産業を中心とした事業部制が経営組織の中心にいたが，やがて様々なきしみが発生して，2000年代には事業部制が衰退し始めた．本章においては，経営組織論を基礎から紐解いている．

第1節　バーナードとサイモン

1　新しい組織論の登場

　組織構造をいくら立派なものにしても，社員に働く能力や働く気がなかったら組織の目的を達成することはできない．伝統的な組織論者は組織構造さえ合理的に組み立てれば，あとは機械的に組織目的を達成できるとした．1924年から27年の約4年間にわたって行われた「ホーソン実験」がこのことをみごとに証明した．ホーソン実験というのはアメリカのウエスタンエレクトリック会社のホーソン工場において行われた，エルトン・メイヨー（G. E. Mayo）とレスリスバーガー（F. J. Roethlisberger）の「能率増進劇」であった（工藤秀幸 [1985] 88-90頁）．

　メイヨーとレスリスバーガーは当時支配的であった科学的管理法や産業心理学の助けを借りて，労働時間や作業方法が作業者個人にどのように影響を与えるかを研究した．実験結果としては，社員が単なる物言う機械でもなく，経済的利害のみによって動かされるものでもない．ほとんどの人間行動は論理的で

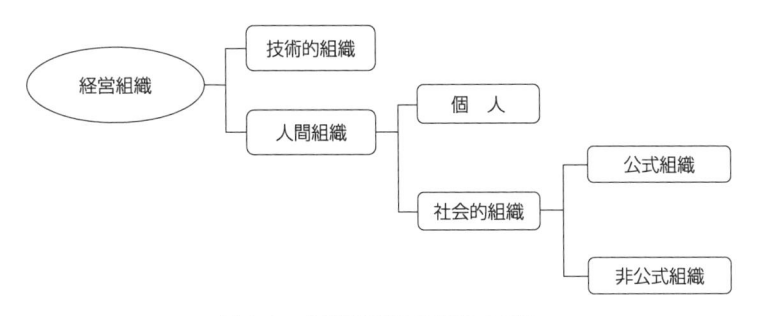

```
経営組織 ─┬─ 技術的組織
         └─ 人間組織 ─┬─ 個 人
                     └─ 社会的組織 ─┬─ 公式組織
                                   └─ 非公式組織
```

図 3-1　人間関係論の組織モデル
(出所)　亀川雅人・鈴木秀一［1997］『入門経営学』新世社，228頁．

もなく，不合理でもなく没論理的である．つまり，感情に動機づけられて行動するのである．このような感情は個人独自のものというより，自分が属している集団によって作り出された感情である．この感情を規定しているのはインフォーマル組織である．インフォーマル組織は体内的には社会的統制を行い，対外的には防衛のメカニズムとして機能する．この集団規範が会社の指示する作業方式や標準と異なるとき，社員は仲間はずれにされることを恐れて，集団の規範に従う．

　メイヨーとレスリスバーガーの研究結果が世に出るや否や，メイヨーらは一斉に集中砲火を浴びることになった．その批判の要約は，①技術体系が職場集団に及ぼす作用を無視している．②経営者的視点である．③労働組合を無視している．④人と仕事の関係を無視している．⑤企業の経済的側面をほとんど考慮していない．などであった．

　メイヨーが『産業文明における人間問題』［1933］を書いたとき，彼の念頭にあった経営問題は，一企業や特定産業の範囲を越えた文明の仕組みそのものだった．産業文明には，人々を有効に協働するように訓練してきた社会規範が崩壊したとメイヨーは述べた．現代人は，帰属集団から道徳的に引き離されており，生活が無計画である．そのことがよけいに個人の無能力を痛感させる．これをメイヨーは「敗北の生活様式」と呼んだ．

　レスリスバーガーは経営組織のモデルとして経営組織は社会組織であること，そのなかには物質環境としての技術的組織だけではなく人間組織が内在していると述べた．人間組織には，純粋に個人的感情の領域と集団の規範が支配する部分があり，後者を社会的組織と呼んでおり，企業の組織図にある権限と責任

の公的な関係が存在する．人間関係論の発見は，社会的組織のなかにはもうひとつの組織が存在することを確認したことである．それは職場におけるインフォーマルによる，自然発生的な不文律によって支配されている非公式組織図である．経営組織には2つの評価システムが二重に構造化されており，公式的な業績に対する個人的評価を経営者が述べることである．それと，非公式な社会的評価（同僚からの評価）がある．レスリスバーガーが心情の体系というときは後者の社会的評価である．

2 バーナードの組織論

チェスター・バーナード（C. I. Barnard, 1886-1961）は，アメリカのマサチューセッツ州に生まれ，ハーバード大学で経済学を専攻したが，中退してAT&T社に入社し，統計主任の職に就いた．その後，ペンシルベニア・ベル電話会社副社長補佐兼総支配人となり，次いでAT&Tグループの子会社ニュージャージー・ベル電話会社社長，ロックフェラー財団理事長などを歴任した．バーナードは経営実践に基づいた理論展開によって，学会にインパクトを与えた．そして，近代組織論の始祖と称されるようになった．バーナードは，意思決定の重要性に着目し，組織行動の本質は意思決定であるとして，意思決定という概念を明確にして研究を進め，理論の構築を行った（森田［1996］214頁）．

1930年代は経営管理思想のなかに「人間」の問題が入ってきた．人間関係論が新しい考え方を提起したとき，実務家の多くはそれを甘い考え方だと思われた．バーナードは，人間関係論の問題提起をさらに発展させた「組織と個人」論を提起した．1934年にバーナードは講演会において決定論と自由意思の問題を組織論の基本的なテーマとした．組織と個人についてバーナードは，人間努力の有効性を大いに増大し，それなしでは得られない多くの不可欠な役割を果たしてくれる道具または機械のようなものとした（亀川・鈴木［1997］229頁）．

バーナードによって展開された近代組織論は，1938年に刊行された著書『経営者の役割』（The Functions of Executives）によって発表されたものである．経営者の実体験から，組織と経営者の職能について基礎づけたもので，経営者の役割は組織を維持していくことにあるとした．組織のメカニズムを解明する理論として，バーナード革命と呼ばれている．バーナード理論は，従来の人間観を統合して，自由と責任を踏まえた自律的人間観に立って，物的・社会的・

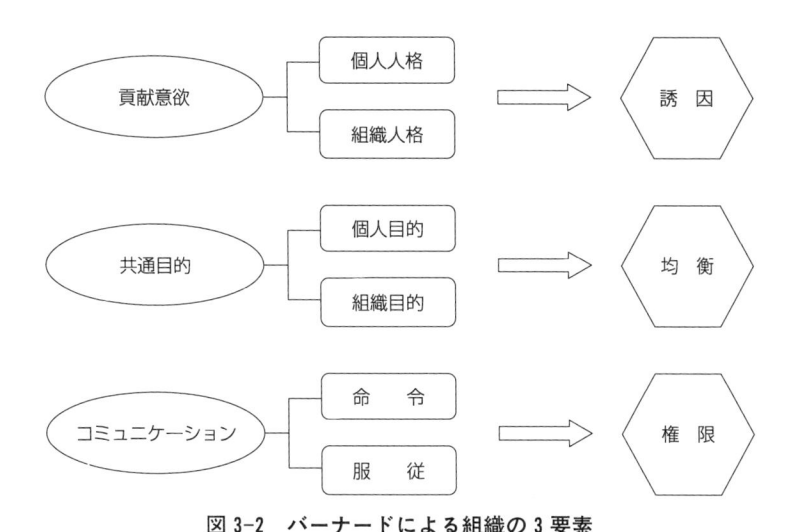

図 3-2　バーナードによる組織の 3 要素
（出所）　亀川雅人・鈴木秀一［1997］『入門経営学』新世社，231-232頁を基に筆者作成．

人的・組織的要因の統合物として人間を捉えている．そして，人間は一定の制約のもとに自由意思をもつことができ，様々な動機に基づいて自己の行動を選択することができるとした（森田［1996］215頁）．

　バーナードによると，どの組織も貢献意欲．共通目的，コミュニケーションという 3 要素がみられるという．このうちのどれかが 1 つでも欠けていれば組織は存続できない．貢献意欲においては，要諦を組織は人間の意欲なしには成り立たない．例えば，1 つの作業を協業している場合に 1 人だけ休むわけにはいかない．これが個人人格と言われ，協業して作業しているのが組織人格と言われる．なぜ，個人は自由な意思を放棄して組織に協働するのだろうか，組織が個人の動機を満たす何ものかを与えられる場合に個人は協働する．これをバーナードは誘因と呼んだ．

　共通目的は協業への貢献意欲は共通の目的を他者と分かち合うことで生まれる．従来の作業においては，管理者が社員に対して合理的な規則と権限によって強制するか説得する．組織目的は 1 人ひとりの社員にとっては全く意味がないが，社員にとっては組織目的に貢献する過程に，組織が社員にどのような負担や利益を与えることが重要である．協働システムの構成要素として役立つ目的とは，協働メンバーからそれが果たすべき組織の共通目的である．それが，

共通目的を設定するリーダーシップ職能である．

コミュニケーションにおいては，バーナードが共通目的として達成（人間の存在）と協働システムに内在（相対する両極）がある．官僚制理論からみると，正当性のあるコミュニケーションは命令と服従である権限が大きな存在である．バーナードは権限が機能するには部下によって認められてこそ有効になると述べた（亀川・鈴木［1997］230-232頁）．

3 バーナード理論

テイラーやファヨールによって提唱された従来の管理原則は，管理者の経験のなかから有効と考えられる知識を基準として組み立てられたもので，その枠組みは予測・組織化・命令・調整・統制という管理の過程的要素である．

バーナードによれば，従来の組織に関する理論は組織の表面的な現象だけをとらえ，必ずしも本質をついたものではないとした．組織の本質を知るためには，組織に作用する様々な力とその作用する形態を克明に究明することが求められている．組織を構成する個人の性格分析から個人がいかなる状態で意思決定をしたときに組織が成立するかを明らかにする必要がある．バーナードは，組織とは人間の協働システムと定義した．その成立要因は組織を構成する人々が行動を通じて貢献しようとする協働意欲をもち，共通の目的達成をめざして，相互に意思を伝達できることとしている．

協働意欲は，組織の目的を達成するために，組織内の他の構成員との協働関係をどのようにつくりあげるかという問題である．また，共通の構成員が組織の目的を認めることによって，協働関係を確立することができる．さらに，協働意欲と共通目的を結びつけ，組織の構成員の諸活動を調整する基本要素としてコミュニケーションを位置づけている（森田［1996］120-121頁）．

4 サイモンの意思決定

ノーベル賞学者のサイモン（Herbert A. Simon, 1916-1985）は，伝統的管理論の行き詰まりは管理原則（計画，組織，指揮，統制という過程ないし職能とする）に対する経験的検証が行われないことが証明された．サイモンはバーナードの展開した組織論を直接に受け継いで，行動科学的なアプローチをとり，人間の意思決定過程の分析を核にして経営管理論を理論的に確立し，体系化した．1945年の著書『経営行動』（Administrative Behavior）および1960年のティード（O.

Tead) との共著『意思決定の科学』(The New Science of Management Decision) において，バーナード理論の多くを実証主義の立場からより高度な理論展開を行い，管理学の科学性を一挙に高めた．

サイモンは，管理とは意思決定として捉え，管理上の意思決定の合理性を分析している．サイモンの経営行動は，組織における人間行動の分析に基づく経営行動に関する分析であり，組織を分析するための枠組みとされている．組織を人間の集まりとして理解するのではなく，組織を構成するメンバーの意思決定のネットワークとして捉えている．意思決定という行為は，決定の条件と決定に分けられる．決定の前提とは，意思決定を行うための事前の情報であり，それが行動目的を意味する価値前提 (value premises) と目的達成の手段を意味する事実前提 (factual premises) とに分けられる．

サイモンによれば，人間は組織の活動が直接あるいは間接に自分自身の個人的目的に貢献するとき，その組織に参加する．個々の人間は，組織が提供する誘因 (inducement) と引換えに組織に対して貢献 (contribution) することになる．組織はこのような誘因と貢献の均衡から成り立つのである（森田 [1996] 216-218 頁).

経営組織が，イノベーションなどによって物的組織を変更すると，人間組織のうちインフォーマル組織は抵抗の心情をもつ場合がある．奨励給を設けても，仲間がさぼっているのに自分1人だけががんばって奨励給をもらうことは，社会的評価に関わる問題となる．そこでたとえやる気のある社員でも，心情の体系に規制されて，同僚の仕事のペースに合わせることになる．逆に社会的な評価を得ると，仕事に力をいれる．こうして人間関係論は，経営組織の能率はインフォーマル組織の規範に深く依存している．心理学や社会学に多大な影響を受けたメイヨーとレスリスバーガーらによる組織の中の人間の発見であった（亀川・鈴木 [1997] 226-228 頁).

第2節 組織論の要諦

1 新しい組織論の登場

組織構造をいくら立派なものにしても，社員に働く能力や働く気がなかったら組織の目的を達成することはできない．伝統的な組織論者は組織構造さえ合理的に組み立てれば，あとは機械的に組織目的を達成できるとした．1924年

から27年の約4年間にわたって行われた「ホーソン実験」がこのことをみごとに証明した（工藤秀幸 [1985] 61頁）．

2　組織の部門化

課業をたばねることを「部門化」と呼んでいるが，それには一体どのような方法があるのか．ごく一般的には次のような方法がとられている．①職能別部門化：共通または類似の課業あるいは職務を集めて同じ組織単位にする．②製品別部門化：製品の種類が同じもの同士を集めて同じ組織単位にする．③地域別部門化：経営の規模が大きくなり，日本全国，あるいは世界中に活動の場が広がってくると，地域ごとに課業や職務をまとめた方が好都合な場合がある．④顧客別部門化：大企業がふえると，その企業自体が大きな市場となるので企業別に組織単位とする．⑤市場別部門化：衣料品店の子供服，婦人服のような組織単位をつくる．⑥工程別部門化：工場の生産現場に適用される（連続型は単一の経路を通って進められる．ユニット・アセンブリー型は仕事の流れとは無関係である）．⑦直接，間接部門化：直接部門は製造業にあたり，間接部門はそれをサポートする．⑧プロジェクト別部門化：タスクフォースやプロジェクトチームなどである（工藤秀幸 [1985] 59-60頁）．

仕事を遂行するのに必要なものは，「権威」である．サイモンは権威について，他人の活動を導くような決定をする権力であるとした．今日の組織構造は上位者と下位者とが権威関係という目にみえない糸で繋がってできている．このような組織階層をハイアラーキーと言う．ハイアラーキーは目に見えないが，この見えないものを見えるようにしたものが組織図である．組織図には社長－部長－次長－課長のように職位を示す名称が書かれている．

3　職能別組織

職能別組織に最初に着手したのはドイツであった．企業活動を工務（研究，技術，生産）と商務（販売，財務）に分けたのが始まりであった．その後，フランスのファヨールによってさらに細緻な職能別組織が設計された．技術（生産，製造，加工），営業（購買，販売，交換），財務（資金の調達と運用），保全（財産と人員の保護），会計（在庫調査，貸借対照表，原価計算と統制），管理（予測，組織，命令，調整，統制）の6つである（工藤秀幸 [1985] 65頁）．

表3-1 アメリカの経営学派

アメリカの経営学派	学者	特徴	理論
管理過程学派	テイラー	科学的管理法の父	作業の標準化を通して作業全体をシステム化する.
〃	ファヨール	管理原則	予測から統制にいたる過程を1サイクルとし，管理機能の全体的な理論的な枠組みが構成された.
人間関係論学派	メイヨー	人間行動の理解	人間尊重を主張する人間関係論あるいは人間関係論的方法.
〃	レスリスバーガー	新しい人間関係	リーダーは人間の理論的および非理論的な行動を理解する能力，意見を聞いたり伝達したりする技能を必要とする.
行動科学学派	マズロー	欲求5段階説	人間というものは，いろいろの欲求をもっていて，たえずその欲求を満たそうとして，様々な行動を起こす.
〃	リッカート	労働者は人的資源	経済的報酬による動機づけだけではなく，非経済的欲求を満たすことが重要な要素だとした.
〃	マグレガー	人間行動を分析	X理論－Y理論を発表 X理論－人間は生来仕事が嫌いで，できれば仕事をしたくない． Y理論－仕事で心身を使うのは当たり前である．
意思決定学派	バーナード	近代組織論の始祖	意思決定の重要性に着目し，組織行動の本質は意思決定であるとした.
〃	サイモン	経営行動	管理とは意思決定として捉え，管理上の意思決定の合理性を分析した.
歴史学派	チャンドラー	戦略的意思決定	企業の長期計画の基本目的を決定し，その遂行に必要な行動方式を確定し，経営の諸資源を配分する.
社会学派	ドラッカー	イノベーション	利益は事業の存続と繁栄に必要最小限の要件を満たす，このような企業観に基づいて行われる事業活動はマーケティングとイノベーションを行って顧客を創造する活動であるとした.

(出所) 森田保男［1996］『経営学』同文舘，198-224頁参照．筆者作成．

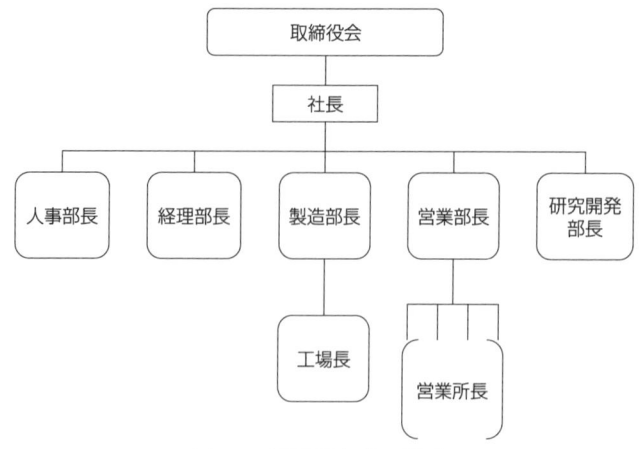

図 3-3 職能別組織の構成
(出所) 工藤秀幸［1985］『経営の組織』日本経済新聞社, 65頁を基に筆者加筆.

4 事業部制組織

アルフレッド・スローンがアメリカの自動車メーカー GM でこの組織を採用して，世界に広がった．事業部制組織は次のようにして設計される．① 企業をいくつかの自立した部門に分割する．職能別組織は共通または類似の活動ごとに部門化したが，事業部制組織は製品別，地域別に分割し，これを事業部とする．② 分割された事業部は 1 個の独立会社と同じような利益責任単位となる．③ 事業部はそれぞれが独自の経営管理陣をもつ．

5 モチベーション

世界の様々な国々において，企業は社員の安定的定着性（stability），企業との一体感（identification），やる気をどのようにしたならば喚起できるか，大いに悩ませられた．世界における先進国（developed nations）と発展途上国（developing countries）を含めて大きく変化している．体制や業種，規模は違っているとしても，企業にとって最も重要な要件の 1 つが，どのようにしたら社員のやる気を引き出せるかである．そして，生産性を上げて，より良い結果をもたらすことができるかに，細心の注意を払っている．やる気すなわち動機づけ（モチベーションあるいはモティベーション：motivation）をどのように効果的に実行し，社員の貢献努力を引き出すかということが課題である．

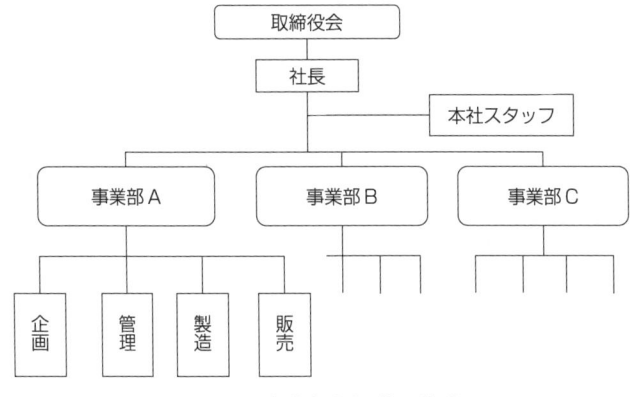

図 3-4　事業部制組織の構成
（出所）　工藤秀幸［1985］『経営の組織』日本経済新聞社，67頁．

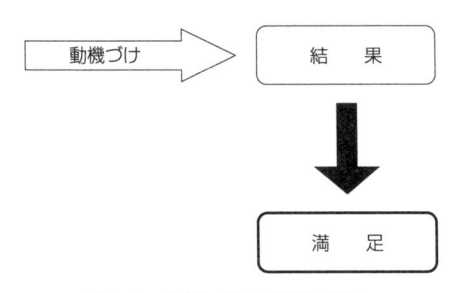

図 3-5　動機づけと満足の違い
（出所）　工藤達男［1986］『経営基本管理』白桃書房，245頁．

　モチベーションの経営組織における重要性は，生活体を行動へ駆り立て，目標に向かわせるような内的過程である．人間を含めた有機体（企業など）は，何らかの原因があって行動あるいは活動を行うのである．この動機を外的要因によって，目標の達成の方向へ駆り立てる内的過程をモチベーションというのである．経営管理者が社員の望んでいるものごとを遂行するのが，社員の駆動力ならびに要求を満足させるのである（工藤達男［1986］240-243頁）．

　ハーズバーグ（Herzberg）は，職務態度の「動機づけ——衛生概念」を吟味するために，アメリカ・ピッツバーグの産業界の断面を示す約200人の技師と会計士と面接した．その結果，「職務満足」の強力な決定要因として，きわだっていたのは，①達成，②承認，③仕事そのもの，④責任，⑤昇進，とい

表 3-2　動機づけのプロセス

プロセス段階	プロセス内容
① 充足されない欲求	不満足な欲求が，動機づけのプロセスの出発点である
② 不満足な欲求	緊張を引き起こす原因となり，個人をその欲求に対して，満足させるための行動をとらせる
③ 目標に到達	欲求を満足させ，動機づけのプロセスは完成する

（出所）　工藤達男［1986］『経営基本管理』白桃書房，246頁を基に筆者作成．

う5つの要因であった．これに対して，「職務不満」の要因としては，① 会社の方針と経営，② 監督，③ 給与，④ 対人関係，⑤ 作業条件，の5つの要因であった．

「不満要因」の中心的課題は，職務遂行中に受ける経営と監督の種類，職務を取り巻く対人関係や作業条件の性質，および給与の効果などであった．「満足要因」との明確な違いは，不満要因が人間の行動が職務中に関係してくることが判明した．この面接から得られたこととして，不快さを回避する欲求によって職務不満が発生していることである．職務満足は成長や自己実現に対する欲求が満たされることによって発生している（工藤達男［1986］256-257頁）．

6　イノベーション経営組織

日本の企業は社会構造の変化，経済構造の変化にあわせて，組織の効率化，活性化をねらいとしたダウンサイジングを行っている．コンシューマ重視，現場重視，行動重視，迅速な意思決定，少ない中間層を実現する組織の確立であるが，その内容の多くが企業家的組織において実現されている．上級経営者中心のイノベーション，上級経営者への権限の集中と重点的な権限委譲，迅速な意思決定，徹底した現場志向，分析よりの実践の重視といった企業家的組織の特色のひとつひとつがダウンサイジングの目指すところなのである．したがって企業家組織の特性は中堅企業だけではなく，環境変化に弾力的に対応し，組織の活力を高めようとしている大企業でも幅広く採用されてしかるべきである．多くの企業が企業家的組織の要素を取り入れることにより，複雑化，構造化が進み，硬直化し，創造性と柔軟な対応力が低下した組織を活性化し，イノベーションを進める組織に変えていくことができるのである（唐沢［1994］121-122頁）．

7　大企業における上級経営者

　企業経営は本来，経営者中心である．企業経営を成功させるには，技術能力・資金力・設備能力・人的能力・販売力・情報収集力など，いくつかの要素があげられるが，その中で最も重要な要素は，経営者である．ドラッカーは次のように述べている．「経営者は，事業の生命力を支配するダイナミックな存在である．経営者のリーダーシップなしには，生産資源は単なる資源にとどまり，なんら生産に貢献することはできない」．

　企業は経営資源により成り立っているが，それに生命力を与えているのが経営者である．優れた経営者のもとで，沢山の人々が協働することにより，理想の実現と業績が達成される．同じ技術能力，設備能力，人的能力を持っている会社でも，経営者の能力と実行力の違いにより，その業績は著しく異なる．経営者は企業経営の中心に位置しており，経営者が主役として会社を運営している．

　最高経営者層は会長・社長・副社長・専務・常務・部門長によって形成されている．会長・社長・副社長・専務を中心とした経営会議，もしくは常務以上の常務会において，ビジョンを明らかにして，経営方針・経営戦略などの長期企画，さらに利益目標・事業計画・予算を中心とした短期計画を審議している．経営戦略の重要部分は取締役会で決定されるが，それらは社長の調整のもとに経営会議もしくは常務会において決定されている．

　全体の経営戦略，ビジョン設定においては，部門の活動に関係する部分において，常務・部門長の意見が参考にされる．経営戦略のビジョン設定と実践においては，部門長以下に大幅な権限が与えられている．社長が部門における経営戦略にかかわることは，重要案件以外には関与することが少ない．部門長が社長室と中間管理職の協力を得て，現場の状況と現場の意向を反映した部門経営戦略を立案行う．多額の資金や重要な新規事業がない限り，部門長の立案が採用される．また，課長・係長レベルで立案された案件は，下位組織によってイノベーションされ実行される（唐沢［1994］127-128頁）．

8　リーダーシップ

　リーダーシップ（leadership）は，多様な意味を含む概念であるが，一般的には組織を構成する複数の人が一定の目標に向かって努力し，行動するための働きかけや影響力と定義できる．企業組織では，上司である管理者がリーダーと

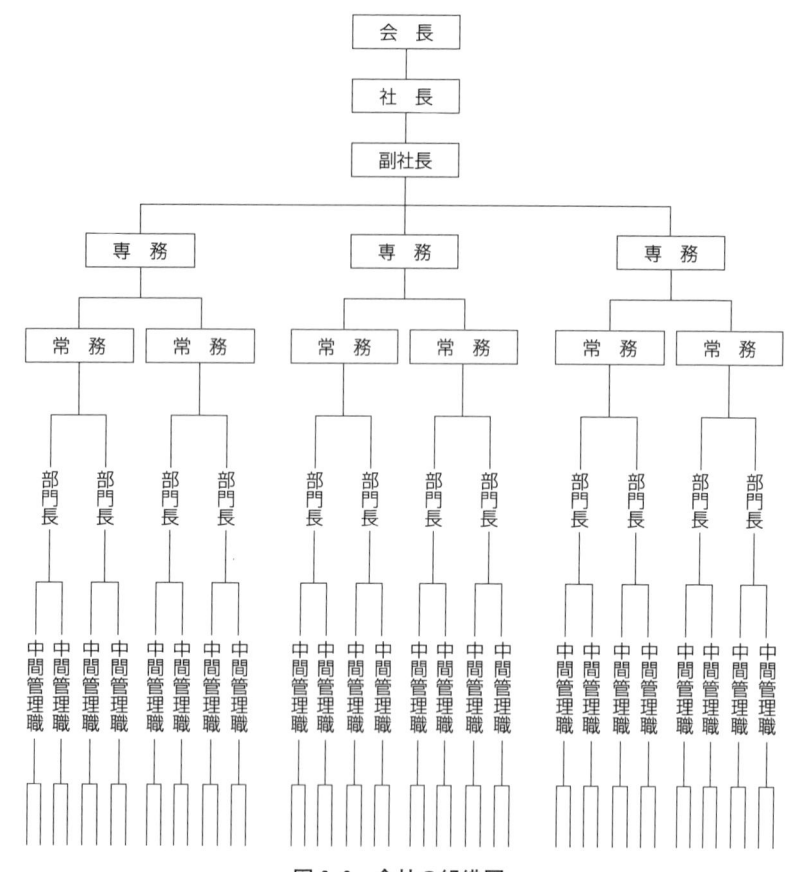

図 3-6　会社の組織図

(出所)　唐沢昌敬［1994］『変革の時代の組織』慶應通信, 127頁.

して，部下に対し業務遂行のために指示や指導を行う．リーダーに従い，その影響を受ける人はフォロアー（follower）と呼ばれる．ただし，ここで注意しなければならないのは，リーダーとフォロアーという立場は固定したものではないことである．リーダーシップは特定の役割や人物だけに与えられたものではなく，部下でもリーダーとしての役割を果たす状況がある．

　優れたリーダーは組織目標を効果的に達成することができるし，組織の構成員に満足を与えることができるし，常に求められる人材である．しかし，現実には，真のリーダーがいないとか，リーダーシップ不足という状況が多く見ら

れる（佐野ほか［1993］103-104頁）．

　企業においては，上級経営者が組織における将来のビジョン設定・経営戦略を明らかにして，社員に対してメッセージを伝えることが重要な役割である．さらに，革新的な企業は将来のビジョン設定・経営戦略を明らかにすることはあまり重要ではない．経営戦略は，日常的なイノベーションの中から自然に姿を表してくるものである．革新的組織における上級経営者の重要な仕事は，日常の活動のバランスを取ることと動機づけである．

　社員の個性をエネルギーに変えるには上級経営者の丁寧な直接接触とリーダーシップの発揮が大切である．基本的なミッションや職業倫理が不明確な中において，豊かな個性が拡散しないようにするためには，上級経営者が媒介となり，組織の好ましい風土，組織の実績，組織の長所を伝えることである（唐沢［1994］295-296頁）．

　1980年代以降目まぐるしい変動を見せた経営戦略論を離れると，組織論の分野では，単線的な，だがいくつかの分岐線をもった発展傾向を読み取ることができる．1950年代にチェスター・バーナードによって花開いた「行動科学」（別名組織行動論）は，その後も多くの経営学者によって検討された．しかし，このような理論がどの程度，現実の経営革新に貢献したかは明確ではない．リーダーシップ論の目的は，社員の目的として社員のモラールを刺激していかに，企業の実績を向上させるかにあった．

　行動科学の分野では，社会科学と心理学の影響が大きく，それらの最近の発展にともなって，行動科学も精緻化しつつある．行動科学は1960年代になると，その延長上に「組織開発論」を生み出した．1995年に出版された野中郁次郎・竹内弘高の『知識創造企業』によると，経営学には2つの流れがある．1つは，フレデリック・テーラーからハーバード・サイモン，さらに経営戦略論に至る「科学主義」の流れであり，いま1つは，エルトン・メイヨーからカール・ワイク，そして組織文化論に至る「人間主義」の流れである（矢沢サイエンスオフィス［2004］236-238頁）．

9　リーダーシップ理論

　オハイオ州立大学のリーダーシップ研究（1957）では，リーダー行動について分析した結果，これを2種類の行動次元に類型化できることが判明した．この2種類は配慮（consideration）と組織づくり（initiating structure）であり，配

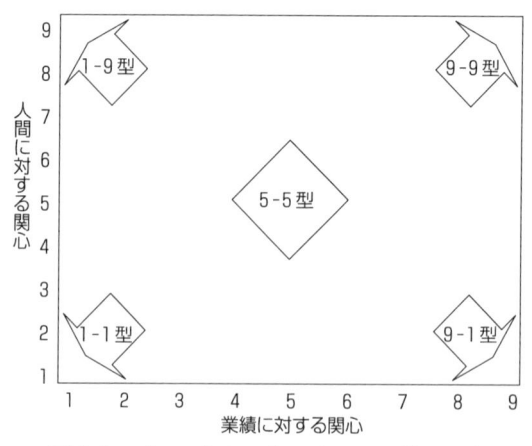

図3-7 ブレークのマネジリアル・グリッド

1-1型：業績にも人間にも関心がないが組織の一員でいたい（無関心型）．
1-9型：人間関係に関心が強いが，業績には関心がない（人情型）．
5-5型：仕事の達成も，人間に対する関心もほどほど（妥協型）．
9-1型：業績のみに関心が強い（業績型）．
9-9型：業績・人間のいずれにも関心が高い，業績と欲求の双方を同時に満たす（参画型）．

（出所）佐野雄一郎・松下高明・岡田匡令・宮下清・天野恒男［1993］『経営管理総論』同文書院，107頁．

慮とは人間に対する配慮であり，リーダーと集団メンバー（フォロアー）間の友情，相互信頼，尊敬，温かさを表す行動を意味している．また，組織づくりでは集団メンバーに対する仕事の割り当て，計画達成，遂行手順を明確にするリーダーの行動を意味している．マネジリアル・グリッドは組織における目的達成と構成員に対する関心の2面からリーダーシップに着目し，その統合を目指す管理行動を理想としている（佐野ほか［1993］106-107頁）．

　リーダーを取り巻く状況をリーダーシップの有効性を決定づける重要な要素と考えるのが状況理論である．状況理論は有効なリーダーシップは状況によって異なるものとし，あらゆる状況に有効かつ適用できるリーダーシップを研究するというこれまでのアプローチとは明らかに一線を画している．このように外部環境との関係を考慮することは従来の普遍理論にかわって，1960年代後半から経営学研究，とりわけリーダーシップ，経営組織論の領域で一般化し，コンティンジェンシー理論（Contingency theory）と呼ばれている．

表 3-3　リーダーの置かれている 3 つの状況

① リーダーとメンバーの関係	リーダーとメンバー間の人間関係は良好かどうかの評価．リーダーは信頼されているか，メンバーは協力的であるかなどによる．
② 課業の構造	仕事の内容や手順がどの程度定まっているかの評価．仕事の目標・進め方が決まっており，マニュアル化されていると，課業の構造化が高い．
③ リーダーの権限	リーダーに与えられている地位による権限．

（出所）　佐野雄一郎・松下高明・岡田匡令・宮下清・天野恒男 [1993]『経営管理総論』同文書院,108頁を基に筆者作成.

フィードラー（F. E. Fiedler, 1967）のリーダーシップ研究はコンティンジェンシー理論の考え方によるもので，リーダーが置かれている状況は次のような 3 つの主要な次元により分類される．

リーダーにとって最も有利な状況とは，リーダーとメンバーの人間関係が良好で，仕事も定型化され，リーダーの権限も高い場合で，このすべてが逆であれば最も不利な状況になる（佐野ほか [1993] 107-108 頁）．

10　意思決定の考え方

バーナードは，「組織経済の唯一の計算書は，成功か失敗かで表したものであり，その経済の唯一の分析は，組織の行動に関する意思決定の分析である」と述べている．組織経済のバランスが取れ，組織効用の余剰が増えたか逆に減ったかは，直接の共通尺度がないので組織が成長したのか縮小したのかで判断するしかない．

ヘンリーフォードが自動車の組立作業を7883の工程に分け，1人が1工程のみを担当するとした結果，1人が1台を組立てるのに12時間28分かかったものが，最終的に1時間32分で済むようになったのは特筆すべきことである．ピラミッド型組織は，最終目的を順次分割して下位の者に目標を下して行き，最下位の社員は特定の狭い範囲の作業を行っている．

バーナードは「産業組織では，作業員，事務員，試験員，実験室助手，販売員，専門技能者，技師などが，特に全体としての組織に外的な環境の戦略的要因の探求にたずさわっている」と述べた．ピラミッド型の管理組織は，情報収集・分類・整理の体系であり，意思決定の体系と言うこともできる（眞野 [1997] 87-89 頁）．

表 3-4　マーチ（J. G. March）とコーエン（M. D. Cohen）の意思決定 8 つの基本ルール

特徴	ルール
1．時間	特定問題の解決に時間を惜しまない人は貴重な存在となる．
2．執念	一度で諦めてはいけない．
3．変化	事柄の取り扱いを改め，表現の仕方を変えただけで事が円滑に運ぶ事がある．
4．融和	反対者も参加させる．
5．拡大	組織は少し分野を広げただけで加重負担となりやすい．そうした場合，人々は問題を早く処理しようとするので，少しでもしっかりした計画を持つ者は，自己の意見を実現しやすくなる．
6．選択	選択機会を用意しておくことが有益であり，面倒な問題や解決を長期で考えることによって先延ばしすることができる．
7．動作	組織を力で操縦せずに，小さな干渉を重ねて少しずつ動かすのが良い．
8．解釈	歴史的解釈を大切にして，参加の形式を都合よく変えられるようにするために，何が生じたか，或いは生じているかの解釈や定義を操作する．

（出所）　眞野脩［1997］『講義経営学総論』文眞堂，118-119 頁を基に筆者作成．

表 3-5　選択機会の 3 つの形式モデル

選択	モデル
1．解決による選択	普通に行われる選択であり，一番多く利用される．
2．見過ごし（oversight）による選択	問題をすり抜けて触れなかったなど，他の選択機会に振り分けてしまうと，新しい選択を行う余地が生じて，そこでは問題なく選択が行われる場合があり，面倒な問題を専門委員会へまわすと，本会議では別の選択ができる．
3．飛ばし（flight）による選択	その問題にとって魅力的な選択機会が来るまで，選択をせずに問題をかかえていると，他の機会に問題がそちらに移動して容易に選択できるようになる．

（出所）　眞野脩［1997］『講義経営学総論』文眞堂，119 頁参照．筆者作成．

おわりに

　中国有数の経済特区として発展を続ける広東省深圳市には，巨大な工場群が形成されている．フォックスコンなど EMS（電子機器の受託製造サービス）の中国工場が約 100 カ所近くあり，その従業員数は約 30 万人ともいわれている．アップルの高機能携帯電話機，HP のパソコン，任天堂のゲーム機などの世界的な有力メーカーから製造を受託している．急成長を続けるフォックスコンは 2010 年 3 月に液晶パネル世界 4 強の 1 つ台湾・奇美電子を吸収合併し，2009

年にはグループ売上高6兆8000億円になった.
　ソニーはスロバキアにある液晶テレビ生産拠点とメキシコ拠点を2010年中にフォックスコンに売却する.ソニーなどの日本企業は,これまで,設計開発から組み立てまでを自社で完結させる「垂直統合」を行ってきた.だが,EMSの台頭によって薄型テレビは年率2割の急激な価格下落が続いている.EMSの寡占が進めばデジタル機器の価格は下がり続ける.新たなグローバル競争を勝ち抜くには,強力なコアコンピタンスが必要となる[1].
　経営組織論は上記のように日本企業のグローバル化とともに進化している.アウトソーシングは日本企業内における経営組織を大きく変化させており,小さな本社になる企業が多く発生している.これまでのような経営組織では変化に対応できるか疑問になる.グーグルのように階層さえ排除し始めた企業が登場しており,まさに経営組織の上部にイノベーションが付く事態となっている.

注
1)日本経済新聞2010年4月25日「メーカーの黒子台湾勢猛威」記事.

参考文献
亀川雅人・鈴木秀一[1997]『入門経営学』新世社.
唐沢昌敬[1994]『変革の時代の組織』慶應通信121-122頁.
工藤達男[1986]『経営基本管理』白桃書房.
工藤秀幸[1985]『経営の組織』日本経済新聞社.
佐野雄一郎・松下高明・岡田匡令・宮下清・天野恒男[1993]『経営管理総論』同文書院.
眞野脩[1997]『講義経営学総論』文眞堂.
森田保男[1996]『経営学』同文館.
矢沢サイエンスオフィス経済版[2004]『経営学のすべてがわかる本』学研.

（宮脇敏哉）

第4章

知的財産の概要

第1節　知的財産

1　知的財産とは

「知的財産」または「知財」という言葉を聞いたことがあるだろうか．知的財産とは，「人の知的・精神的活動の所産．知的財産基本法では，発明・考案・意匠・著作物などの知的創造物，商標・商号などの事業活動に用いられる商品・役務を表示するもの，営業秘密などの事業活動に有用な技術上・営業上の情報と定義している．知財．」(『大辞林』第二版）とある．すなわち，人間が創り出すアイデアやブランドと言ってもいいだろう．

アイデアやブランドは，他人から模倣（コピー）されやすい．例えば，とても美味しいお菓子の作り方を思い付いたとしよう．これは立派な知的財産である．しかし，材料と作り方を公表すれば，誰でもこの美味しいお菓子を作ることができてしまうのである．また，有名ブランドのロゴマークを模倣して，偽ブランドとして売られていることもある．このように，知的財産は模倣されやすい．模倣されやすい知的財産を守るためには，どのような方法があるだろうか．1つは，知的財産を公表しないで秘密にする方法である．もう1つは，知的財産権を取得して権利を主張する方法である．次に，知的財産権について説明する．

2　知的財産を守る知的財産権

知的財産権には，特許権，実用新案権，意匠権，商標権，著作権などがある．特許権とは，発明を公開することの代償として，一定期間その発明に対し付与される独占権である．例えば，あなたが，とても美味しいお菓子の作り方を思い付いた場合，その作り方について特許権を取得すれば，一定期間あなただけその美味しいお菓子を作ることができるのである．

第4章　知的財産の概要　　55

図 4-1　知的財産の種類

（出所）筆者作成．

　実用新案権，意匠権，商標権，および著作権も，独占的に使用できる独占権であるが，特許権とは対象が異なる．特許権の対象は，「発明（技術的思想の創作）」であるのに対し，実用新案権の対象は，「考案（物品の形状，構造など）」であり，意匠権の対象は，「意匠（デザイン）」であり，商標権の対象は，「標章（マーク）」であり，著作権の対象は，「著作物（映像や音楽など）」である．様々な知的財産を守るために，様々な知的財産権に関する法律が用意されている．

3　なぜ知的財産を守らなければならないのか

　なぜ知的財産を守らなければならないのか．例えば，あなたが洋服のお店を始めたとしよう．あなたは，お店に自分のブランド・マークを付けるだろう．あなたは，日中はお店で接客し，夜は徹夜で洋服をデザインする．数年後，あなたの努力が実を結び，あなたのブランドは，雑誌やテレビで取り上げられ，あなたのブランド・マークを付けた洋服は，瞬く間に売れていく．しかし，他の業者が，あなたのブランド・マークをコピーし，勝手に洋服に付けていた．しかも，デザインや品質が劣悪な洋服に，あなたのブランド・マークが付けられていた．さらに，その業者は，洋服だけではなく，食器や洗剤にも，あなたのブランド・マークを使うようになった．その結果，消費者は，あなたのブランド・マークを付けた洋服は劣悪であるというイメージを抱き，あなたのお店は食器や洗剤も販売しているというイメージを抱くようになった．やがて，ブ

ランドを傷つけられたあなたのお店の洋服は，全く売れなくなった．

このように，知的財産を産み出すためには，あなたの多大な努力が必要にもかかわらず，コピーした業者は，いとも簡単に，あなたのブランドに，ただ乗り（フリーライド）できる．また，全く違う商品にあなたのブランドが使われることにより，あなたのブランドは希釈化（ダイリューション）される．したがって，努力をして知的財産を産み出した人に正当な権利を与えるため，知的財産を守らなければならないのである．

このことは，単に個人の利益を守るという理由だけではない．知的財産を守ることで，産業の発達を促進することもできる．例えば，ある製薬会社が新薬を開発したとしよう．新薬の開発には，膨大な費用や時間がかかる．もし，新薬の知的財産が守られなかったら，誰も膨大な費用や時間をかけて新薬を開発しないだろう．そうなると，新薬は開発されず，産業は発展しなくなる．さらに，新薬を必要とする人にとっても不利益である．したがって，産業の発達を促すためにも，知的財産は守らなければならないのである．

4　知的財産制度の歴史

産業の発達と知的財産は，密接な関係がある．次に，知的財産制度が歴史上どのように産業の発達に貢献してきたのかを見てみよう．

（1）　特許制度の歴史

世界最古の特許法は，1474年にベニス共和国で公布された発明者条例である．その後，イギリスで1624年に専売条例が制定され，近代特許制度が整備されていく．近代特許制度の整備に伴って，ワットの蒸気機関などの画期的な発明が生まれ，産業革命につながった．このように，特許制度の整備により，新たな発明を開発するインセンティブが働き，特許制度が産業の発達に貢献しているのである．

アメリカでは，イギリスからの独立戦争後の1787年に制定された連邦憲法において，特許権について規定され，1790年に特許法が制定された．エジソンは，電球や蓄音機などを発明し，アメリカで1093件，その他の国で1239件の特許を取得している．エジソンは，これらの特許を利用して，電力会社や映画会社などの事業を興している．エジソンが興した電力会社は，現在もゼネラル・エレクトリック（GE）として存在している．

日本では，1871（明治4）年に専売略規則が公布され，1885年（明治18年）に

専売特許条例が公布され，特許制度が整備された．初代の専売特許所長は，高橋是清である．トヨタグループの創業者である豊田左吉や味の素の創業者である池田菊苗も発明者として知られ，豊田左吉は自動織機の特許を取得し，池田菊苗はグルタミン酸ソーダの特許を取得している．

（2） 意匠制度の歴史

1580年にイタリアのフィレンツェで，織物組合が新規の意匠考案者に2年間の専用権を与えたのが，意匠制度の始まりとされている．その後，1711年にフランスのリヨンで絹織物の図案を保護する命令により，意匠法が整備されてきた．日本では，1888（明治21）年に意匠条例が公布された．明治時代に入り，外国との貿易が盛んになると，日本の美術工芸品が重要な輸出品となった．また，明治20年代には，日本で織物業や窯業が盛んになった．日本の意匠制度は，これらの産業をデザインの観点から保護することに貢献したのである．日本の意匠登録第1号は，織物縞のデザインであった．

（3） 商標制度の歴史

1857年にフランスで制定された製造標及び商業標に関する法律が，商標制度の始まりとされている．日本では，1884（明治17）年に，特許制度に先駆けて「商標条例」が制定された．日本の商標登録第1号は，膏薬の商標であった．

（4） 著作権制度の歴史

1545年にヴェネチアで制定された出版特許制度が，著作権制度の始まりとされている．その後，1710年にイギリスおいてアン女王が制定したアン法が，近代の著作権制度の基礎となっている．著作権制度は，グーテンベルクの活版印刷の普及や識字率の向上により，その必要性が認識されるようになった．

第2節　知的財産制度

1　特　許

（1） 身近な特許

回りを見渡してみよう．どのような特許があるだろうか．朝起きたときから考えてみよう．朝起きて顔を洗う．顔を洗う洗顔フォームや石鹸の成分には，特許が使われている．例えば，泡立ちがよく，汚れがよく落ちる成分である．そして，顔を洗った後，朝食を食べる．朝食を作る炊飯器やトースターや電子

調理器には，それぞれ特許が使われている．例えば，お米をふっくら炊きあげる炊飯器である．また，朝食に出てくるお米や卵や牛乳にも特許が使われている．例えば，乳脂肪を抑えた低脂肪乳である．そして，朝食を摂った後，通勤通学に使う自転車やバスや電車にも多くの特許が使われている．例えば，自転車の変速ギアやハイブリッド車のエンジンである．また，あなたが使う携帯やテレビも特許の塊である．例えば，広視野角の液晶や3Dテレビである．

このように，日常には特許があふれている．ぜひ一度身の回りの特許を探してみてほしい．

（2） ちょっとしたアイデアが発明になる

発明は，難しい技術を駆使して完成したものであろうか．必ずしもそうではない．ちょっとしたアイデアを発明化したものはたくさんある．要するに，発明はアイデアによっていくらでも出てくるものなのである．ここで，ちょっとしたアイデアが発明となり，商品化されて大ヒットした例を紹介しよう．

「初恋ダイエットスリッパ」という商品をご存じだろうか．履いても足のかかとが出てしまうスリッパである．このスリッパを履くと，自然に足のつま先に力が入り，体の姿勢を矯正したり，ふくらはぎが引き締まったりする効果を謳っている．この発明は主婦が考えたものである．残念ながら，この発明は特許にはなっていないが，多いときには年間6－7億円も売り上げたそうである．この他にも，主婦が考えた発明で大ヒット商品となったものがある．それは，大きさを変えられる落とし蓋である．発売以来，70億円以上を売り上げたそうである．

このように，発明は，必ずしも難解な数式や技術を応用したものではない．あったら便利だなという，ちょっとしたアイデアも立派な発明となるのである．

（3） ビジネスモデル発明

ビジネスモデルも発明になる可能性がある．ビジネスモデル発明とは，ビジネスの方法に関する発明である．例えば，航空券のオンライン予約システムである．従来，ビジネスモデルは，技術的思想の創作ではないとして，発明にはならなかった．しかし，アメリカでビジネスモデルが発明として特許になったことに端を発し，日本でも一定の条件を満たせば，ビジネスモデルも発明として取り扱うこととした．

ビジネスモデル発明が特許になった例として，凸版印刷株式会社が出願したマピオンの特許（特許第2756483号）がある．この特許は，地図上のお店をクリ

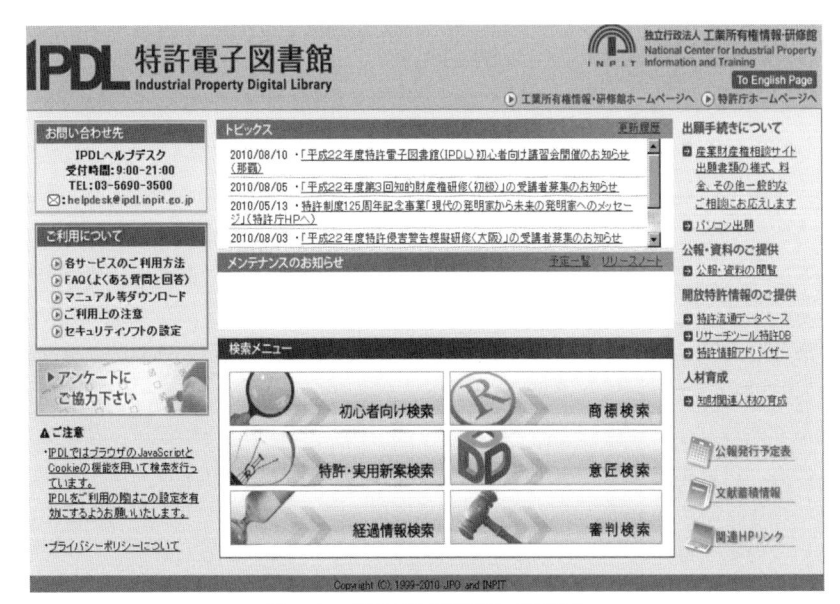

図4-2　特許電子図書館（IPDL）

（出所）　特許庁ホームページより引用．

ックすると，そのお店の広告が現れるというものである．このように，コンピューターによりデータ処理を行う発明であれば，ビジネスモデル発明も特許となりうるのである．

(4)　特許を調べる

世の中には様々な特許が存在する．あなたもどのような特許があるか調べてみよう．特許を調べる方法として，特許庁が公開している特許電子図書館（IPDL）がある．特許電子図書館は，インターネットで特許を検索できるシステムである（http://www.ipdl.inpit.go.jp/homepg.ipdl）．特許電子図書館の公報テキスト検索では，公報番号や発明者やキーワードで特許を検索できる．AND検索，OR検索，及びNOT検索も可能である．

例えば，出願人／権利者の欄に「トヨタ」を入力し，発明の名称の欄に「電気自動車」を入力すると，電気自動車に関するトヨタ自動車の公報を見ることができる．

特許電子図書館では，特許だけでなく，実用新案，意匠，商標，経過情報，及び審判も検索することができる．

2 商標
（1） 身近な商標

　回りを見渡してみよう．どのような商標があるだろうか．商標は，商品やサービスを識別するためのマークであるので，身の回りの商品やサービスを観察してみると，商標であふれている．あなたのお気に入りの洋服や鞄には商標が付されているだろう．また，あなたがよく通う飲食店や美容室の名前も商標である．また，テレビでは，毎日のように，商品やサービスの商標が広告されている．

　商標は，商品や包装などに平面的に付される場合が多いが，立体的な形状からなる商標（立体商標）もある．例えば，コカコーラのボトルや不二家のペコちゃん人形は，立体商標である．また，海外では，音や匂いが商標となる場合もある．例えば，オートバイの排気音や香水の匂いも，海外では商標となる．音の商標を認めている国は，アメリカ，イギリス，ドイツ，フランスであり，匂いの商標を認めている国は，アメリカ，イギリスである．

（2） 地域団体商標

　地域団体商標とは，地域ブランドのことであり，「地域＋商品（サービス）」の名称からなる商標であって，地域と商品（サービス）の名称が密接な関係を有し，広く知られているものを言う．例えば，「江戸切子」や「九谷焼」や「松阪牛」などである．この他にも，「横浜中華街」や「草津温泉」などがある．地域には様々な特産品があり，その特産品にその地域名を付けた商品も多い．このような地域ブランドは，地域産業を活性化させ，地域のイメージを向上させる．地域ブランドを保護するために，地域団体商標制度は用いられている．

（3） 歴史上の人物名

　「織田信長」や「武田信玄」などの歴史上の人物名は，誰もが商標登録できるのであろうか．歴史上の人物名を商標として商品やサービスに使用したいと思う者は少なからずいる．しかし，社会公共の利益や社会の一般的道徳観念に反する場合は，商標登録されないであろう．実際に問題となった例では，「吉田松陰」，「高杉新作」，及び「桂小五郎」の商標が，東京の会社によって登録されたが，吉田松陰らの出身地である山口県萩市が異議を申し立て，特許庁は，社会公共の利益や社会の一般的道徳観念に反するとして，これらの商標登録を取り消した．

3　日本の知的財産制度

日本における，知的財産を法的に保護する知的財産制度を見てみよう．日本には，発明を保護する特許法，考案を保護する実用新案法，意匠を保護する意匠法，及び標章を保護する商標法などがある．これらの法律は，基本的に，保護対象，保護要件，保護期間，保護手続などが規定されている．

（1）　特許法

特許法の保護対象は，発明である．発明とは，自然法則を利用した技術的思想の創作のうち高度のものを言い，自然法則それ自体やゲームのルールなどは発明とはならない．例えば，万有引力の法則はそれ自体では発明にならない．また，自然界にある物を単に発見しても発明にならないが，その物を単離したり抽出したりすることは発明となる．例えば，新しい鉱物の発見は発明にならないが，新しい薬効成分は発明となる．

特許法の基本的な保護要件は，新規性，進歩性，産業上利用可能性である．新規性とは，新しさのことであり，発明は新しくなくてはならない．つまり，現に存在する発明は保護されない．進歩性とは，容易には思い付かないことであり，発明は技術的進歩に貢献しなければならない．つまり，誰でも思い付くような発明は保護されない．産業上利用可能性とは，産業として利用できることであり，産業として実現性が低い発明は保護されない．

特許権の保護期間は，原則として出願から20年であり，特別に5年の延長が認められる場合がある．特許法の保護手続は，先願主義であるので，早く出願した者が，特許を受ける権利を有する．また，審査主義を導入しているため，特許登録するためには，出願書類を特許庁に提出して，特許庁の審査官による審査を経なければならない．

（2）　実用新案法

実用新案法の保護対象は，物品の形状，構造，または組み合わせにかかる考案である．物品の形状等にかかる考案でなければならないので，方法は実用新案法の保護対象とならない．実用新案法の基本的な保護要件は，特許法の基本的な保護要件とほぼ同様，新規性，進歩性，及び産業上利用可能性である．実用新案権の保護期間は，出願から10年である．実用新案法の保護手続は，特許法と同様，先願主義である．また，特許法と異なり，無審査主義を導入しているため，正規の出願書類を特許庁に提出すれば，原則として登録される．ただし，特許庁の審査官による審査を経ないで登録されるので，その弊害を補う

ために，権利行使の段階で制限が課せられる．例えば，実用新案技術評価書を提示して警告をした後でなければ，権利を行使することができない．

(3) 意匠法

意匠法の保護対象は，意匠である．意匠とは，物品の形状，模様，もしくは色彩，またはこれらの結合であって，資格を通じて美感を起こさせるものを言う．意匠法の基本的な保護要件は，特許法や実用新案法の基本的な保護要件と似ており，新規性，創作非容易性，及び工業上利用可能性が要求される．つまり，意匠登録されるためには，新しいデザインで，当業者が容易に思いつかず，工業的に量産できるものでなければならい．意匠権の保護期間は，出願ではなく登録から20年である．意匠法の保護手続は，特許法と同様，先願主義である．意匠法で特徴的なのが，「類似」という概念である．意匠権は，登録された意匠（デザイン）だけでなく，これと類似の範囲まで及ぶ．また，デザインは，季節ものなど時宜に応じて発表される場合が多いため，出願した意匠を一定期間秘密にすることができる秘密意匠制度がある．また，特許法と同様，審査主義を導入しているため，意匠登録するためには，出願書類を特許庁に提出して，特許庁の審査官による審査を経なければならない．

(4) 商標法

商標法の保護対象は，標章（マーク）であって，商品やサービスに用いられるものを言う．商標法の基本的な保護要件は，特許法等の基本的な保護要件と異なり，自他商品等識別力を有すること，不登録事由に該当しないことである．自他商品等識別力を有しない例として，普通名称，慣用商標，記述的商標などがある．例えば，商品「パン」に「パン」という商標を登録することはできない（普通名称）．商品「清酒」に「正宗」という商標を登録することはできない（慣用商標）．また，商品「緑茶」に「静岡」という商標を登録することはできない（記述的商標）．不登録事由に該当する例として，他人の権利を害しないこと，公の利益を害しないことである．例えば，他人の著名な商標と類似する商標を登録することはできない．また，国旗や国際機関のマークと類似する商標を登録することはできない．

商標権の保護期間は，出願ではなく設定登録から10年であるが，何度でも更新できるので，実質的には無制限である．商標法の保護手続は，特許法等と同様，先願主義であるが，信用保護や需要者保護の観点から，先願であっても他人の周知商標と同一または類似の商標は登録されない．また，特許法や意匠

第4章　知的財産の概要　63

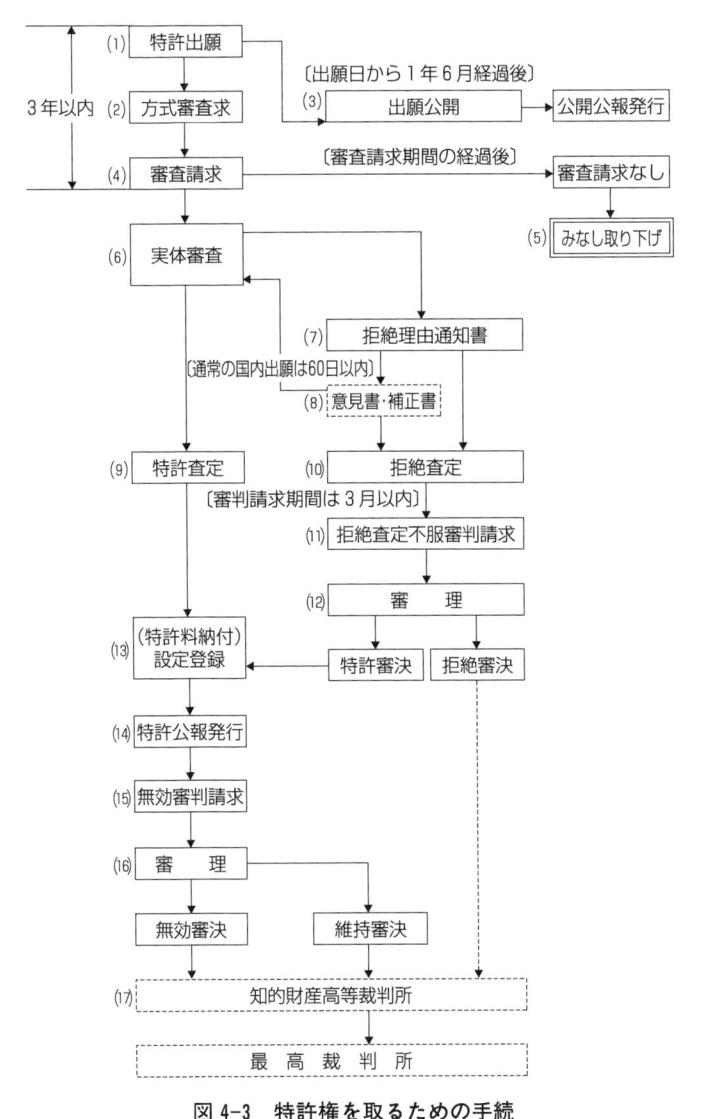

```
                    (1) 特許出願
    ┌─────┐              〔出願日から1年6月経過後〕
    │3年以内│  (2) 方式審査求     (3) ┌──────┐    ┌──────┐
    │         │                      │出願公開 │──→│公開公報発行│
    │         │  (4) 審査請求       └──────┘    └──────┘
    └─────┘              〔審査請求期間の経過後〕   審査請求なし
                                                           │
                                                           ↓
                                                    (5)┌─────┐
                    (6) 実体審査                        │みなし取り下げ│
                                                        └─────┘

                              (7) 拒絶理由通知書
                    〔通常の国内出願は60日以内〕
                              (8) 意見書・補正書

                    (9) 特許査定        (10) 拒絶査定
                              〔審判請求期間は3月以内〕
                                        (11) 拒絶査定不服審判請求
                                        (12) 審　理
                   (13)(特許料納付)
                      設定登録 ← 特許審決  拒絶審決

                   (14) 特許公報発行
                   (15) 無効審判請求
                   (16) 審　理
                      無効審決  維持審決

                   (17) 知的財産高等裁判所
                        最　高　裁　判　所
```

図 4-3　特許権を取るための手続

（出所）　特許庁ホームページより引用（筆者加筆）．

法と同様，審査主義を導入しているため，商標登録するためには，出願書類を特許庁に提出して，特許庁の審査官による審査を経なければならない．

（5） 著作権法

著作権法の保護対象は，著作物並びに実演，レコード，放送及び有線放送に関する著作者の権利及びこれに隣接する権利である．著作権は，特許権等のような登録出願や審査を必要としないため，著作物を創作した時点で発生する（無方式主義）．日本における著作権の保護期間は，著作者の死後 50 年までである．ただし，映画の著作物については，原則として公表後 70 年まで，著作権が存続する．

4 外国の知的財産制度

日本に特許法等の知的財産制度があるように，外国にも知的財産制度がある．知的財産は，日本で登録されただけでは外国において保護されないので，外国で知的持参を保護してもらうためには，外国の知的財産制度に則る必要がある．次に，外国の知的財産制度を見てみよう．

（1） アメリカの特許制度

アメリカの特許制度で特徴的なのが，先発明主義である．日本をはじめとする世界の主要国で，先発明主義を採用している国はアメリカだけである．先発明主義とは，先に発明した者が，特許を受ける権利を有する．つまり，先発明者であれば，早く出願しなくても特許を受けることができる．しかし，先発明主義の弊害として，先発明者がいつまで経っても出願しないということがある．なぜなら，先発明であれば，出願しなくても他人から権利を取得されるおそれもなく，先発明者が権利を行使したい時期に登録すればいいからである．この弊害を回避するために，アメリカの特許制度は，公知（公に知られること）になった日から 1 年以内に出願しなければならないと規定している．また，2000 年から国内公開制度を導入し，日本と同様，出願（正確には優先日）から 18 カ月経過後に，出願内容が公開される．保護期間は，原則として出願から 20 年であるが，延長制度もある．

（2） ヨーロッパの特許制度

ヨーロッパ諸国はそれぞれの特許制度を設けているが，この他にも，欧州特許条約（EPC）に基づいた特許出願をすることができる．欧州特許条約の特徴は，欧州特許庁で統一的に審査が行われ，特許付与された後は，各国で特許付

与されたのと同じ利益を有することである．これにより，各国それぞれに出願する必要がなくなり，英語・仏語・独語のいずれかで出願すればよいため，出願費用を軽減できる．欧州特許庁は，出願に関する先行技術を調査し，調査報告を作成してこれを公開する．日本と同様，出願（正確には優先日）から18カ月経過後に，出願内容が公開される．保護期間は，原則として出願から20年である．

（3）中国の特許制度

中国の特許制度は，専利法によって規定される．専利法には，実用新案権と意匠権が含まれる．日本と同様，先願主義を採用しており，中国語で出願しなければならず，審査を経て登録される．基本的な保護要件は，新規性，創意性，実用性である．また，出願（正確には優先日）から18カ月経過後に，出願内容が公開される．特許の保護期間は出願日から20年であるが，実用新案と意匠の保護期間は出願日から10年である．

（4）国際特許出願制度

欧州特許条約（EPC）のように，世界で統一的に特許の審査を行えないかという動きが出てきた．しかし，各国で審査基準が異なることから，統一的な審査は実現していない．一方，特許出願の受理や先行技術の調査については，統一的に運用することが各国の利益となることから，特許協力条約（PCT）が締結された．特許協力条約の特徴は，出願書類を受理官庁に提出することで，各国において出願したのと同じ利益を有することである．また，国際調査機関により，先行技術が調査され，国際調査報告が作成および公開される．出願（正確には優先日）から18カ月経過後に，出願内容が国際公開される．特許協力条約では審査や特許付与が行われないので，出願人は，一定期間内に各国の特許付与を受ける手続きを行わなければならない．例えば，日本語で国際特許出願をした場合，一定期間内に英語等の翻訳文を各国に提出しなければならない．

5 弁理士

弁理士は，特許権や商標権などの産業財産権等に関する業務を行うための国家資格者である．弁理士は，特許，実用新案，意匠，商標の出願登録手続および審判手続を代理することができる．弁理士は，主に特許事務所や企業の知的財産部に勤務している．特許事務所に勤務する弁理士は，主に代理人として特許庁に提出する書類を作成したり，特許や商標の調査や鑑定を行う．また，外

国に出願する場合は，外国の特許事務所や法律事務所とやりとりを行う窓口となることもある．したがって，日本の産業財産権法のみならず，アメリカやヨーロッパや中国の産業財産権法や国際条約に接する機会もある．企業に勤務する弁理士は，特許事務所とのやりとりの他，特許庁に提出する書類を作成したり，契約などの渉外業務や知的財産訴訟業務を担当する．特許に関する書類を作成するためには，発明を技術的に理解しなければならないことから，理工系の弁理士が多い．この他，弁理士の活躍の場が拡大している．代理人として，弁護士と共同で知的財産訴訟を行うことができるようになった．また，知的財産の評価やコンサルティングにも活躍の場を広げている．

第3節 知的財産の動き

近年，知的財産が経営資源として注目されており，知的財産の動きも活発化している．知的財産の動きを見てみよう．

1 特許出願件数

特許出願件数の推移を見てみよう．国際特許条約（PCT）に基づく国際特許出願件数は，13万6754件（2005年），14万9670件（2006年），15万9957件（2007年），16万3252件（2008年），15万5900件（2009年）と推移している．2008年までは順調に出願件数を伸ばしてきたが，世界同時不況の影響を受け，2009年は減少に転じた．しかし，中国の国際特許出願件数は，2512件（2005年），3937件（2006年），5465件（2007年），6126件（2008年），7906件（2009年）と，大幅な伸びを示している．日本の国際特許出願件数は，アメリカに続く2位を維持しており，2万4870件（2005年），2万7023件（2006年），2万7749件（2007年），2万8785件（2008年），2万9807件（2009年）と，順調な伸びを示しており，2009年で最も国際特許出願件数が多かった企業は，パナソニックであった．しかし，国内の特許出願件数を見てみると，42万7078件（2005年），40万8674件（2006年），39万6291件（2007年），39万1002件（2008年）と，年々減少しており，2009年はさらに減少して34万8596件であった．特許出願件数は，景気や企業の研究開発費の影響を受ける．景気がよく，研究開発費を拡充する場合は，研究開発活動の成果である特許の出願件数も増加する．一方，景気が悪くなり，企業が研究開発費を削減する場合は，特許出願件数も減

(単位：件)

	2005	2006	2007	2008	2009
全体	136,754	149,670	159,957	163,252	155,900
アメリカ	46,858	51,296	54,044	51,673	46,079
日本	24,870	27,023	27,749	28,785	29,807
中国	2,512	3,937	5,465	6,126	7,906

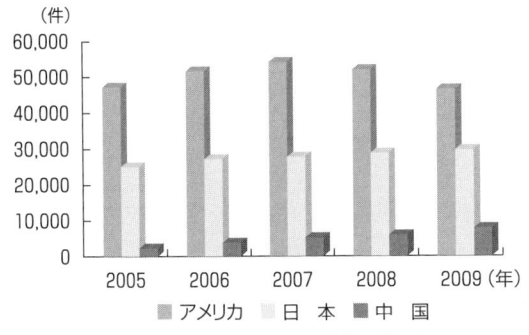

図 4-4　国際特許出願件数の推移
(出所) WIPO ホームページを基に筆者作成.

少する．中国は近年景気がよく，中国企業も研究開発に力を入れていることから，今後も特許出願件数が伸びるであろう．

2　プロパテントとアンチパテント

「プロパテント」とは，特許権を重視して特許権者の立場を保護する政策をいい，「アンチパテント」とは，特許権を抑制して，公共の利益を重視する政策を言う．プロパテントとアンチパテントは，時代背景によって変遷している．1980年代，アメリカは貿易赤字を負っており，これを解消すべくプロパテントへ向かった．この結果，アメリカでは，日本をはじめとする外国企業が特許権侵害で訴えられ，多額の損害賠償金や契約金を支払うこととなった．例を挙げると，1987年にアメリカのハネウェルがミノルタを特許侵害で訴えた．アメリカの陪審員はミノルタの特許侵害を認め，最終的にミノルタは1億2750万ドルの和解金をハネウェルに支払うこととなった．このように，1980年代から，特許戦争と称されるような特許訴訟がアメリカにおいて繰り広げられたのである．

3 パテントトロール

プロパテントの行き過ぎにより弊害も生じてきた．その1つがパテントトロールである．パテントトロールとは，特許を武器に多額の損害賠償金や契約金を得ることを主な目的として，特許訴訟を仕掛けることを言う．パテントトロール企業は，特許だけを保有し，自ら製造販売を行っていないケースが多いため，相互ライセンスによる交渉を行う余地がほとんどなく，非常に攻撃的であることで知られている．

おわりに

この章では，知的財産全般について俯瞰した．知的財産の内容，意義，歴史などについて述べた．また，知的財産は色々な形で身の回りにあり，非常に身近なものであることを説明した．また，日本，アメリカ，ヨーロッパ，中国の知的財産制度について触れ，代理人として弁理士がいること，特許件数が景気を反映していることを解説した．

(小田哲明)

第5章

経営資源としての知的財産

第1節　知的財産戦略

1　事業戦略と知的財産

近年，知的財産が経営資源として注目されているが，知的財産をどのように活用すればよいだろうか．事業を拡大するために採る戦略として，多角化戦略がある．多角化戦略とは，自社の事業と関連する（あるいは，関連しない）事業分野に進出することである．多角化戦略のメリットとしては，シナジー，収益源の多様化，リスクの分散，未利用資源の活用などが挙げられる．一方，多角化戦略のデメリットとしては，中核事業（コア事業）の不明確化，経営資源の分散，管理コストの増加などが挙げられる．したがって，経営資源が限られている場合は，多角化戦略のデメリットが大きくなり，中核事業さえも危機にさらされることがある．この場合，多角化戦略ではなく，集中戦略を採るべきである．集中戦略とは，特定の顧客，技術，地域などに経営資源を集中させる戦

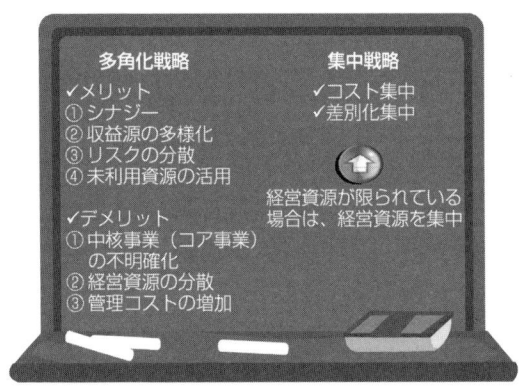

図 5-1　多角化戦略と集中戦略
（出所）　筆者作成．

略である．経営資源を集中させることにより，コストを低減し（コスト集中），他社との差別化を図ることができる（差別化集中）．

集中戦略において知的財産は重要な位置を占める．集中戦略における中核事業で，優位性を維持するためには知的財産の保護は欠かせない．しかし，知的財産を維持管理するためには相当の費用が発生するので，知的財産に割くことができる経営資源は限られている．一方，知的財産を有効に活用するためには，網羅的な権利を取得しなければならないことから，集中的に経営資源を投入する必要がある．つまり，集中戦略における中核事業で，知的財産も集中的かつ網羅的に保護していかなければならないのである．

2 技術戦略と知的財産戦略

事業戦略の他に，知的財産戦略と結びつきが強いのが技術戦略である．技術戦略は，事業戦略を策定する場合において中核事業を見極める際にも重要な役割を果たす．技術戦略の策定では，まず自社の技術状況を把握し評価する．そして，中核事業を見極めた上で自社のあるべき技術戦略を描くのである．自社の技術状況を把握するためには，対象となる技術を要素ごとに分類する．そして，分類された技術の市場構造の分析を行う．市場構造の分析では，市場における技術の動向や成熟度の他，ユーザーの動向や規制の変化などを分析する．市場構造の分析結果を考慮した上で，分類された技術が利益を生むための条件

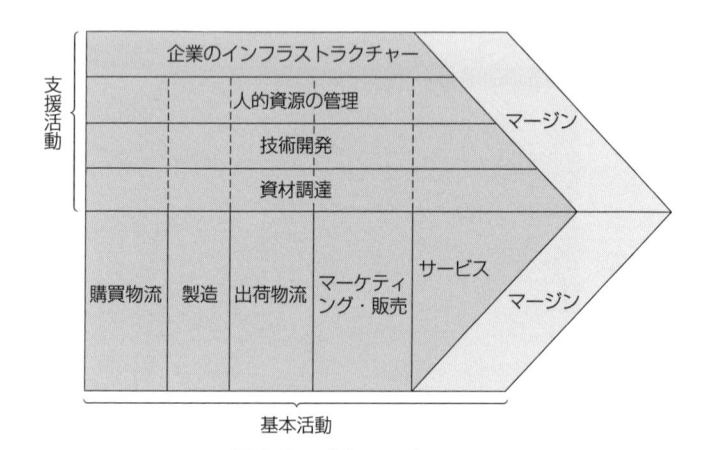

図 5-2 バリューチェーン

(出所) M. ポーター [1999]『競争戦略論』竹内弘高訳　ダイヤモンド社より作成．

を考える．利益を生むための条件は，バリューチェーン（調達／開発／製造／販売／サービス）に沿って考えるとよい．そして，利益を生むための条件を自社が満たしているか否かを基準に，分類された技術ごとに自社が強いか弱いかの評価を行う．評価を行った後，市場構造の分析も考慮して中核事業を見極め，戦略的目標と戦略的課題を洗い出す．このときに知的財産戦略の目的および課題も洗い出す．最後に，戦略的リスクと対処方法を考える．このように，知的財産戦略は，事業戦略や技術戦略とともに策定されるべきであり，三位一体の戦略策定が重要である．

3　技術標準化と知的財産

　メーカーにおいて，技術標準化は時に社運を左右するほど重要な要素となる．例えば，家庭用ビデオ規格を争ったVHSとベータマックスがある．ベータマックスが先行して発売されたにもかかわらず，VHSが標準化技術を勝ち取った．当初ベータマックスは画質の点で優位であると見られていたが，VHS陣営の技術標準化戦略に敗北を喫することになる．VHS陣営がとった技術標準化戦略は，VHSを家庭用ビデオに採用するメーカーを数多く引き込むことであった．また，VHSのほうが部品点数が少なく量産に向いており，コストを低減できたこともVHSの勝因といわれている．この他の標準化技術として有名なのが，画像圧縮方式のMPEG-2である．MPEG-2では，標準化技術に関する特許を一括して管理運用するパテントプールを形成しており，約1500社とライセンス契約を結んでいる．パテントプールの目的は，特許を一括して管理してライセンスを付与することにより，特許の運用コストを削減できることである．また，権利関係を調整することにより無用の争いを回避でき，標準化技術の実効化や普及促進に資することも目的の1つである．このように，技術標準化を行う際には知的財産の管理運用が問題となり，解決策の1つとしてパテントプールが活用されている．

4　医薬品と知的財産

　医薬品業界の2010年問題をご存じだろうか．これは，2010年頃に有力医薬品の特許が切れる問題のことを言う．医薬品の研究開発には膨大な費用が費やされており，医薬品メーカーは特許の保護なしには利益を見込むことができないほど，特許は重要な経営資源である．特許の存続期間が経過した後は特許が

切れ，誰でも特許を実施することができるようになる．つまり，安価な後発医薬品（ジェネリック医薬品）が市場に出回ることになる．注目されているのが，世界で最も売れている医薬品リピトールである．リピトールは，ファイザーが特許を保有し，年間100億ドル以上を売り上げる高脂血症治療薬である．リピトールの特許は2011年に切れる．この他，エーザイのアリセプトおよび第一三共のクラビットは2010年に特許が切れ，武田薬品工業のアクトスは2011年に特許が切れる．

5 環境と知的財産

環境技術に関する特許を無償開放して相互に利用しようとする試みがある．2008年に設立されたエコパテントコモンズがそれである．エコパテントコモンズに特許を1件以上登録すれば，エコパテントコモンズに参加でき，登録されている環境技術の特許を無償で利用できる．エコパテントコモンズには，IBM，デュポン，ソニー，富士ゼロックス，大成建設，リコーなどが参加している．エコパテントコモンズは，環境技術の相互利用を通じてイノベーションを促進することを目指すものである．特許は独占排他権であり，基本的には他者を排除するためのものであるが，エコパテントコモンズでは，環境問題は世界的に取り組むものであり，環境技術も独占すべきでないとの理念から，環境技術に関する特許を無償開放することを推奨している．ただし，環境問題への取り組みをアピールできるとは言え，企業が研究開発費を投じて獲得した特許をどれだけ無償開放できるかが，エコパテントコモンズの成功のカギを握っている．

第2節　知的財産の活用と技術移転

日本の国内特許出願件数は，年間40万件前後で推移している．そして，110万件以上の特許が登録されている．しかし，これらの特許のほとんどは実施されておらず，他者からの攻撃を防御するために使われている．もちろん，防御のための特許も意味のあるものであるが，特許の維持費も無視できないことから，実施されていない特許を技術移転して活用しようとする動きがある．富士通や三菱電機などが有償で特許を開放しており，積極的に特許を活用している．また，大学も技術移転に積極的である．従来，大学は教育研究機関であり，技

術移転によって大学の成果を特定の企業に与えることには消極的であった．しかし，大学の知を活用することが公共の利益にも適い，企業も技術シーズを大学に求めていることから，大学も技術移転に積極的になっている．大学の技術シーズを事業化したベンチャー企業として，アンジェス MG やトランスジェニックなどがある．アンジェス MG は大阪大学の研究成果を基に 1999 年に設立され，遺伝子医薬の開発と実用化を行っている．トランスジェニックは熊本大学の研究成果を基に 1998 年に設立され，ゲノム創薬の開発段階で使用される遺伝子破壊マウスの製造と販売を行っている．

1 大学の技術移転機関

大学の技術移転機関として TLO がある．TLO は，大学の研究成果の特許化および技術移転を行い，産と学の橋渡しをする法人である．技術移転によって得た利益は大学に還元され，大学のさらなる研究を促すことにより，大学の知を創造し活用することに貢献している．全国で 40 以上の TLO が国の承認を受けている．アメリカでは，1980 年にバイドール法が成立し，国の資金によって生まれた大学の研究成果について，これまで国に帰属していた特許を大学に帰属させることとした．これにより，大学が特許を取得することが可能となり，技術移転や大学発ベンチャーの促進が図られた．日本もバイドール法にならって，1999 年に産業活力再生特別措置法を制定し，TLO が設立されることとなった．

2 特許ライセンス

特許の活用や技術移転を円滑に行うために，特許を他者に実施させる方法として，ライセンスを付与する方法がある．ライセンスを与える者を「ライセンサー」，ライセンスを受ける者を「ライセンシー」と呼ぶ．ライセンサーは，ライセンシーにライセンスを付与することで，自ら実施していない特許を他者に活用してもらうことができる．例えば，自社に生産設備がなく特許を実施できない場合，ライセンスを付与することでライセンス料として収益を上げることができる．特に，海外に自ら生産拠点を設立するためには多額の投資が必要となるので，まずは海外の現地企業にライセンスを付与し，ライセンス料として収益を上げるとともに，カントリーリスクを回避することができる．また，経営戦略上撤退した事業に関する特許についてライセンスを付与することで，

研究開発費や設備投資費を回収することができる．また，ライセンスを相互に付与（クロスライセンス）することにより，特許訴訟の未然防止や早期解決を図ったり，技術的な協力関係を強化することもできる．

3　特許訴訟

特許に関する争いについて双方の話し合いがつかない場合，争いを司法に委ねることがある．特許に関する事件を取り扱う地方裁判所は，東京地方裁判所と大阪地方裁判所であり，地方裁判所の判断に不服がある場合は，知的財産高等裁判所に控訴することになる．知的財産高等裁判所は，プロパテント政策のもと，知的財産に関する紛争処理の強化や専門的迅速的な処理を可能とすべく，2005年に設立された．アメリカでは，連邦地方裁判所が特許に関する事件を取り扱い，連邦地方裁判所の判断に不服がある場合は，ワシントンDCにある連邦巡回控訴裁判所（CAFC）が控訴事件を取り扱う．アメリカの特許訴訟では，どの連邦地方裁判所が事件を管轄するかが，勝敗を決する点で重要な要素となる．なぜなら，それぞれの連邦地方裁判所によって特徴が異なるからである．例えば，テキサス州東部地区およびバージニア州東部地区は，非常に短い期間で判決が出ることとして知られる．判決が非常に早く出るので，「ロケット・ドケット」と呼ばれている．また，アメリカの訴訟では，故意に特許権を侵害した場合，裁判所は損害賠償額を最大3倍まで増額することができる．したがって，損害賠償額が膨大なものとなる場合があり，厳しい制裁が課されることになる．この他，アメリカの訴訟では，ディスカバリーという開示手続きがある．ディスカバリーとは，審理に入る前に相手方の要求に応じて，訴訟に関する情報を相手方に開示する手続きを言う．開示する情報には書類の他にも電子データも含まれるので，電子メールでのやりとりも開示しなければならず，開示を要求された企業は，膨大な情報から特定の情報を検索したり選別したりする労力を強いられる．また，開示を要求する企業にとっても，開示された膨大な量の情報を弁護士に分析させなければならないので，弁護士費用がかさむことになる．

4　グローバル化と知的財産問題

企業活動のグローバル化に伴い，日本企業が海外で知的財産訴訟に巻き込まれる場合も出てきた．特に，技術先進国である日本は，多くの先端技術を駆使

した製品を輸出しているため,ときに海外で知的財産訴訟を起こされることがある.逆に,知的財産戦略をグローバルに展開している日本企業が,知的財産の侵害に対して海外で企業を訴えることもある.ソニーは,ゲーム機の振動型コントローラについて,アメリカで知的財産訴訟を起こされた.また,シャープは,液晶パネルについて,韓国企業のサムソンとアメリカやヨーロッパで激しい訴訟合戦を繰り広げた.また,中国では,日本の漫画キャラクターである「クレヨンしんちゃん」が,中国語表記の「蠟筆小新」で商標登録され,日本から商品を輸出できなくなるという事態が生じた.さらに,中国では,「青森」や「松坂牛(松阪牛の類似語)」などの商標が,中国企業によって次々と登録されており,日本の企業や自治体は対応に追われている.

5 知的財産報告書

企業の知的財産や知的財産戦略を開示する「知的財産報告書」を作成する企業が増えている.東芝,日立,ブリヂストン,味の素,旭化成,キリンなどが知的財産報告書を開示している.知的財産報告書を作成して知的財産や知的財産戦略を開示する意義は,財務諸表からでは分かりにくい知的財産を開示することで,企業の潜在的な企業価値を投資家に理解してもらうことができることである.特に,起業したばかりのベンチャー企業は利益や実績が少ない場合がほとんどであるので,知的財産報告書を発表することで,企業価値の適正化や資金調達の容易化を図ることができる.知的財産報告書で開示される内容は,1.中核技術と事業モデル,2.研究開発セグメントと事業戦略の方向性,3.研究開発セグメントと知的財産の概略,4.技術の市場性および市場優位性の分析,5.研究開発・知的財産組織図・研究開発協力・提携,6.知的財産の取得と管理・営業秘密管理・技術流出防止に関する方針,7.ライセンス関連活動の事業への貢献,8.特許群の事業への貢献,9.知的財産ポートフォリオに対する方針,10.リスク対応情報などである.

6 知的財産の価値評価

プロパテントが進展する中,知的財産の価値評価が脚光を浴びている.主に,特許価値評価やブランド評価が行われており,企業買収や資金調達などに利用されている.評価手法は,大きく金銭的評価と非金銭的評価に分けられる.金銭的評価としては,コストアプローチ,マーケットアプローチ,インカムアプ

ローチなどがある．コストアプローチでは，特許や商標の取得や維持にかかった総費用を金銭的価値としたり，新たに特許や商標を取得しようとした場合にかかる費用を金銭的価値とする．マーケットアプローチでは，市場において類似する特許や商標の実際の取引価格を参考に金銭的価値を算出したり，企業価値から有形固定資産および無形固定資産の時価評価額を差し引いて金銭的価値を算出する．インカムアプローチでは，将来の予想収益に特許や商標の寄与率を乗じた値から，DCF法などで割り引くことで現在の金銭的価値を算出する．非金銭的評価としては，特許の技術的優位性と市場的優位性を評価して定量化する手法や，特許の請求項の数や特許庁の審査で引用された回数を基に定量化する手法がある．また，パテントリザルトが提供しているサービスでは，特許庁での審査経過を評価要素としてそれぞれ重み付けし，重み付けされた評価要素を合算することで特許の価値評価を行っている．

おわりに

この章では，経営資源としての知的財産を俯瞰した．知的財産戦略は，事業戦略および技術戦略と三位一体で策定されなければならないことを述べた．また，技術標準や医薬や環境の分野において特許が重要な役割を果たしていること，特許の活用として技術移転やそれを実現する機関があることを解説した．特許の世界では，ライセンスや特許訴訟など企業間の活発なやりとりがあり，グローバル化が進展していること，知的財産をアピールするために知的財産報告書が利用され適正な価値評価に取り組んでいることを解説した．

(小田哲明)

第6章

マーケティング

はじめに

　同じものを見つめていても，人によって見え方が異なる．目に見えるものが違えば，考え方や行動が変わってくる．図6-1を見てほしい．この絵に描かれているものは一体何であろうか．右斜め奥を見つめる若い女性か，それとも真横を見つめるおばあさんか．「夫人と老婆」と名付けられたこの絵は，人間のものの見え方についての多様性を示している．

　それぞれの人物に対してどのような印象を持っただろうか．

　マーケティングも事業体がどのように市場（顧客）を見つめ，どのように振る舞うかということに深く関わっている．ここで日本の経済状況を概観してみよう．

　2009年，日本の企業倒産件数は前年から4.9％増加し1万3306件にのぼった．また，少子高齢化，地方都市の過疎化が進展し，2007年3月6日には北海道の夕張市が財政破たんした．その他にも，病院や学校に至るまで姿を消す事業体が増加している．多くのメディアで報道されているように現在の日本は経済活動が縮小を続ける不景気であるように思われる．

　しかし，一方で過去最高の業績をたたき出す事業体も多くみられる．カジュアル衣料のユニクロを展開するファーストリテイリング社では，2009年度に売上高6850億4300万円，営業利益1086億3900万円，純利益497億9700万円という過去最高の業績を上げた．ファーストフ

図6-1　老婆と夫人
（出所）NTTコミュニケーション科学基礎研究所ウェブサイト「錯視と錯覚を体験！Illusion Forum」より許可を得て転載．

ード大手の日本マクドナルド社では，2010年1月17日に1日の売上の最高記録となる28億1180万円を達成している．[3]

このように，衰退と成長は同時に存在する．ゆえに営利・非営利を問わず，あらゆる事業体は衰退の予兆を早めに察知してそれを回避したり，成長の機会を見つけて適切な経営資源を投入したりしなければならない．要するにマーケティングとは危機や機会を察知するための市場（顧客）の「見つめ方」であり，見つめ方にしたがって組織を動員するための「仕組み作り」である．したがってマーケティングの起点は市場（顧客）である．

しかし，冒頭の絵画と市場（顧客）との間には決定的な相違がある．それは市場（顧客）が常に変化しており，一様ではないということである．これは我々を取り巻く科学技術，生活基盤，文化，生活様式などといった環境の変化に原因がある．事業体はこのような市場（顧客）の変化に対し，柔軟に適応していく必要性があるのだが，マーケティングにはこうした機能を果たすことが期待されている．したがって，マーケティングの概念（市場の見つめ方と組織の仕組み）も環境の変化によって大きく影響を受ける．

第1節　マーケティングの概念

この章ではマーケティングの概念の多様性について触れていきたい．まず，マーケティングの基本用語に触れた後，市場（顧客）の見つめ方と事業体の行動に関する概念に触れ，最後に各概念の特徴について述べていく．

1　マーケティングの基本用語
（1）市　場
元々は「販売者と購入者が財を交換するために集まった物理的な場所」を意味したが，現在では「特定の製品や製品群の取引をする買い手と売り手の集まり」であるとされている（Kotler & Keller [2006] 訳書12頁）．カタログによる通信販売やオンラインでの取引では，売り手と買い手は一切顔を合わせることもなく財の交換が行われている．

（2）顧　客（**Customer**）
消費者（Consumer），購買者（Buyer）など，商品の購入者を表す言葉は複数存在する．顧客とは，自社の製品・サービスを「何度も購入してくれるお客さ

ん」のことであり，リピーターのことである．「そのお店から買う」ことや「その企業の製品を買う」ことが習慣化している人々のことをいう．日本では古くから購入者の階級付けがなされ，商売に活用されてきた．自社と初めてのお付き合いとなる人を「一見客」，何度も足を運んでくれる人を「常連客」，何度も足を運んでくれるだけでなく，新たな客を紹介してくれたり，他の客よりも多く購入してくれる客のことを「贔屓客」と呼んだ（佐藤［2000］）．太古の時代，貝は貨幣の役割を果たしたように富の象徴であった．その貝という字を4つも使用する「贔屓客」という言葉の持つ意味は創造に難くない．事業を行う上で，如何にリピーターが大切かということが理解できる．

（3） ニーズ

衣食住という言葉に代表されるように，人間が生きていくためには様々な要件が必要である．水，食料，住居，安全，睡眠などといった直接生存に関わるものから，教育，娯楽，所属，自己表現といった生活の質に関わるものまで実に多彩である．こうした諸要件において，「欠乏を感じる状態」がニーズである．例えば，のどが渇いた，おなかが空いた，何か楽しいことをしたい，といった肉体的，精神的，社会的に満たされていない状態を指し示す．

（4） 欲　　求

ニーズを満たす具体的なモノ・コトが想起されたとき，それらは欲求となる．例えば，渇いたのどを潤すためにあなたが飲みたいものを思い浮かべてほしい．水，コーラ，オレンジジュース，ビール……．これらが欲求である．欲求は人々が生活している社会の環境やルール，文化などによって異なる．例えば，イスラム教を信仰する社会では，アルコールの類は宗教上の禁忌にあたるので，のどが渇いてもビールに対する欲求は発生しない．

（5） 需　　要

ニーズを満たす欲求を購買できる状態が需要である．手軽で便利な移動というニーズを満たすのに自動車は欲求であるが，3000万円以上もするフェラーリを買うことができる人はごくわずかである．インドのタタ自動車では，日本円で1台21万円程の「超低価格自動車」を市場に投入し，国内での市場シェアを一気に拡大した[4]．このようにモノやサービスの価格と需要との間には深い関係がある．

（6） 価　　格

価格はモノやサービスを欲しがる人の数（需要）と，それらが市場に供給さ

れる量との関係によって決定される．一般的にいえば，人気があり供給の少ない商品は高額となる．アメリカのプロスポーツでダントツの人気を誇るNFL (National Football League) のNo.1クラブ決定戦であるスーパーボウルのチケットはまさにこの典型である．通常価格でも数万円するチケットが一瞬で売り切れるだけでなく，闇マーケットではその10倍以上の価格で取引が行われている．一方，供給が需要を上回ると価格は一気に下がる．サッカー日本代表では2007年から2008年にかけて，1試合あたりの観客動員数およびスタジアム集客率（満員の度合い）が低下した．この事態を受けて，日本サッカー協会では，観戦チケットの実質的値下げを検討した[5]．

2　市場（顧客）の見つめ方と事業体の行動に関する概念

次に事業体が市場をどのように見つめ，どのように行動するかということに触れていきたい．冒頭で述べたように，同じ絵でも見る人によって見え方や感じ方が異なってくる．また，一方の絵が中々見えなくても，友人から「見方」をアドバイスされたことによってもう一方の絵が見えるようになった方も多いだろう．ものの「見方」や「見え方」が異なることによって，生起される感情や行動が大きくことなるはずである．マーケティングの分野でも，事業体による市場の見つめ方や活動方針は大きく異なるのである．以下ではKotler & Keller [2006] による市場に対する事業体の方針に触れてみよう．

（1）　生産志向

生産志向とは消費者は価格が手ごろで至るところで購入できる製品を好むという事業体の考え方を指す．この場合，経営者は生産性を高め，コストを下げ，市場に製品を大量に流通させることに専念する．需要が供給を大きく上回る社会では，生産志向に基づいた経営手法が採られてきた傾向が強い．「モノを作ればすぐ売れる」状態のため，在庫不足による機会損失（売り逃し）を如何に少なくするかということに焦点があてられるためである．

しかし，大量生産・大量流通のためには莫大な投資が必要である．したがってこれらの投資を如何にして可能にするかという問題が発生する．また，莫大な投資が可能になった後も，これが足かせとなり柔軟な路線変更を妨げることもある．1900年代初頭，フォード社はコンベヤシステムによるタイプTの生産で自動車の世界で革命を起こした．1908年から市場への販売が開始されたタイプTは，1913年には2万2667台を生産し，1台あたりの価格は550ド

ル（当時）であった．その後，1923年には212万898台にまで生産台数は拡大し，1台あたりの価格は295ドルにまで低下した．単一車種であるタイプT（しかも色は黒1色）を大量生産することによりコストを下げ，高級品であった自動車を大衆の手にも届くものへと変貌させたのである．これにより，フォード社は自動車業界でNo.1の地位を不動のものにした．しかし，競合他社による魅力的な新製品の登場と度重なるタイプチェンジや，長年同一製品を製造したが故の製品の陳腐化によって市場シェアを急速に失った結果，1927年に遂にT型の生産は終焉を迎えた[6]．

（2） 製品志向

製品志向とは消費者は品質や性能が高く，革新的で特徴的な製品を好むという事業体の考え方を指す．この場合，経営者は製品の改良や改善に専念する．

しかし，製品の改良や改善に固執するあまり，オーバースペックに陥る傾向がある．いくら機能が優れていても顧客が求めない機能を持った高価格製品は市場に受け入れられないのである．エンジニア（もしくは企業）と，顧客（市場）との間では「良い製品」に対する定義が一致しない場合が往々にして存在する．

（3） 販売志向

販売志向とは消費者が自社の製品を購入するのは企業側の販売活動にかかっているという事業体の考え方を指す．この場合，経営者は精力的な営業とプロモーション活動を展開することに専念し，その結果事業体は積極的な営業によって，顧客（市場）自身の購買意欲を刺激したり，潜在的なニーズを喚起したりすることを重視する．

しかし，販売志向が強くなりすぎることによって顧客が求めていない製品を売り込んでしまったり，それによって苦情，返品，マイナスの口コミが発生したりするデメリットがある．

（4） マーケティング志向

消費者の好みやニーズを感じ取り，それに応じて製品を生産・販売しようという事業体の考え方を指す．この場合，経営者は消費者の顕在化したニーズはもちろんのこと，潜在的なニーズを調査・推測することを通じてそれらに応えようと専念する．顧客（市場）と事業体の間で互いの欲求を満たしあう「価値の交換」を行うことが重要であるという事業体の活動方針をさす．マーケティング志向には2種類が存在し，顧客の顕在化したニーズを理解し，対応することを「受動型市場志向」といい，顧客の潜在的なニーズを理解し，対応するこ

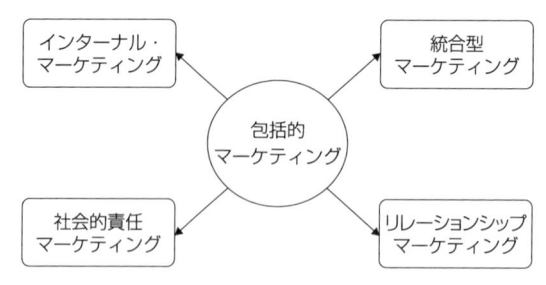

```
                インターナル・                      統合型
                マーケティング                    マーケティング
                        ↘           ↗
                         包括的
                        マーケティング
                        ↗           ↘
                社会的責任                    リレーションシップ
                マーケティング                    マーケティング
```

図6-2　包括的マーケティングの次元
(出所) フィリップ・コトラー，ケビン・ケラー［2008］『コトラー&ケラーのマーケティング・マネジメント(第12版)』恩蔵直人監訳，ピアソン・エデュケーション，23頁．

とを「能動型市場志向」という．Kotler & Keller ［2006］によれば，受動型市場志向と能動型市場志向の両方を実践することを「統合型市場志向」と呼び，最も成功しやすいとされている（コトラー，ケラー［2008］p. 20）．

　一方，マーケティング志向に対するデメリットもいくつか存在する．まずは異なる志向からマーケティング志向に移行する際に事業体内部からの抵抗が発生する恐れがある．生産志向や製品志向の下にあった事業体では，担当役員や当該部署の従業員が組織内で大きな権力を握っている．「自分たち中心」から「お客様中心」になることに対してこれまでの価値観や仕事の仕方が大きく変化することが予想されるため，拒絶反応が起こるのである．

　また，1回あたりの取引における「価値の交換」という部分に固執する傾向が強いため，互いが妥協を許さず取引がこう着状態に陥ることも考えられる．

（5）包括的マーケティング志向

　事業体は，統合型マーケティング（消費者に向けて価値を創造し，伝達し，提供するためにマーケティング・ミックスの観点からそれぞれの活動を統合する），リレーションシップ・マーケティング（顧客をはじめとする利害関係者との長期的で良好な関係性を構築・維持することを目的とする），インターナル・マーケティング（社内の求心力を高めるために企業内部に向けて働きかけること），社会的責任マーケティング（マーケティング計画・活動の財務的説明責任や，法令順守，社会貢献，環境問題への対応といった社会的責任を考慮する包括的な取り組み）という4つの活動と範囲に包括的に取り組むべきであるという考え方である．

　このように，包括的マーケティング志向は事業体を取り巻くあらゆる利害関

係者や環境に対して，どの面からみても最適で理想的な存在を目指す概念であるが，果たしてこれらを可能ならしめる経営資源を確保し，育成することができる事業体はどれくらい存在するであろうか．経営者には自社だけでなく，産業全体やその他の環境に対する知識や行動力が必要とされるため各分野のスペシャリストによる分担管理が必要となる．また，各部署が複雑に連動し，融合しあう仕組みが必要とされるため，組織内における求心力と柔軟性が重要となる．さらに，全てが重要であるために組織内の資源が分散してしまうことも考えられる．

3 各概念の特徴

生産志向，製品志向，販売志向の概念に共通するのが「作ってから売る」という流れである．このような製品・サービスの生産方法を「プロダクト・アウト」と呼ぶ．プロダクト・アウトのスタート地点は作り手の思いや技術であるため，使い手がその製品をどのような状況下で，どのようなニーズを満たすために，どのように使うのかといった視点が相対的に弱くなる．「ドリルを売りたければ穴を売れ」という言葉があるが，重要なことは，顧客は製品やサービスそのものが欲しいのではなく，それらがもたらす効用を欲しているということである．

これに応えるのがマーケティング志向である．事業体は顧客に「聞いてから作る」ことを重要視する．これを「マーケット・イン」と呼ぶ．すでに述べたように，顧客（市場）の顕在化したニーズだけでなく，潜在化したニーズにも注目する企業が成功する傾向が強い．したがって，アンケート調査に代表される定量調査だけでなく，顧客が自覚していないニーズや不満要素の洗い出しを意識した定性調査も重要である．

「プロダクト・アウト」と「マーケット・イン」では製品・サービスのスタート地点が大きく異なることを述べたが，双方とも最終顧客を対象とした考え方に違いはない．確かに最終顧客をいかにして多く獲得するかということは企業にとって最終命題であるが，そのためには社員や株主，一般社会からの協力や理解が必要となる．包括的マーケティング志向は最終顧客の獲得に向け，製品やサービスの生産・販売に欠かすことのできない社員や株主，一般社会からの理解や協力を取り付けようとするものである．つまり，これまでの「事業体⇒顧客」という外向きのベクトルだけでなく，社員・株主・一般社会から事業

体に向かう内向きのベクトルが意識されるように変化していることを忘れてはならない．

第2節　顧客中心主義に至る背景

これまで述べてきたように，現代マーケティングの中核は顧客志向であるのだが，その概念は時代や社会環境に応じて変化している．ここではマーケティング概念の変遷に影響を与えた社会的変化について検討してみよう．

1　需給バランスの逆転

日本にマーケティングが輸入されたのは1955年だとされている（和田ほか[2003]）．当時，日本の主要都市が焦土と化した戦後から10年足らずの日本では復興の過程で旺盛な消費需要が形成されていた．事業体は余りある需要に対して，機会損失を避けることが課題であった．したがって生産効率の向上と商品流通網の整備が必要とされた．現在と比較して，相対的にモノが不足している世の中では製品を「誰でも手が届くくらい安く」「いつでもどこでも買えるくらい大量に」生産することが重要視されたのである．松下電器産業（現・パナソニック）創業者・松下幸之助氏が打ち立てた「水道哲学」に代表される概念が市場（顧客）に適合した時代であった．

その後，高度経済成長や安定成長を経て，事業体の努力の結果により生産効率と流通網は飛躍的に発展した．世の中にはモノがあふれ，やがて供給が需要を上回るようになる．「モノ余り」時代の到来である．事業体が生き残るために熾烈な競争が始まり，製品差別化を図るため「顧客が真に欲しているものは何か？」という疑問を解決する必要性が高まったのである．このように生産効率重視から顧客ニーズ重視への転換の背景には，需給バランスの逆転現象が存在する．

2　ニーズと技術の成長速度

近年，電化製品に代表される科学技術を駆使した製品は我々の期待値の高まりよりも遙かに速いスピードで成長してきた．例えば，ソニーがウオークマンを開発し，音楽を持ち運べるようになったのが1979年であった．その後，テープからCDへの移行を経て，1998年にはMDウォークマンが登場した．音

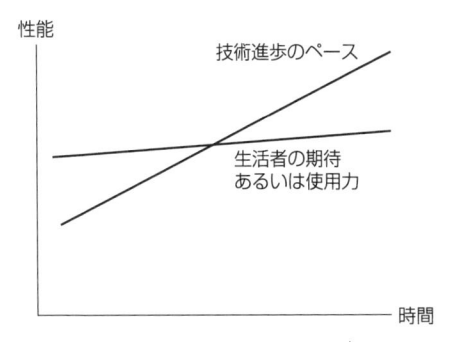

図 6-3　過剰品質のメカニズム
（出所）石井淳蔵［2010］「マーケティングを学ぶ」筑摩書房（ちくま新書），11頁．

楽を記録するメディアの小型化が進む中，2001年には音楽再生機自体が記録メディアとなるiPodがアップルから発売され，その後，またたく間にフラッシュメモリを採用した携帯型音楽再生機が世の中に普及した．現在，携帯型音楽再生機には携帯電話やカメラ，財布，ゲーム機，手帳，インターネット，データベースなどといった様々な機能が搭載され，使いこなすだけでも一苦労する時代となっている．つまり，技術進歩の成長速度が我々の期待値や使用能力を上回る時代に突入しているのである．

　クリステンセンとレイナーはこうした状況を「過剰品質の時代」と指摘している（クリステンセン，レイナー［2003］）．図6-3が示すように2本の直線の交点を境に右側が過剰品質の時代であり，それ以前までとは異なり事業体からの新製品や新技術のオファーに対し，市場（顧客）から期待した反応が得られないことが多くなる（石井［2010］）．「技術や機能が顧客（市場）に受け入れられないのであれば，彼ら/彼女らが真に欲しているものは何であろうか？」という問いが湧きあがり，顧客の製品使用方法や頻度，場面などに着目した調査や製品開発が行われるようになったのもこうした背景による．NTTドコモでは通話をメインに絞り込んだ「らくらくホン」を1999年に発売し，2007年4月22日時点で類型1000万台の売上を記録した．

3　経済活動のサービス化

　イギリスの経済学者コーリン・クラークは，ウィリアム・ペティの研究に基づき，「経済社会・産業社会の発展につれて，第一次産業から第二次産業，第

二次から第三次産業へと就業人口の比率および国民所得に占める比率の重点がシフトしていく」という「ペティ＝クラークの法則」を打ち出した．日本では1980年代に活発に議論され，経済活動の主体がサービス産業に移り変わったことが指摘されるようになった．

サービス産業においては，顧客と直接触れ合う末端の従業員の対応が顧客満足に大いに影響を及ぼす．このため，顧客接点のマネジメントが重視されるようになり，CS（顧客満足）が企業経営の重要なキーワードとなった（カールソン [1990]）．その後，CSと従業員の満足度（ES）との間には強い関係があるという研究結果が登場し，事業体内部のスタッフに向けたマーケティング（インターナル・マーケティング）が重要視されるようになった（ヘスケットほか [1998, 2004]）．

4 交換活動における時間軸概念の導入

日本には古くから贔屓客という言葉に代表されるように，事業体と顧客との長期的な付き合いが重視されてきた．感覚的に付き合いの長い顧客は，より多くの売上や利益をもたらしてくれることが認知されていたが，IT技術の進歩によって，それを数値で裏付ける取り組みが行われるようになってきた．例えば，Reichheld & Earl Sasser, Jr. [1990] は，顧客維持率5％の上昇が利益率を100％上昇させるという研究結果を報告している（Reichheld & Earl Sasser, Jr. [1990]）．また，彼らによれば，多くの産業で顧客との取引年数が長くなれば長くなるほど，1人当たりの利益が増加するという．こうした研究成果は顧客生涯価値という概念を普及させ，1人の顧客との長期的な関係性構築を目指したマーケティング活動に対する関心を向上させた．1990年代以降，IT技術の進歩により事業体は顧客の購買履歴や経済価値を正確に把握できる環境を手に入れた．航空会社のマイレージサービスや，レンタルビデオショップやドラッグストアなどのポイントカードはCRMと呼ばれる顧客との長期的な関係性構築を目的としたマーケティング施策の代表的なものである．

5 株主への説明責任

法律上，株式会社の所有者は株主である．そして，現在では年金基金に代表される機関投資家が大企業の株式を大量に保有し，より多くの配当を求め常に厳しい目を光らせている．日本でも2000年以降，村上ファンドに代表される「物言う株主」が台頭し始め，より短期的な株価上昇および増配による株主価

値の向上を強く主張するようになった．永続的な活動を志す企業と，短期的な利益を求める機関投資家との間には大きな齟齬が生じる．企業経営上，法律上の所有者である株主との良好な関係性構築は欠かすことのできない経営課題である．したがって，株主を始めとする投資家に向け，自社の経営状況や今後の方向性をより具体的にわかりやすく伝え，理解と協力を得るためのアプローチが求められるようになった．IR（インベスターリレーションズ）と呼ばれる株主・投資家向けのマーケティングはこうした背景から誕生したのである．

6 事業体の社会的責任と社会貢献

歴史を振り返ると，利益を志向し活動を続けてきた事業体がもたらした負の側面は大きい．例えば，日本は高度経済成長期に四大公害病が重大な社会問題となった．また，近年では企業の不正経理問題や食品偽装問題など，社会的規範はもちろん，法律に反する行為が大きく取り上げられる機会を目にすることが多い．

また，より多くの利益を生み出す企業には，社会的責任以上の貢献が求められる．スポーツや芸術，文化活動への支援などがこれにあたる．

このように，事業体と社会との関係性に注目が集まるようになり，そうしたマーケティング活動が求められるようになった．前者は社会責任のマーケティング，後者は社会貢献のマーケティングと呼ばれる（和田ほか [2003]）．

第3節 マーケティングによる仕組みづくり

これまでのところではマーケティングの概念とその変遷に至る背景について触れてきた．次に問題になるのがマーケティングの概念を組織に落とし込み，実際に稼働させるための仕組み作りである．したがって，この節ではマーケティングのもう1つの側面である「組織の仕組み作り」について触れていくこととする．

1 求心力の土台——理念・ビジョン・ミッション

これまで述べてきたようにマーケティングにおける概念はプロダクト・アウトからマーケット・インへ変化し，さらに顧客に向けた外側のアプローチだけでなく，社員・株主・一般社会を事業体へ引き付けるための求心力を意識する

ものへと変化してきている．したがって，より多くの顧客を維持・創造すると同時に，社員に仕事のやりがいを感じさせたり，株主に配当金以外にも満足感や株を所有し続ける意志を持たせ続けたりする必要が出てくる．つまり，現在の事業体はただ単に利益を求めるだけではなく，その存在意義や目指すべき将来像，そこに至る具体的な方法などを広く組織の内外に浸透させなくてはならないのだ．そこで中心となるのが理念・ビジョン・ミッションである．

理　念

　理念とは，事業体の存在理由を文言化したものである．何のために自らは存在するのかという根本的な概念をまとめたものである．

ビジョン

　ビジョンとは，理念やそれに基づく事業計画が達成された先に待っている社会や組織の姿である．優れたビジョンは文字通りそれを聞いただけでイメージが頭に浮かぶものである．

ミッション

　ミッションとは，理念やビジョンを現実のものにするために行わなければならない根本的なタスクである．

　こうした理念，ビジョン，ミッションを中核に事業をまとめあげている好例として1993年に開幕したプロサッカーのJリーグがある．発足時には10であった加盟クラブ数が2010年現在では37にまで増加し，今も加盟を望むクラブは後を絶たない．また，積極的に地域に溶け込む活動を実施すると共に，高齢者の介護予防事業を行うなどサッカー以外の活動も活発に行っている．では，一体なぜJリーグを目指すサッカークラブが増加するのだろうか．なぜプロのサッカーリーグが中心となってサッカー以外の活動に積極的に取り組むのだろうか．以下に示すJリーグの理念・活動方針・百年構想にその答えが描かれている．

【Jリーグ理念】
・日本サッカーの水準向上及びサッカーの普及促進
・豊かなスポーツ文化の振興及び国民の心身の健全な発達への寄与
・国際社会における交流及び親善への貢献

【活動方針】

1．フェアで魅力的な試合を行うことで，地域の人々に夢と楽しみを提供します．
2．自治体・ファン・サポーターの理解・協力を仰ぎながら，世界に誇れる，安全で快適なスタジアム環境を確立していきます．
3．地域の人々にJクラブをより身近に感じていただくため，クラブ施設を開放したり，選手や指導者が地域の人々と交流を深める場や機会をつくっていきます．
4．フットサルを，家族や地域で気軽に楽しめるようなシステムを構築しながら普及していきます．
5．サッカーだけでなく，他のスポーツにも気軽に参加できるような機会も多くつくっていきます．
6．障害を持つ人も一緒に楽しめるスポーツのシステムをつくっていきます．

【百年構想】
・あなたの町に，緑の芝生におおわれた広場やスポーツ施設をつくること．
・サッカーに限らず，あなたがやりたい競技を楽しめるスポーツクラブをつくること．
・「観る」「する」「参加する」．スポーツを通して世代を超えた触れ合いの輪を広げること．

　Jリーグの理念を概観すると，サッカーを中核としながらも，その他のスポーツも積極的に振興し，これをもって国民の健康と国際親善に寄与するということが書かれている．6ヵ条の活動方針はこの理念を達成するためのミッションであり，百年構想はJリーグが目指すビジョンである．このような理念やビジョンに賛同する地方のクラブが後を絶たないため，クラブ数は増加傾向にある．また，各クラブがJリーグが目指すビジョンを共有し，その達成に向けて活動を展開しており，介護予防事業はその一環として実施されているのである．
　Jリーグは日本のスポーツ界で理念，ビジョン，ミッションのデザインとそのマーケティングを初めて行った画期的な事業体である．これらがファン・サポーター・企業・自治体・選手・社員などを束ねる求心力の源泉になっている．

2　STP マーケティング

　事業体における理念が組織内外の求心力を高める上で重要であることは前節

で述べた通りであるが，これを以ってあらゆる人々のニーズに訴えかけ，行動を促すことは不可能に限りなく近い．Jリーグが如何に素晴らしい活動を続けたとしても，あらゆる人々や組織をJリーグの理解者にすることはできないだろう．したがって，自分たちの組織がどういった人々に対して貢献でき，効果的かつ効率的に成果を得ることができるのかを見極める必要がある．そこで重要となるのがSTPマーケティングである．

S＝セグメンテーション

セグメンテーションとは，市場を顧客のデモグラフィック（年齢，性別，家族構成，年収，宗教などの人口動態を示す），ジオグラフィック（国，地域，人口密度，気候などの地理的特徴を示す），サイコグラフィック（ライフスタイル，趣味，嗜好などの心理的特徴を示す）などといった基準で細分化することをいう．全体でみるとバラバラで統一性のないように思える市場（顧客）を，ある基準によって「似た者同士」を選び出し，グループ化しようという試みである．

T＝ターゲティング

細分化された市場のうち，どのセグメントを狙い撃ちにするかを決定する活動がTで示されるターゲティングである．単一のセグメントが選定される場合もあれば，複数のセグメントに狙いを定める場合もある．これらは事業体のビジョンや経営資源，他社との競合状況などとの関係から検討される．

P＝ポジショニング

ポジショニングとは，自社や自社製品が顧客にとって，他社や他社製品とは明らかに異なる地特徴を持った存在として認知されることを目指す活動である．スポーツ用品メーカーを例にみると，NIKEやadidasは，世界中のトップアスリートや有名クラブと契約をし，彼ら/彼女らが持つ人気やイメージを巧みに活用したプロモーションを展開し，海外トップブランドのイメージを確立している．特にナイキは1985年に，その後たちまちNBAのスーパースターの座に着くマイケル・ジョーダンに革新的なテクノロジー（エア）を搭載した「エア・ジョーダン」というシューズを提供した．エア・ジョーダンは，当時のNBAのルールに抵触していたが，ナイキは罰金を支払ってでもこの革新的なシューズをジョーダンにはかせ続けた（その後，NBAはシューズに関するルールを改定し，エア・ジョーダンを合法とした）．ジョーダン自身の超人的な活躍と併せ，こうしたNIKEによる一連のプロモーションは若者の心を一気に摑み，シューズは爆発的な売上を記録したばかりでなく，「常に困難に挑戦し，それをぶ

ち破る」という企業イメージを確立させるに至った[8]．これと正反対のポジショニング戦略を採用したのがランニングシューズ大手の New Balance である．2006年に「For Love or Money?」をキャッチコピーに展開されたプロモーションでは，スーパースターではなく，スポーツを愛好する一般の人々に光があてられ，そうした人々がスポーツを行う意味を問いかける形式が採用された．これは高額でスーパースターと契約し，多額の費用をかけた広告展開によって大きな売上を上げている大手メーカーの方針や，そのプロモーション戦略を受け入れてきた一般の人々への問いかけであり，これを通じて「お金のためではなく，純粋にスポーツを愛し，それに打ち込む人を応援する企業」という自社の位置づけを明確にする営みであった．

このように，ポジショニングを果たすためには商品やサービスの機能だけでなく，人々が当該企業や製品やサービスに対して抱くイメージや態度といったものも極めて重要になる．

3 マーケティング・ミックス

STPだけではマーケティングは機能しない．どのような製品を開発し，どれくらいの価格でどのように販売するかということが明確になっていないからである．こうした問題を解決する鍵を与えてくれるのがマーケティング・ミックスである．マーケティング・ミックスとは，4つのP（製品【Product】，価格【Price】，流通【Place】，プロモーション【Promotion】）の組み合わせによって顧客（市場）からの好ましい反応を手に入れるための活動であり，マッカーシーによって確立された概念である（図6-4参照）．ラウタボーンは，顧客からみれば4つのPは4つのCに置き換えられると主張している（表6-1参照）．

4つPやCに基づく市場適応方法は我々にマーケティングの仕組み作りの重要性を示唆してくれる．なぜならマーケティング・ミックスを遂行するためには事業体内部の各組織が密に連携する必要性が生じるからである．「顧客に始まり顧客に終わる」事業体のプロセスは，Wakefield［1959］によれば10の要素から成り立っている（Wakefield［1959］pp. 40-44）．

つまり，マーケティングには，事業体が顧客を起点にモノゴトを見つめ，組織の各部門に「横串を刺す」ことによって，変化する顧客（市場）に柔軟に適応する体制を構築するための機能が期待されている．

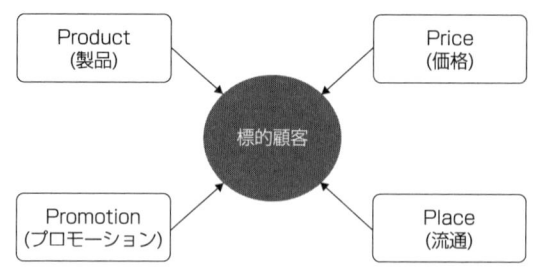

図 6-4　マーケティング・ミックスの 4PS

（出所）　フィリップ・コトラー，ゲイリー・アームストロング［2002］『コトラーのマーケティング入門　第 4 版』恩蔵直人監修，月谷真紀訳，ピアソン・エデュケーション，62頁．

表 6-1　マーケティングにおける 4 つの P と C

4つのP	4つのC
Product（製品）	Customer solution（顧客ソリューション）
Price（価格）	Customer cost（顧客コスト）
Place（流通）	Convenience（利便性）
Promotion（プロモーション）	Communication（コミュニケーション）

（出所）　フィリップ・コトラー［2004］『コトラーのマーケティング・マネジメント基本編』恩蔵直人監修，月谷真紀訳，ピアソン・エデュケーション，13頁．

図 6-5　利益追究のマーケティングの10の歯車

（出所）　J. E. Wakefield. "Ten cogs in marketing for profit", *Sales Management*, October 16, 1959, pp. 40-41.

4　マーケティングと組織デザイン

　従来，マーケティング機能は他の営業や経理などと同様に，市場調査や顧客対応を専門に行う部署として組織内部の一部署として扱われてきた（図 6-6）（高元［1999］24頁）．

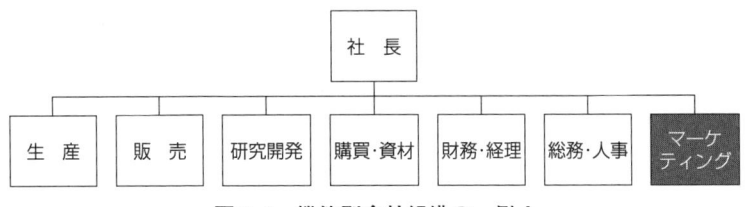

図6-6 機能別会社組織の一例A
(出所) 高元昭紘[1999]『マーケティング』八千代出版, 24頁.

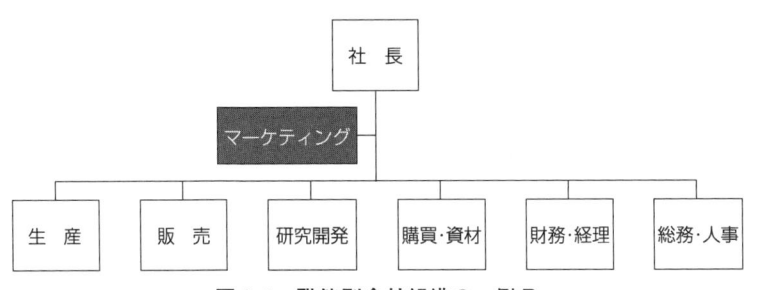

図6-7 職能別会社組織の一例B
(出所) 高元昭紘[1999]『マーケティング』八千代出版, 24頁.

　しかし，これまで述べてきたようにマーケティングはビジネスの源泉である顧客（市場）の見つめ方であり，その変化に対応するための仕組み作りである．したがって，マーケティングを担当する部署は，横断的な情報のやり取りが組織のシステム上容易に可能であり，組織的に大きな権限を持った場所に存在しなければならない．図6-7は，マーケティングを重視する事業体が採用する組織構造である（高元[1999] 24頁）．

　NFLジャパン代表の町田氏によれば，NFLは2009年にリーグ事務局の組織図を図6-7にあるように変更し，マーケティング部が顧客（市場）の情報だけでなく，リーグの理念やブランドコンセプトを広く組織内部に普及させることが可能なデザインに変更している[9]．

お わ り に

　変化の速度は年々速まっている．世の中の技術革新は常に進み，人々の好みや生活環境も今や多様化が進んでいる．こうした時代にあってあらゆる事業体は常に陳腐化の危機に晒されている．生き残るためには顧客に関する情報をい

ち早く正確に把握し，それを組織内部に普及させ，素早く変化に反応する能力を鍛え上げることが求められている．この情報把握，情報普及，情報反応という3つが顧客志向を構成する要素だと言われている．[10] 顧客志向の度合いと事業体の業績には正の相関関係が認められており，事業体の収益性，顧客のロイヤルティ，従業員のコミットメント，持続的なイノベーション，という4つの側面で効果があるという（嶋口［2008］25-27頁）．

こうした顧客志向がもたらす効果を十分発揮させるには，これまで述べてきたように一個人や一部署だけの努力では不十分である．本稿ではこれを可能にするために，マーケティングを十分に機能させるための組織システムと各部署間の連携の必要性について述べてきた．しかし，最後にもう1つ重要な要素がある．それはトップマネジメントによる顧客志向への積極性である（嶋口［2008］27-29頁）．

トップマネジメントを人間の脳に例えるならば，各部署は体を動かし，行動を起こすための筋肉や，生命を維持するために必要な臓器であり，マーケティングは人体内外からの情報を把握する感覚器や情報伝達のための神経であるといえそうだ．

事業体が変化に富んだ現代社会で生き残っていくためには，トップアスリートのように筋力，バランス，そして反射神経を鍛え上げることが必要不可欠であろう．そして更に，優れたスポーツ選手は人間的にも尊敬されるように，優れた事業体もそのような存在になる必要があるだろう．日本には江戸時代に生まれた「三方よし」という精神がある．商売をするにあたって，「売り手」「買い手」「世間」という利害関係者がそれぞれ利益を得られる仕組みや範囲が重要であるという行動規範である．つまり，いくら競技成績が良くても人間的に未熟であれば一流のアスリートとは認められないように，いくら業績が優秀でも顧客や社員，そして社会の犠牲の上に成り立っている事業体に存在価値が見いだされることはない．マーケティングとは事業体にとって魅力ある道具であるのは確かだが，これからの問題はその道具の使い方と，使う人間の心であると言えよう．それを司るトップマネジメントに課せられた期待は大きい．

注

1）NTTコミュニケーション科学基礎研究所ウェブサイト「錯視と錯覚を体験！Illusion Forum」より転載．http://www.brl.ntt.co.jp/EllusionPower/v/ladyAndOldWo-

man/ja/index.html（2010年11月1日確認）
2）ファーストリテイリング社アニュアルレポート2009．
3）時事通信社ウェブサイト・時事ドットコム（http://www.jiji.com/jc/zc?k＝201001/2010011900667　2010年5月20日確認）．
4）『日経産業新聞』2010年2月10日付．
5）『日本経済新聞』2008年2月8日付．
6）フォード社に関する記述はデイビッド・ハルバースタム［1987］『覇者の驕り――自動車・男たちの産業史〈上〉』高橋伯夫訳　および同下巻に基づいている．
7）NTTドコモ報道発表資料「らくらくホンシリーズの累計販売台数が全国で1000万台を突破」2007年4月24日付．
8）ナイキ社とマイケル・ジョーダンとの契約に基づく「エア・ジョーダン」誕生の経緯やその後の双方の発展についてはシュトラッサー＆ベックランド［1993］が詳しい．
9）立命館大学BKCで開催された日本スポーツマネジメント学会第2回大会のシンポジウム（2009年10月11日）での町田氏の発言から．
10）嶋口［2008］19-37頁．なお，前述では「顧客志向」ではなく「市場志向」という表現を用いている．本章では双方を同義として捉えていることを付言しておく．

参考文献

Carlzon, Jan [1989] *Moments of Truth*, Harper Paperbacks.（ヤン・カールソン［1990］『真実の瞬間』堤猶二訳，ダイヤモンド社）．

Christensen, C. M. and M. E. Raynor [2003] *The Innovator's Solution*, Harvavol Business School Publishing Corporation.（クレイトン・クリステンセン，マイケル・レイナー［2003］『イノベーションへの解』玉田俊平太・櫻井祐子訳，翔泳社）．

Heskett, J. L., W. Earl Sasser Jr. and L. A. Schlesinger [1997] *The service Profit Chain*, The Free Press（ジェームス・L・ヘスケットほか［1998］『カスタマー・ロイヤルティの経営』島田陽介訳，日本経済新聞社）．

Heskett, J. L., W. Earl Sasser Jr. and L. A. Schlesinger [2003] *The Value Profit Chain*, The Free Press（ジェームス・L・ヘスケットほか［2004］『バリュープロフィットチェーン』山本昭二・小野譲司訳，日本経済新聞社）．

Kotter, Philip [2001] *A Framwork for Marketing Management*, First Edition, Prentice Hall, Inc.（フィリップ・コトラー［2004］『コトラーのマーケティング・マネジメント基本編』恩蔵直人監修，月谷真紀訳，ピアソン・エデュケーション）．

Kotter, Philip and Gary Armstrong [1997] *Marketing: An Introduction*, Forth Edition, Prentice Hall, Inc.（フィリップ・コトラー，ゲイリー・アームストロング［2002］『コトラーのマーケティング入門　第4版』恩蔵直人監修，月谷真紀訳，ピア

ソン・エデュケーション).

Kotler, Philip and Kevin Keller [2006] *Marketing Management,* 12th Edition, Pearson Education (フィリップ・コトラー, ケビン・ケラー [2008]『コトラー&ケラーのマーケティング・マネジメント(第12版)』恩蔵直人監訳, ピアソン・エデュケーション).

Reichheld, F and W. Earl Sasser Jr. [1990] "Zero Defection-Quality Comes to Services," *Harvard Business Review* Sep. 01. (フレドリック・ライクヘルド&W・アールサッサー Jr. [1991]「サービス産業のZD運動」熊谷鉱司訳,『ダイヤモンド・ハーバードビジネスレビュー』1月号).

Strasser, J. B. and Laurie Becklund [1993] *SWOOSH: THE STORY OF NIKE AND THE MEN WHO PLAYED THERE* (ジュリー・B・シュトラッサー&ローリー・ベックランド [1998]『スウッシュ』白土孝訳, 祥伝社).

Wakefield, J. E. [1959] "The ten cogs in marketing for profit," *Sales Management,* October 16.

石井淳蔵 [2010]『マーケティングを学ぶ』筑摩書房(ちくま新書).

佐藤知恭 [2000]『あなたが創る顧客満足』日本経済新聞社(日経ビジネス人文庫).

嶋口充輝 [2008]「第一章マーケティング・リテラシーのための論理」『マーケティング優良企業の条件』日本経済新聞出版社.

高元昭紘 [1999]『マーケティング』八千代出版.

ハルバースタム, デイビッド [1987]『覇者の驕り―自動車・男たちの産業史〈上〉〈下〉』高橋伯夫訳, 日本放送出版協会.

和田充夫ほか [2003]『マーケティング戦略(新版)』有斐閣.

(福田拓哉)

第7章

情報品質とその保証

第1節　情報の品質とは

1　身近にあふれる情報
（1）　ICTの発展と個人レベルでの情報発信

　急速な情報通信技術 ICT（Information & Communication Technology）の進化と発展に伴い，多くの人々が大量のデータ・情報をより便利に扱うことができるようになった．例えば，インターネット上で検索をすることで，自分にとって必要な情報を探すことができるようになったり，ネットショッピングやネットバンキングのように，これまで実際の店舗に行かなければできなかったことが自宅のPCや携帯電話を使ってできるようになったりしていることを，実感を持って理解できる読者も多いことだろう．加えて，ネットオークションのように，これまで身近でなかったことが，簡単にできるようになっていることも忘れてはならない．

　また，最近の特徴として，人々が企業をはじめとする各種組織から情報を一方的に受け取るだけでなく，ブログ（weblog）やツィッター（Twitter）のような発信手段を使って情報を発信し，世の中に対して何らかの影響力を与えることのできる人々も現れ始めている．

（2）　膨大な量の情報流通

　このように，情報は様々な発信源からインターネットをはじめとする情報通信技術を使って，世の中に膨大な量が氾濫しているのが実情である．カリフォルニア大学バークレー校の研究者が行った研究によれば，その情報量は2007年度で281エクサバイト（EB，1 EB＝2の60乗バイト≒10の18乗バイト）とも言われ，このような状況を「情報爆発」を称することもある．日本国内では文部科学省科学研究補助金の特別領域研究「情報爆発時代に向けた新しいIT基盤技術の研究」（代表者：喜連川優（東京大学生産技術研究所教授））において，情報爆発

時代に向けた先進的なIT基盤技術の構築を目指す研究プロジェクトが活動している．この研究プロジェクトでは［喜連川，2007］，

 "爆発する大量で多様な情報から真に必要とする情報を効率良くかつ偏りなく安心して取り出すことを可能とする技術，大量の情報を管理する大規模な情報システムを安定・安全に運用するための新しいサステナブルな技術，並びに，人間とのしなやかな対話により誰もが容易に情報を利活用できるようにする技術の確立を目指す．さらに，多様な情報を活用した先進的なITサービスを人間社会に受け入れ易くするための社会制度設計も視野に入れ，情報学諸分野における様々な先端的手法を有機的に融合することにより総合的に取り組む．"

といった活動が進められており，情報爆発時代に向けての対策が急がれていることがうかがえる．

2 「直接的情報」「間接的情報」と情報の"良し悪し"

(1) 「直接的情報」と「間接的情報」

膨大な量の情報が氾濫する情報爆発時代に突入しようとする今日において，扱う情報の"良し悪し"を十分に把握・理解できていないままその情報の内容を鵜呑みにして，その情報を利用しているケースが多々見受けられるのが実際のところであろう．例えば，ある製品やサービス，店舗について，インターネット上に書かれていた評判を信じて自らが行動したり，その評判を確認することなく他人に紹介したりすること（いわゆる"口コミ"）は，決して珍しいケースではないであろう．さらに，扱う情報を鵜呑みにした結果，何らかの痛い目にあった経験を持つ読者も決して少なくないであろう．このことからもわかるように，情報の"良し悪し"こそが，現在そして今後情報爆発の時代に生きる人々にとって，重要なことを示唆してくれるのである．

ここで，情報を「直接的情報」と「間接的情報」に大別し，それぞれについての基本的特性を表7-1に示す．まず，「直接的情報」とは，情報を扱う人物自らが，ある事象を観察あるいは体験し，持ちうる感覚を使って入手することのできる情報を意味する．自らの観察や体験をもとにして得られた情報であるため，その情報量は，後述の他者から受け取る情報と比べ相対的に少なくなる．また，"良し悪し"については，自身が確証を持つことができるケースが多く，

表 7-1　情報の基本的特性

「直接的情報」		「間接的情報」
自ら観察，体験して入手	入手方法	他者とのコミュニケーション（特にインターネットを介して）から入手
相対的に少ない 確証のあるケースが多い	情報量 情報の"良し悪し"	相対的に多い 相対的に確証に乏しいケースが多い

"良い"情報であると判断する（できる）ケースが多い．

　一方，「間接的情報」とは，コミュニケーション等で他者から得られる情報を意味する．現実世界における人間の活動を考えれば，「直接的情報」の情報量には限界があることは容易に想像できる一方で，情報通信技術（ICT）の進展に伴い，この種の情報量は劇的に増大しており，前述の「直接的情報」と合わせた情報全体に占める「間接的情報」の割合は，ここ数年で飛躍的に高くなったと言える．占める割合が高くなるということは「間接的情報」の重要性・必要性も高くなっている．一方で，「間接的情報」であるがゆえの"良し悪し"についての問題点が表面化しつつある．

（2）　情報の"良し悪し"についての判断の難しさと情報リテラシー

　「間接的情報」は，自分自身で観察，体験して入手する「直接的情報」とは違い，情報そのものの"良し悪し"を判断する補足的材料が乏しく，内容についての確証を得ることは難しいケースが多い．となれば，情報の"良し悪し"の判断は，その周辺の状況や付属の情報（これを文脈と呼ぶ）に依存することになり，さらに"良し悪し"の判断を難しいものにする．文脈の示す具体的内容としては，情報源が何（誰）なのか／伝達手段は何か（会話や雑誌，新聞，インターネット等）／情報の表現方法はどのようなものなのか（文字や画像，動画等）等が挙げられる．これらの文脈を把握できていたとしても，このことだけで情報そのものの"良し悪し"を判断するのは，推測の域を抜け出すことはできないケースがほとんどである．

　さらに，「間接的情報」の"良し悪し"の判断を難しくしているのは，情報を受け取った側（人）の持つ評価能力（これを情報リテラシーと呼ぶ）が一定程度以上必要になるということである．つまり，文脈を把握できたとしても，その文脈を理解し，その情報の"良し悪し"を判断できる能力を備えていなければ，

情報を受け取っても利用できているとは言えないのである．

なお，この情報を評価する能力については「直接的情報」にも言えることであり，現在そして今後，人々には情報を扱う基礎能力である情報リテラシーが必要不可欠であることは言うまでもない．

3 情報の"良し悪し"と情報システムとの関係

（1） 情報システムは情報の源

これまで説明してきた情報の"良し悪し"の程度には，情報システムが大きな影響を与えていると言われている．これにはいくつかの理由が考えられる．一番の理由として，世の中に流通している情報の多くは，企業をはじめとする社会組織が提供しており，その提供される情報は企業にある情報システムをその源としていることが挙げられる．また，情報隠ぺいや情報漏洩等の，これまで生じてきた情報の"良し悪し"に関する事件，事故の多くが，情報システムの不備に起因していることも理由として挙げられる．ここでの不備とは，ソフトウェアや機器の不備にとどまらず，人的要因である設定，操作ミスも含まれる．このように，情報システムは，情報の"良し悪し"に影響を与えるものと認識すべきである．

（2） 情報の"良し悪し"に影響を与える情報システム

ここで，情報システムについて補足する．一般的に，企業をはじめとする組織の情報システムは，主に企業内で扱う情報を対象とする「経営情報システム」と社外への情報提供を主な目的とする「社外向け情報サービスシステム」に大別される．以降，情報システムは，後者の「社外向け情報サービスシステム」が話題の中心となる．

情報システムは，ソフトウェアやハードウエア，ネットワーク等の機器を基盤とし，扱う情報の提供の仕方をサポートする「技術的要素」と，人を基盤とし，利用目的や内容，活用能力をサポートする「人的要素」から構成されると考えることができる．「技術的要素」と「人的要素」の両要素が互いに連携をして1つの情報システムとしての役割を果たす．前述の情報システムの不備は，「技術的要素」または「人的要素」のどちらか片方の不備が原因である場合もあれば，両方の不備が重なり合って何らかの不具合が生じ，情報システム全体としての不備に繋がる場合もある．本来は，片方の不備をもう片方が確認，補完する形で情報システム全体が機能するべきであるが，そのように機能しない

場合，つまり情報自体や情報の取り扱いについての不備が，情報システムから提供される情報の"良し悪し"に悪影響を与えることになる．言い換えれば，情報の"良し悪し"は，情報を扱う情報システムの品質に依存するものととらえることができる．このことは，情報システムの良さが，提供する情報およびその情報の提供方法を通して，利用者との間で授受される情報によって決定されるとも言える．良い情報システムは，情報の社会性や倫理性を維持し，利用者の情報リテラシーや情報活用能力が反映される，利用者の必要や期待に応えられるものでなければならないのである．

4 情報の"良し悪し"こそ情報の品質

(1) 情報品質＝利用目的への適合性

ここで，情報の"良し悪し"について話をまとめることとする．これまで情報の"良し悪し"という表現で示していたものが，まさに情報の品質であると考えることができよう．言い換えれば，情報の品質とは，情報そのものにとどまらず，その情報を提供する情報システムの良さを利用者の立場から評価した結果を含んでいる．つまり，情報の品質は，その情報についての「利用目的への適合性 (fitness for use)」が，ある基準に照らし合わせて満たしているのかどうか，あるいはその程度を意味するものと考えることができる．

(2) 情報品質についての注意点

この情報の品質について留意すべきことを挙げる．情報品質の基準は，あらゆる情報に適用できる唯一無二の絶対的な基準が存在するわけではないことである．同一内容の情報であっても，それが利用目的に適合しているのかどうかは，その利用者や利用分野によって，一般的には異なるものである．言い換えれば，他人にとって品質の高い情報が，必ずしも自分にとって品質の高い情報とは言えないのである．逆に，他人にとって品質の低い情報が自分にとって必ずしも品質の低いものとは限らないのである．このことから，情報の品質の評価にあたっては，客観的な評価が容易ではないことが容易に想像できるであろう．これまで情報の品質についての本格的な研究，議論が進んでこなかった原因の1つはここにあると考えてよいだろう．

(3) 情報品質保証の重要性

ただ，情報品質は今日そして今後の高度情報社会の基盤の一要素であり，この問題を避けて通ることはできない．「直接的情報」の占める割合の高い従来

であれば，情報の選別はその本人の責任においてなされていたが，「間接的情報」の占める割合が大きくなりそれに依存しなければならなくなった現在そして今後においては，情報の品質を確保・保証するための社会的な仕組みを整備する必要があると言える．

　第2節では，経営分野における情報品質のとらえ方について解説し，第3節では，情報品質の確保・保証のための社会的仕組みについて解説する．

5　形式情報と意味情報
（1）　情報とデータと知識

　次節において経営分野での情報品質に具体的に触れていくにあたり，多くの書籍や論文等で使われており，使用状況により異なるニュアンスを持つ，情報に関連・類似した用語としての「データ」と「知識」について本章での解釈を以下に説明する．なお，これらの用語の定義は，使われる場面により微妙なニュアンスの違いを含むことが多いため，適宜確認されることをお勧めする．

　本章では，これまで情報という用語を広義なものとして使用してきたが，この情報を，図7-1に示すように，「形式情報」と「意味情報」に大別して考えることとする．

（2）　形式情報と意味情報

　「形式情報」とは，伝達可能な方法でメディア（媒体）に記述することのできるものであり，事実の記述であるような「データ」や，「データ」に価値情報を付加した「知識」から構成されると考える．情報全体から「データ」および「知識」を除いたものを「意味情報」（狭義の情報とされる場合がある）と呼ぶことにする．

　「意味情報」は，「形式情報」や実世界を，情報を求める目的に照らして評価して得た知見であり，本来それを認知する人にだけ存在するものだと考えるこ

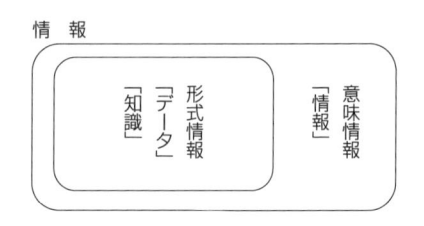

図7-1　形式情報と意味情報との関係

とができる．このことから，情報品質は，「データ」や「知識」が有効な「意味情報」を伝える程度，あるいは「データ」や「知識」が伝える「意味情報」の有効性の程度を示すものと言い換えることができる．情報品質は，情報を扱う情報システムと利用者の相互作用によって決定され，本来主観的にしかその評価ができないものであることが，このことからも理解できるであろう．ただ，何らかの判断基準が示されない限り，評価することは困難である．

　第2節では，経営の分野に特化した話題を例に挙げ，具体的な情報品質の判断基準や評価の仕方に触れることとする．

第2節　経営における情報品質

1　経営における情報品質の重要性
（1）　情報品質と各種企業活動との関係

　前節で解説したように，情報品質は，情報の利用者における利用目的への適合性（fitness for use）の程度を意味するものであり，その性質上，情報を扱う情報システムと利用者の相互作用によって決定され，その品質は主観的な評価に委ねられる．企業における情報品質の確保・保証は，企業活動における意思決定の品質を左右するものであり，現在および今後の最重要事項の1つである．企業内部で扱う情報は，製品やサービスの品質に大きく影響を与え，その企業の評価を左右するであろう．また，企業が外部に提供する情報は，直接的にその企業の評価に影響を与えるであろう．このように企業が扱う情報の品質が，企業自体の評価に直接的・間接的に影響を与えることになる．

　一方，企業が扱う情報は，製品やサービス，提供される情報自体から情報の提供を受ける人々のQOL（Quality Of Life）に影響を与えることにもつながる．このことから，経営における情報品質の管理には，社会的責任を伴うことを認識すべきである．これに関しては，企業倫理やCSR（Corporate Social Responsibility, 企業の社会的責任）の面からも考慮されるべきことと考えられる．

（2）　企業倫理と情報品質

　ここで，企業倫理（business ethics）とは，企業行動とそれを実現する企業内における人間の行動に関して，意思決定の根幹となるものである．企業の行動は，顧客とはじめ，従業員や株主等のステークホルダ（stakeholder, 利害関係者）に大きな影響を与え，あるいは社会や環境に深刻な被害を与えるため，常に高

い倫理性が求められる．企業の経営者に限らず，従業員レベルに至るあらゆる企業の人間があらゆる活動において倫理的に正しい判断を行うことが重要とされる．

(3) **CSR と情報品質**

CSR は，上記の情報倫理に基づいたコンプライアンス（最低限の法令順守）や企業の存在意義である利益貢献といった責任を果たすだけではなく，社会の一員として果たすべき社会貢献や配慮，情報公開やステークホルダとのコミュニケーションを自主的に実施すべきであるという考え方を意味する．

以上のことからもわかるように，企業は，情報品質に関して情報の社会的品質の確保に積極的に取り組まなければならないのである．社会に対する価値提案を行動主体とする企業が，非論理的にあるいは社会的責任を全うせずに行動することは自己破壊行為なのであり，社会あってこその企業であることを認識する必要がある．

2　情報品質の概念フレームワーク

(1) **情報品質の特徴を示す次元とカテゴリ**

ここで，情報品質に関する研究の先駆者であるマサチューセッツ工科大学（MIT）の Wang 教授らの研究グループによる研究成果である，情報品質の概念フレームワーク（枠組み）[Wang 1996] を示すことにする．Wang 教授らの研究グループでは，アンケート調査に基づいた実証研究を通じて，図7-2のような情報品質の概念フレームワークを提案している．この図にあるように，情報品質には次元という考え方があり，その次元は4つのカテゴリに分類されている．

(2) **4つの情報品質次元カテゴリ**

これらの4つのカテゴリのうち，「情報そのものとしての品質」(intrinsic information quality) は，情報の特性として直感的に理解しやすい，信憑性や正確性，客観性，そして評判等の次元が属している．「文脈に応じた情報品質」(contextual information quality) には，付加価値性や関連性，適時性等のように，文脈 (context) と呼ばれる，その情報の利用者の属性や利用状況等の利用の際の周辺環境によって，対象となる情報のとらえ方が異なる性質をまとめたものである．このような性質上，「文脈に応じた情報品質」と，「情報そのものとしての品質」とは，区別されている．

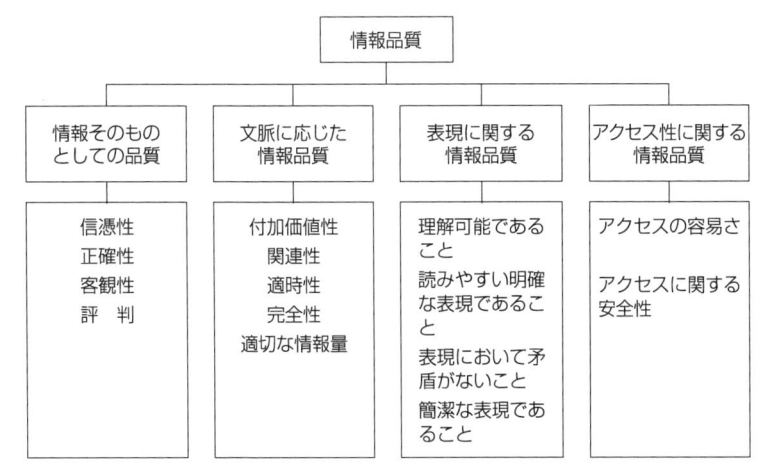

```
                    情報品質
    ┌──────────┬──────────┴──────────┬──────────┐
情報そのもの    文脈に応じた      表現に関する    アクセス性に関する
としての品質    情報品質          情報品質        情報品質

信憑性          付加価値性        理解可能である  アクセスの容易さ
正確性          関連性            こと
客観性          適時性            読みやすい明確  アクセスに関する
評 判           完全性            な表現であるこ  安全性
                適切な情報量      と
                                  表現において矛
                                  盾がないこと
                                  簡潔な表現であ
                                  ること
```

図 7-2 企業における情報品質の概念フレームワーク

(出所) R. Y. Wang and D. M. Strong [1996] "Beyond Accuracy: What Data Quality Means to Data Customers," *Journal of Management Information Systems*, Vol. 12, No. 4, M. E. Sharpe, Inc.

また,「表現に関する情報品質」(representational information quality)や「アクセス性に関する情報品質」(accessibility information quality)は,情報に接するにあたり,副次的に考慮すべき次元をまとめたものである.特に,「表現に関する情報品質」については,情報を扱う人物の情報リテラシーに依存するものであることを,以前の指摘からも理解できるであろう.4つのカテゴリに大別された情報の次元すべてを通して,情報の品質は正確性だけでは示せないこと,そして情報の提供者ではなく,むしろ情報の利用者の視点で次元は設定されるべきであることを理解されたい.

3 経営資源としての情報の特性

(1) 経営資源として情報をとらえた場合の11の特性

企業における情報品質の概念フレームワークを理解した上で,経営における情報の具体的特性を示すこととする.ここでは,LevitinとRedman[1998]および関口[2009]によって,経営資源としての情報特性をまとめたものを表7-2に示す.この表に示す11の特性は,情報以外の経営資源にはない,あるいはあっても極めて弱い特性であると考えられる.

表7-2にある特性のうち,共有性については,紙媒体に記録されたデータ

表 7-2 経営資源としての情報の特性

特 性	定 義
共有性 Shareability	同時に複数の利用者が情報の同一の部分や単位を使用することができるという特性
複写性 Copyability	原情報の制作費用に比してただ同然に複製を作ることができるという特性
非代替性 Non-fungibility	情報のある部分や単位が,同一情報の他の部分や単位で代替できないという特性
脆弱性 Fragility	通常の活用や利用中の不注意によって情報が破壊されやすいという特性
価値づけ Valuation	情報の価値を金銭的に表現することができるという特性
供給源 Source	情報の発生源が多岐にわたり,それを特定することが難しいという特性
更新性 Renewability	情報が,実世界の動きに連動して時々刻々,大量に生成されるという特性
計算機貯蔵 Computer storage	情報をコンピュータに安価に記憶することができるという特性
人為性 Artificiality	情報が認識の結果として生み出される程度
管理要素 Managerial element	情報が経営管理の不可欠の要素である程度
変容性 Transfigurationability	情報が持つ表現形式の多様性と,それらの間の変換可能の程度

(出所) A. V. Levitin and T. C. Redman [1998] "Data as Resource: Properties, Implications, and Prescriptions," *Sloan Management Review*, Vol. 4, No. 1, Massachusetts Institute of Tachnology, 関口恭毅 [2009]「情報品質の研究」『日本情報経営学会叢書』中央経済社を基に筆者作成.

は紙自体が共有性を持たないために共有できないが,データそのものは共有できることを意味している.非代替性については,情報はどの1つも唯一の存在であり,それが利用できなければ,補充する代替は存在しない.ただ,ある情報から変換して作るできる情報は存在する,この性質は,正確には代替ではなく代用というべきであろう.価値づけの特性は,情報の多くが販売目的ではないため,市場価値は不明である場合が多いが,使い方によってはそこから得られる便益があることに注意されたい.供給源の特性については,情報が広範囲に分散する性質を持ち,また,逆に組織外部からだけでなく組織内部からも供給される性質を持つ.さらに,供給源に関する記録が残っていない情報も現実的には存在する.更新性については,最新の情報を維持し,実世界と情報との一致性を確保することが重要である.計算機貯蔵の性質については,情報を安価かつ大量に貯蔵(保存)できる一方で,有益な情報を埋没させたり,不要な情報を余分に貯蔵したりする原因にもなりうる.

(2) 他の経営資源とも共通する情報の特性

表7-2に示す以外にも,情報に限らずそのほかの経営資源も持つ共通特性である以下の特性も存在すると考えられる.

- 不可視性：感覚によって明確に規定することが困難であるという特性
- 消費性：資源が利用によって量が減少するという特性
- 輸送性：資源を遠くに簡単かつ効率的に輸送することができる特性
- 多用途性：資源を多様な目的のために利用することができるという特性
- 価格下落性：摩耗，経年，その他の原因によって価値が下落する特性

企業活動においては，紹介したこれらの特性を考慮に入れた情報の扱いが不可欠である．

4　経営情報についての情報品質次元
（1）　情報利用者の立場から見た経営情報の品質次元

経営資源としての情報の各種特性を踏まえ，経営における情報品質の評価基準あるいは尺度となる情報品質次元の一例を表7-3に示す．この表はMITのWangらによる，情報利用者の立場から見た，経営情報の場合の情報品質次元をカテゴリ化したものである．図7-2の概念フレームワークおよび表7-2の情報の特性と合わせて参照されることをお勧めする．これらの品質次元ごとに，その程度を測定し，対象となる情報を評価することとなる．

「情報の固有品質」（Intrinsic Information Quality）は，情報の値が実際の値あるいは新の値と一致する程度を示すものであり，「情報の利用品質」（Accessibility Information Quality）は，情報が利用・入手できる程度を示す．「情報の文脈品質」（Contextual Information Quality）は，当面する仕事に利用できる，あるいは適切である程度を示すものであり，「情報の表現品質」（Representational Information Quality）は，情報がわかりやすくて明快に提示されている程度を示すものである．

（2）　分野ごとに異なる情報品質カテゴリと次元

経営の分野では，1つの組織の中で多種多様な情報が，生成され，収集され，蓄積され，様々な目的に利用される．適用分野が違えば，当然のことながら情報の重要度，視点が異なるため，経営の分野とは違った情報品質カテゴリと次元が存在する．これは，情報品質の基準である「利用目的への適合性（fitness for use）」によるものであり，主観的な判断が強く反映されるからである．物理的実体の品質とは一線を画すものであることに注意されたい．

表 7-3 経営情報の情報品質カテゴリと次元

品質のカテゴリ	品質次元	次元の意味
情報の固有品質	無謬性 Free-of-error	正しく信頼できて誤りがないと保証される程度
	正確さ Accuracy	
	客観性 Objectivity	偏りや偏見がなく公平である程度
	信用性 Believability	真実または信用できると考えられる程度
	評判 Reputation	情報源や内容について評判が高い程度 信頼される程度
情報の利用品質	接近容易性 Accessibility	入手しやすさ，簡単に素早く検索できる程度
	安全性 Security	情報への接近が適切に制限されていて安全である程度
情報の文脈品質	関連性 Relevancy	当面する仕事に利用でき有益である程度
	付加価値 Value-added	有益で利用から便益が得られる程度
	適時性 Timeliness	当面の仕事に十分なくらい最新である程度
	完全性 Completeness	当面の仕事に十分な視野と深さと広がりがある程度
	適量性 Appropriate amount of information	当面の仕事に十分な量でかさばらない程度
情報の表現品質	解釈容易性 Interpretability	定義が明確で用語や単位が適切な程度
	理解容易性 Understandability	曖昧さがなく明快で理解が容易な程度
	表現簡潔性 Concise representation	表現が簡潔で，要を得ていて，不足のない程度
	表現一貫性 Consistent representation	表現様式が一貫していて以前の情報と矛盾しない程度
	操作容易性 Ease of manipulation	管理や操作（更新，移動，集約，再現等）が容易で他の仕事でも問える程度

（出所）　A. V. Levitin and T. C. Redman［1998］"Data as Resource: Properties, Implications, and Prescriptions", *Sloan Management Review*, Vol. 4, No. 1 表 7-2と同様に訂正　関口恭毅［2009］「情報品質の研究」『日本情報経営学会叢書』中央経済社を基に筆者作成．

5　情報品質管理に関わる立場と社会
（1）　様々な立場で情報品質の管理に関わる人々

　情報の品質を管理するにあたっては，これまでに示してきた，情報の諸特性や情報品質の概念フレームワーク，情報品質次元といったものを利用して，情報の品質を測定，評価することとなる．これらの実践，活動にあたっては，以下のような立場の人々が関わってくることとなる．

　・情報利用者：対象となる情報を受け取り，それを利用する．情報利用者に

とっての利用目的への適合性が，情報品質を決定付ける．また，次の展開として，潜在的に情報提供者となる可能性を持つ．

- 情報製作者：情報を作りだす．情報提供者とは必ずしも同一であるとは限らない．また，情報を作り出す際に必要となる情報を受け取る，情報利用者となる可能性を持つ．
- 情報提供者：情報を選別し，情報利用者に提供する．その意味で，情報利用者である可能性を持つ．情報利用者にとっての利用目的への適合性を勘案した情報の選別が必要となる．前述の通り，情報製作者と必ずしも同一であるとは限らない．
- 情報管理者：扱われる情報および情報システムの管理を担う．多くの場合，情報システムの技術的要素部分（いわゆるシステム部門）の運用管理者がその役割を担っているのが現状である．

(2) 情報品質と社会との関わり

上記の立場の人々の活動背景には，「社会」という基盤となるものが存在しており，各立場において「社会」からの何らかの影響を受けることであろう．このように，情報品質の管理において，情報利用における目的への適合性を各立場で考慮・検討し，相互に作用しながら品質を確保・保証する必要があると考えられる．この品質の確保・保証の仕組みの一例として，間接的情報の問題点に対する具体的アプローチとしての第三者保証の仕組みを次節で取り上げることとする．

第3節　情報品質の第三者保証

1　第三者保証の必要性とその保証内容

(1) 情報品質の第三者保証の必要性

一般に，企業活動において扱われる情報や，テレビや新聞，雑誌等の従来からのメディアにおいて扱われる情報は，通常同じ企業の従業員や，テレビ局，新聞社，出版社の編集者等，何らかの人物がその内容を確認し責任を持ったうえで提供されていることから，社会的に許容されるある一定の品質が暗黙的に確保・保証されてきた．ただ，近年のインターネットの普及により，情報の品質を確保・保証する仕組みのないまま，大量の「間接的情報」が流通してしま

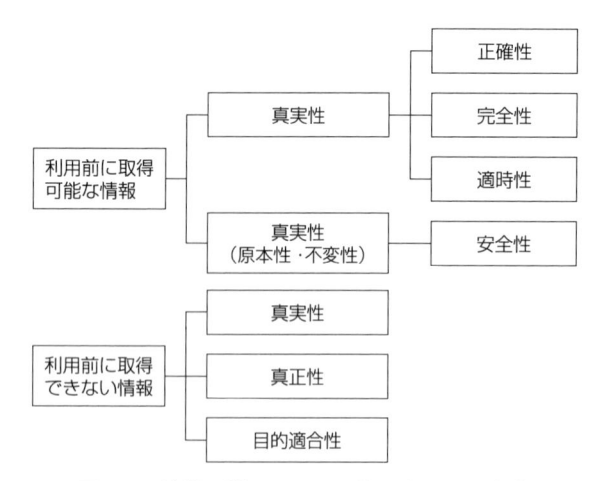

図7-3 情報品質についての第三者保証の内容

っている現状が見受けられる．このような現状において，情報製作者や情報提供者が不明で，かつある一定の品質を確保・保証できない情報を使わずに，日常生活や企業活動を行うことは現実的ではない．ただ，このような現状は放置されるべきものではなく，何らかの情報品質を確保・保証することが必要不可欠である．

（2）　第三者による情報品質の保証内容――真実性，真正性，目的適合性

このような状況の中，新たな情報品質についての取り組みとして，ある一定の品質の確保・保証がなされていない情報について，情報提供者・情報製作者・情報利用者といった当事者ではない第三者が，その情報の品質を保証する取り組みが提案されている．

ここで，第三者による情報品質の確保・保証において，具体的にどのような性質について保証するのかをまとめたものを図7-3に示す．まず，第三者が保証できるのは次の2つの場合と考えられる．1つは，情報利用者が必要となる情報を任意に取得して利用できる場合である．この場合，必要な情報を必要な時に取得できるため，その情報が利用者の利用目的にどの程度適合しているのか，その"良し悪し"を自分で判断することは困難なことではない．この場合，第三者は，第2節で示した情報品質次元のうち，正確性，完全性，適時性，安全性を確認し保証することが必要になると考えられる．この4つの次元のうち，正確性，完全性，適時性については，対象である情報が現実世界と適切に

対応していること，すなわち真実性についての保証であり，残りの安全性については，対象である情報が情報提供者から情報利用者向けに提供された情報そのもの（原情報と一致している）であること（"原本性"）と，提供された情報が発生源で採取された情報から変化していないこと（"不変性"）について，合わせて真正性についての保証を意味する．

第三者が保証できるもう1つの場合とは，情報利用者が利用前に情報を任意に取得できない場合である．この場合，利用前に情報を任意に取得できないため，取得する情報の"良し悪し"を事前に確認することは不可能である．この場合は，前者で示した真実性や真正性が保証されることをベースとし，その上で，情報利用者の利用目的に適合しているのか，すなわち目的適合性の保証を，第三者に要請することとなる．なお，前者の場合のように，情報利用者が対象となる情報を利用する前に取得可能であったとしても，情報利用者の情報リテラシーやその内容についての専門的知識を備えていない場合は，実際のところは，情報利用者は情報を取得できていないものと同じ状況であると考えることができ，後者の場合と同じ状況ととらえることができる．

これら真実性，真正性，そして目的適合性という，第三者保証で保証されるべき項目それぞれについてどの程度保証すべきかは，対象となる情報の利用目的や，その第三者保証に必要な技術やコストから決定されることとなり，情報の品質の特徴でもある，主観性がここでも表面化することとなる．

2 第三者による保証の仕組み

（1） 情報提供者，利用者，保証する第三者との関係

前節で示したように，第三者による情報品質の保証には，情報利用者が必要となる情報を任意に取得して利用できる場合と情報利用者が利用前に情報を任意に取得できない場合がある．それぞれの場合について，情報提供者と情報利用者，そして第三者との関係（保証の仕組み）を図示したものを，それぞれ図7-4，図7-5に示す．

（2） 真実性，真正性を第三者保証する場合の保証の仕組み

図7-4の場合は，情報利用者が必要となる情報を任意に取得して利用できることから，情報提供は，義務的あるいは自発的なものと想定される．つまり，情報提供者は，情報を提供するにあたり，第三者に品質の保証を申請・依頼し，第三者は，情報利用者の背景にある法規や倫理，要件をもとに保証内容や保証

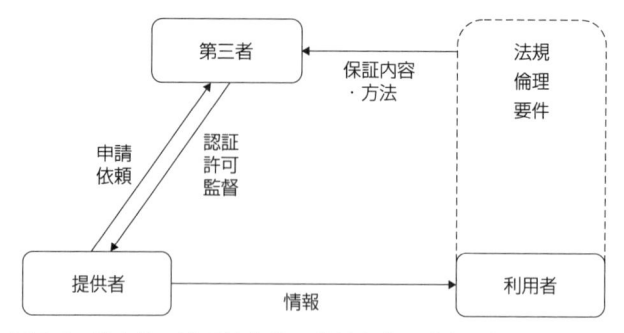

図 7-4　真実性，真正性を第三者保証する場合の保証の仕組み

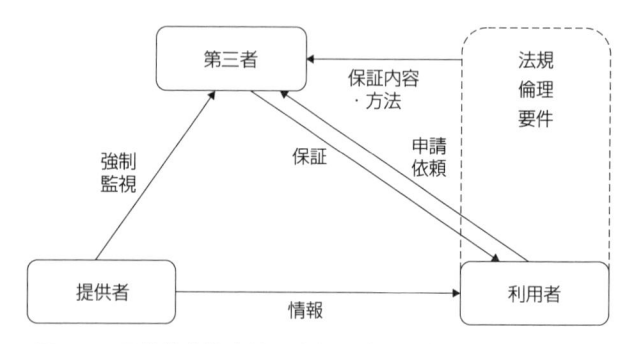

図 7-5　目的適合性を第三者保証する場合の保証の仕組み

方法を設定し，情報提供者が第三者から認証・許可・監督を受ける体制を取ることとなる．この第三者による情報提供者への認証・許可・監督が，情報品質保証の実効性を高めるのに必要不可欠である．

（3）　目的適合性を第三者保証する場合の保証の仕組み

一方，図 7-5 の場合は，情報利用者が利用前に情報を任意に取得できないことから，情報提供は利用者からの要求に基づいたものと想定される．つまり，第三者は，利用者からの申請・依頼や，利用者の背景にある法規や倫理，要件をもとに，情報そのものではなく，その情報の提供者を強制・監視することで，利用者に提供される情報の品質を保証する体制を取ることとなる．こちらの場合では，提供情報の内容や提供者による作成工程を制御することが，情報品質保証の実効性を高めるのに必要不可欠となる．

図 7-4，図 7-5 どちらの場合の品質保証の仕組みでも，必ずしも万全なも

のではないことは容易に推測できるであろう．現実的な仕組みとして機能するためには，基盤としてのこれらの仕組み対する法的規制や罰則の整備，第三者を含む当事者全体への公的機関による統制等を組み合わせることが必要となると考えられる．

3 真実性の第三者保証
（1） 情報の真実性の第三者保証についての各種取り組み

情報の真実性とは，第2節で示した情報品質次元のうち，正確性，完全性，適時性に関連し，対象である情報が現実世界と適切に対応していることを意味する．真実性の保証においては，情報そのものに対する監視・監督はもちろんのこと，情報の取得・入力・変換といったプロセス（作業工程）に対する監視・監督も必要である．

ここで，情報そのものを監視・監督することを重視する場合，真実は何かを知る必要があり，そのために多量の人的，金銭的，時間的なコストを費やすことが一般的に必要となる．この典型的な事例としては，裁判や探偵業での活動等が挙げられる．

また，情報の取得・入力・変換といったプロセスを監視・監督することを重視する場合は，例えば情報提供者への認証制度を整備するといった，間接的な品質の保証が必要となる．これに関しては，財務会計情報の公認会計士監査による保証が代表例である．これの事例では，情報提供者である企業が情報品質の確保が可能な適切な運営をしていることを会計士監査によって確認する．その他にも，食品の生産情報についてのJAS規格（Japanese Agricultural Standard）や食品トレーサビリティ（traceability），個人情報保護についてのプライバシーマーク制度やTRUSTeシールプログラム等が典型な事例である．

（2） JAS規格，プライバシーマーク制度，TRUSTeシールプログラム

JAS規格［農林水産省 2010］では，食品の生産者は認定生産行程管理者の認定を，販売業者等は認定小分け業者の認定をそれぞれ受けることで，認定された食品の生産者，販売業者等は，その商品のラベルに図7-6左側のようなJASマークを付し，トレースバックができるような生産情報の公表方法を表示することが許される．

プライバシーマーク制度［日本情報処理開発協会 2010］は，個人情報の収集・利用・提供について，日本工業規格「JIS Q 15001個人情報保護マネジメント

図 7-6　第三者による情報の真実性保証の事例
左から順に JAS，プライバシーマーク，TRUSTe シールの見本

システム―要求事項」に適合する，適切な体制を整備・運用している事業者等を認定し，図 7-6 に示すようなプライバシーマーク（Pマーク）を付与して，事業活動に関してPマークの使用を認める制度のことである．

TRUSTe シールプログラム［日本プライバシー認証機構，2010］とは，個人情報を扱うウェブサイトの利用者に対する信用度・信頼度を向上するために，1997年にアメリカで誕生した個人情報保護の第三者認証シールプログラムである．認証されたウェブサイトは，図 7-6 右側に示すような認証シールを当該ウェブサイトに付すことが許される．

（3）ウィキペディアにおける真実性保証の試み

インターネット上の「ウィキペディア（Wikipedia）」では，記事情報の真実性を確保する試みがなされている．ウィキペディアは，インターネット上の百科事典のサービスであり，インターネットの特異性である匿名性を排除したり，管理者にある一定の権限を与え特に問題ある記事を減らす努力がなされていたり，秀逸な記事を推薦と投票によって選別していたりして，その真実性の確保を目指している．また，このような取り組みでは，真実性の確保に反する行動がなされた場合は，認証取り消しをはじめとする罰則が設けられている．

以上のような，情報の真実性を確保・保証しようとする試みが様々な分野でなされ，ある一定程度の成果が得られているとみられるが，先に述べたようにこのような取り組みだけでは，対象情報の真実性を完全に確保できるわけではないのが現実である．

4　真正性の第三者保証
（1）情報の真正性の第三者保証についての各種取り組み

真正性は，原本性や不変性が含まれているが，これら性質においては，情報の保管と処理の質が問題である．これを第三者が保証するには，情報源やその

提供経過を追跡する，いわゆるトレースバック（trace back）が必要である．このトレースバックのための仕組みづくりをはじめとする技術的，コスト的な負担が必要となる．

情報の原本性および不変性を保証する具体的な取り組みには，郵便物の「内容証明」や，公証人がその品質を保証する「私署証書認証」「電子公証制度」，国税関係帳簿書類についての「e-文書」などが挙げられる．

（2） 内容証明，私署証書認証，電子公証制度，e-文書

郵便物の内容証明とは，いつ，誰から誰宛に，どのような内容の文書が差し出されたかを差出人が作成した謄本によって証明するサービスである．実際には，内容証明に書留（引き受けから配達までの郵便物等の送達過程を記録する）サービスを組み合わせることで，いつ誰から誰宛にどのような内容の郵便が送付されたかについてトレースバックすることができ，法的に有効な証明を得ることができる．

私書証書に関する公証制度［法務省民事局　2010］は，署名ないし署名・記名と捺印のある私文書が真正で，その内容に違法ないし無効などがないことを公証人が証明するものである．ここでの真正とは，署名者の意思に基づいて作成されたものであることを意味し，認証は単に法的な正当性を証明するだけであって，内容の真実性や正確性については関与していない．上記の私署証書が紙媒体であることを前提とした制度であるのに対し，電子公証制度［法務省民事局 2010］とは，電磁記録された情報に関する公証制度である．

e-文書は，1998年7月より施行された正式名称「電子計算機を使用して作成する国税関係帳簿書類の保存方法等の特例に関する法律」（通称，電子帳簿保存法）により，国税関係帳簿書類を電磁記録として保存することが可能となっている．

なお，電子保存においては，真実性や真正性の確保の他に，可視性（表現一貫性の一部）や検索性（接近容易性と操作容易性の一部）の確保など，文書保存の代替方法となりうるための一定の要件を満たす必要があるとされている．

5　目的適合性の第三者保証

（1）　情報の目的適合性の第三者保証についての試み──ネットリサーチサービス

目的適合性は，前述の真実性や真正性とは大きく異なる性質を持つ．情報利用の目的がいかに明確であったとしても，その目的が達成されたかどうかの判

断が様々な要因に左右されるため，目的適合性の評価に曖昧さや判断の自由が強く残ってしまう．特に，情報利用者の情報リテラシーの高さに影響されやすく，そのリテラシーの高さに見合う情報提供が必要とされる．

そこで，目的適合性を第三者が保証するにあたっては，情報利用の目的実現に必要な情報が満たすべき要件をあらかじめ定め，提供される情報がこの要件を満たすことを保証するというアプローチが有効な方法として考えられる．

例えば，高い目的適合性を要求されるネットリサーチ企業は，情報提供者と情報利用者との間で，第三者的立場で情報仲介者として存在する．ネットリサーチ企業は情報仲介者として，ある一定レベルの目的適合性を実現する代わりに，そのサービスに対する対価を得ていると考えられる．この種の事例では，多くの場合，利用者（主に顧客企業）から依頼された内容に基づき，調査対象である情報提供者（企業，団体や個人）から調査課題に関する情報を収集し，その調査結果をもとに利用者にとって有用な情報に変換し提供する．場合によっては，情報提供者に対しても情報の適切な対価を支払うことになる．

このようなサービスの本質は，情報収集と変換を行うことで，情報利用者の想定される（事前に設定された）利用状況（文脈）と提供される情報とのギャップを埋めることで，提供する情報の目的適合性を向上させることである．さらに，ネットリサーチ企業は，調査内容を企画設計・集計・分析，あるいはカスタマイズすることで，情報利用者へ提供する調査結果の目的適合性（情報品質）を高めている．

（2） その他，目的適合性の第三者保証についての類似事例

この種のサービスに類似した事例としては，シンクタンクやコンサルティング・ファームと称される企業や研究所によっても行われてきたものがある．企業間での特許・技術移転サービスの対象となる情報，例えば知的財産の取引において，需給情報のマッチングを図ったり，知財活用のコンサルティング業務を行ったりして，取引される情報の目的適合性を高めている．

参考文献

Levitin, A. V. and T. C. Redman [1998] "Data as Resource: Properties, Implications, and Prescriptions," *Sloan Management Review*, Vol. 4, No. 1, Massachusetts Institute of Technology.

Wang, R. Y. and D. M. Strong [1996] "Beyond Accuracy: What Data Quality Means to Data Customers," *Journal of Management Information Systems,* Vol. 12, No. 4, M. E. Sharpe, Inc..

喜連川優・松岡聡・松山隆司・須藤修・安達淳［2007］「情報爆発時代に向けた新しいIT基盤技術の研究」『人工知能学会誌』第22巻第2号，社団法人人工知能学会．

関口恭毅［2009］「情報品質の研究」『日本情報経営学会叢書4』中央経済社．

財団法人日本情報処理開発協会［2010］「プライバシーマーク制度」http://privacymark.jp/（2010年8月20日所在確認）．

農林水産省［2010］「生産情報公表JAS規格」http://www.maff.go.jp/j/jas/jas_kikaku/seisan.html（2010年8月20日所在確認）．

法務省民事局［2010］「(a)「公証制度について」」http://www.moj.go.jp/MINJI/minji30.html（2010年8月20日所在確認）．

法務省民事局［2010］「(b)「公証制度に基礎を置く電子公証制度について」」http://www.moj.go.jp/MINJI/DENSHIKOSHO/（2010年8月20日所在確認）．

有限責任中間法人日本プライバシー認証機構［2010］「TRUSTeシールプログラム」http://www.truste.or.jp/（2010年8月20日所在確認）．

（稲永健太郎）

第8章

経営情報論

はじめに

　ICT（情報通信技術）の発展はめざましく，コンピュータと情報ネットワークは，ビジネスの方向性を大きく変えた．この章では，まず経営情報の歴史を振り返り，現在のICT時代について整理する．特にICT時代に導いたネットワークの発展については，ネットワークの特性，代表的なネットワークの活用例，そしてユビキタス社会に向けての取り組みについて触れる．さらに章の後半では，ネットビジネスの特徴について触れ，理解を深められるような内容となっている．

第1節　経営情報の段階的ステージ

　経営情報システムの普遍的な発展段階説は，ノランとシノットによるものが有名である．ノランは，当初1974年に4段階説として経営情報システムの発展を，開発期，普及期，統制期，成熟期と区分していた．しかし，1979年には，6段階説としてさらに詳しく展開し，導入期，普及期，統制期，統合期，データ管理期，成熟期とした．ノランは，手作業のコンピュータ化による効率を追求した時代から，データのより高度な活用を目指した時代まで，段階的な発展プロセスを明確にしたのである．

　それに対して，シノットも，コンピュータ時代から情報時代への流れとして，データの段階，情報の段階，情報資源の段階，情報武器の段階の4段階に区分し，発展したとしている．どちらの場合も図8-1に示すように技術転換は，いきなり変化したのではなく，不連続な転換期があり徐々に切り替わっていった．

　では，実際日本ではどのような経営情報に関する発展経過があったのか，デ

```
        DP 時代
       (手作業のコンピュータ化に           IT 時代
        よる効率を追求した時代)         (データのより高度な
                                  活用を目指した時代)
            技術的転換期
           (技術の不連続点)


    【Ⅰ】   【Ⅱ】   【Ⅲ】   【Ⅳ】   【Ⅴ】    【Ⅵ】
    導入期   普及期   統制期   統合期  データ管理期  成熟期
```

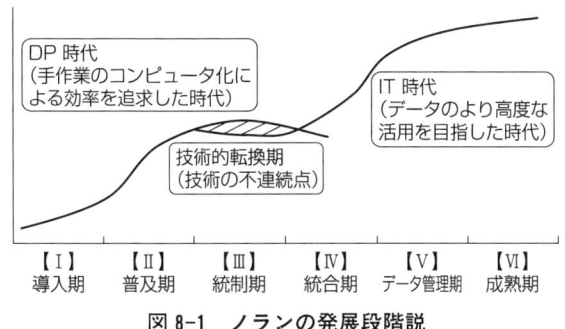

図 8-1　ノランの発展段階説

ータ処理のステージ (Data Processing 時代，以下 DP 時代)，ダウンサイジングのステージ (Information Technology 時代，以下 IT 時代)，ネットワークのステージ (Information and Communication Technology 時代，以下 ICT 時代) の 3 つにステージを分けてみていく．

1　データ処理のステージ (DP 時代)

　1960 年-1980 年代は，データ処理が中心のステージである．コンピュータが電子計算機とも呼ばれる時代で，特殊な専門的な機器というイメージが強かった．コンピュータが商用に使われだした時代は，コンピュータ自体が著しく高価であったため 1 台のコンピュータを共同利用することが多かった．データ処理のステージは，まさにコンピュータ使用の時代といえよう．

　大型コンピュータを，通信回線や物理的な運搬によるデータ入出力により，様々な企業や大学などが利用する形態で，中央集中方式でデータ処理が行われた．通信回線使用料も，現在と異なって著しく高価であるにもかかわらず伝送速度は遅かったため，大量データの入出力は電子媒体に書き込んで物理的に運搬する方法が中心であった．また，大手銀行や証券会社などでは大型の汎用コンピュータを単独で利用していたが，資本力の充分でない中小企業を中心にコンピュータの共同利用が行われた．

　そこで，データセンタと呼ばれるコンピュータの時間貸し事業を行う情報処理会社が乱立し，システムの開発から完成後の運用まで，まとめて外部委託することが頻繁に行われるようになった．ユーザが一般消費者であるケースは単位時間当たりの取引頻度が高く，オンラインでリアルタイムに回答するには大

型コンピュータの利用が欠かせなかったのである．
　また，夜間にまとめて大量処理を行うバッチ処理や，オンラインのようにすぐさま処理結果が得たいがコンピュータ能力不足からリアルタイムに処理できないとき時は，リモートバッチ処理と呼ばれる擬似的なオンライン処理が行われた．リモートバッチ処理は，通信回線を用いてオンラインのようにトランザクションを与えるが，実際の処理はバッチで処理する方法を指す．しかし，コンピュータ能力の向上した今日では，この処理方法を行うことは殆ど見られなくなった．なお，当時は情報システム部門として独立した組織は存在しておらず，事務計算であれば経理部または総務部がコンピュータに関して所管することが多かった．
　この時代は事務の生産性を上げることが大きなコンピュータ化の目標であり，OA（Office Automation）という言葉が流行した．徐々に何でもコンピュータでできるという誤った考え方が広まり，経営に役立たせるMIS（経営情報システム）やDSS（意思決定支援システム）といったシステムも自動化しようとした．しかし，当時は技術的な高さが理想機能を実現できるレベルに達しておらず，残念ながら企画倒れに終わった．そこでMISは．誤り（Mistake）のMisと引っ掛けて，語られることも多い．
　結局，このステージのコンピュータ利用は，あくまで定期的に発生する大量の処理を如何に効率的に行うかが主な目的で，処理結果の正確さとルーチンワークの軽減が評価される時代であった．データを活用する人が，直接そのデータを加工することは稀で，通常は情報処理の専門家（SEやプログラマ）に任せるしかなく，そのためほんの少しの処理手順を変えるとか帳票への打ち出し項目を変更するにも大きな時間とコストのかかる，今では考えられないくらいロースピードの時代である．

2　ダウンサイジングのステージ (IT時代)

　1980年代後半ぐらいから，今まで主流だった大型の汎用コンピュータから中小型コンピュータへ切り替えが促進された．この流れをダウンサイジングという．今まで高額な運用費用をデータセンタに支払っていたが，中小型コンピュータを自社に導入することで，専用のコンピュータをいつでも好きなだけ使えるようになったのである．データ処理のステージは，コンピュータ使用の時代であったが，ダウンサイジングのステージは，コンピュータ所有の時代とい

えよう．運用費用だけを取っていうなら，従量制という概念から定量制に置き換わってきたともいえる．

ちょうどエンドユーザコンピューティングという考え方が出てきた時代で，自ら欲しい情報は，自らデータを蓄積して，自らデータを加工することで，いつでも気兼ねなく自由に情報として取りだすことを目指した．オフィスオートメーションのようにコンピュータにさせようという発想から，コンピュータを日常業務の支援ツールとして利用しようという考え方に移り変わってきたともいえる．何でもできる未知の箱と信じられてきたコンピュータが，現実味を帯びてきて，できることとできないことが一般に周知され，過剰な期待も薄れてきた．

そこでMISやDSSに代わって登場したのが，SIS（戦略情報システム）やBPR（Business Process Re-engineering）というキーワードで表現されるシステムである．経営戦略を，コンピュータに支援させようとする考え方で，ちょうどマイケル・ハマーが提唱したリエンジニアリングの概念を適用して，企業の業務やマネジメントを抜本的に改革しようとする時代と符合する．中間管理職にとっては，上位者やユーザに対する報告書作成や，そのもとになるデータ分析にかける時間が短縮され，より創造的な作業に時間を費やすことができるようになってきた．

しかし，SEやプログラマといった専門家の手から，業務担当者へ主役は移っていったものの，コンピュータのダウンサイジング化により厄介な問題が生じ始めた．それは，従来データセンタにある限られたコンピュータを専門家が管理するだけで済んでいたが，中小型コンピュータが広まるにつれて，あちらこちらに設置されたコンピュータを管理しなければならなくなった．しかも，最適な組合せでハードウェアやソフトウェアを導入することで，ハイパフォーマンスを得ようとする動きが活発になり，結果的に様々な組合せから不適合が生じたり，メンテナンス性の良くないコンピュータ設備を，それほど専門家でない現場の情報化リーダが，面倒を見なければならなくなったりした．そこで，ハードウェアメーカやソフトウェアメーカの垣根を取り払い，もっとも最適な組合せを提案することで，ユーザを引き付けようとするシステムインテグレータと呼ばれる企業が数多く登場することになる．

3　ネットワークのステージ（ICT時代）

　1990年代後半からはインターネットの普及が目覚しく，まさにネットワーク社会の幕開けとなる．インターネット自体は，歴史的に早くから研究されており，軍事目的や研究者の間で活用されていたが，ちょうどWindows 95が発売されるとパソコンの使い勝手が良くなったことが周知され，インターネットの商用利用が活発になり，爆発的にインターネットが普及した．

　前ステージから，IT時代となり，今もIT時代と呼ぶ人は多い．しかし，ITは，情報技術であり，インターネットの発達した現在では，IT時代というより，そこにネットワークを利用したコミュニケーションを加えて，ICT時代とすべきであろう．Information and Communication Technologyを情報通信技術と漢字で表記するのと，ICTと表記するのでは，少し意味合いが異なってくると認識している．情報通信技術は，あくまで技術（テクニカル）の1つであり，ICTは，情報の共有化という点において，ITに比べても一層ユビキタス社会に合致した表現であるといえよう．

　2000年頃に盛んに提唱されたe-Japan構想ではITが盛んに用いられたが，2005年を始点とするu-Japan構想ではもっぱらICTが用いられている．すでに海外では，ITよりもICTのほうが広く通用するといわれている．近頃，通信会社のTVコマーシャルをはじめ，マスメディアの扱いを見ていると，日本でもITという表現からICTへ移行しているようだ．

　ところでネットワークは，もともと構内ネットワークであるLAN（ローカルエリアネットワーク）から出発し，拠点の異なる地域を結びつけるWAN（ワイドエリアネットワーク）へ拡大した．そして，通信回線の高速化と低価格化が引き金になって外部との接続も一般的になり，自由に全世界がネットワークで結ばれるようになった．イントラネットとよばれるLANやWANのような社内ネットワークも，社外と結ぶインターネットも結局は，同じ技術を使っているので，著しい高速度で発展したといえよう．

　イントラネットは，社内の情報共有に大きな影響を与えた．従来なら紙媒体による回覧や掲示，電話や口頭での直接通知が主な伝達手段であったので，ピラミッド型の組織において，トップから末端への通知速度に問題が生じやすかった．特にピラミッド型の組織では，伝達される間にいくつもの中間管理層が存在することが多く，速度だけでなく，トップの意向がそのまま伝わらない弊害も生じかねなかった．イントラネットが登場してからは，同じ文章をそのま

ま同時に全社員に通知でき，周知徹底しやすくなった．さらに電子掲示板を用いることで，同じようなテーマについてグループ化して文章整理ができ，後日であっても，文章検索が容易に可能となった．言い換えれば，中間管理層の単純な伝達機能は不要になり，空いた時間を本来の創造的な作業に時間を振り向けることができるようになったともいえよう．

　そして，ネットワークの発展からどこのコンピュータであっても手軽に，そばにあるのと同じように利用できるようになった．わざわざコンピュータを所有しなくても，いつでも好きなときに遠くのコンピュータであっても距離を意識することなく利用できるようになった．そこで，ダウンサイジングのステージは，コンピュータ所有の時代であったが，ネットワークのステージになって，コンピュータ利用の時代に戻ったともいえる．

　データ処理のステージもコンピュータ利用の時代と表現したが，ネットワークのステージは，意味合いが異なる．データ処理のステージでは，ハードウェアが高価だった時代なので，それを共同利用するという発想から生まれた．したがって，実際に業務で使うソフトウェアは，個別に1つひとつ業務に適合したシステムを開発することが多かった．しかし，ネットワークのステージでは，ハードウェアよりもソフトウェアの方が高価になり，個別にシステム構築していては，本業の競争に勝てなくなってしまう可能性が出てきた．そして，システムは年々複雑になり，その進化も激しくなっている．

　そこで，業界や適用業務のスタンダードとしてのシステムを構築して，それを共同で利用しようとする考え方が生まれてきた．つまり，複数企業でより洗練されたシステムを共同利用することで，コンピュータのことを意識することなく，業務推進本来のことに注力するのである．なお，このような利用形態をASP（Application Service Provider）と呼んでいたが，近年はSaaS（Software as a Service）と書き，サースと呼ぶことが多い．

第2節　現在のステージへ導いたネットワークの発展

　現在のステージは，ネットワークの発展が導いたといっても過言ではない．単独で利用するコンピュータと比較してネットワークで結ばれたコンピュータは，無限大の能力を発揮する可能性を秘めており，インターネットなどのネットワークを利用したコストパフォーマンスに優れた活用が日常的に行われてい

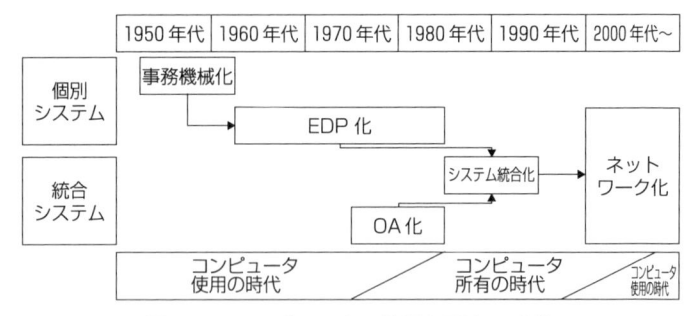

図 8-2　コンピュータの使用と所有の時代

る．次にネットワークの特性を確認し，その活用例であるグループウェアやマルチメディアについて触れる．そして，最後に日本政府が進めているユビキタス社会に向けての取り組みついて紹介する．

1　ネットワークの特性

　ネットワークを利用する製品やサービスにおいて，ユーザ数や利用の頻度などがその製品やサービスの利用によって得られる効用や利用価値に影響を与えるという性質のことを，ネットワークの外部性という．例えば，電話の場合，加入者が1人しかいない電話網は無価値だが，ここに新たに1人が加入すると相互に通話できるという利用価値が発生する．さらにもう1人が加入すれば，最初の1人にとっては2人の相手に通話できる状態となり，利用価値が増加したといえる．このようにネットワークを利用するとき，加入者が多ければ多いほど利用価値は増加し，加入しないと不便という考えや，加入しないわけにはいかないという強制力が働くこともある．ここでは電話そのものの性能には関係なく，加入者の数によって価値が変化しており，こうしたネットワークの特性をネットワークの外部性と呼ぶのである．
　ネットワークの外部性には，直接的効果と間接的効果がある．直接的効果とは，電話や電子メールなどのようにネットワークの規模がそのままユーザにとっての利用価値を左右する効果をいう．直接的効果は，固定電話，携帯電話，FAX，電子メール，電子掲示板，チャット，インスタントメッセージなど，相互接続機器やコミュニケーションのサービスに多く見られる．
　一方，間接的効果とは，コンピュータのハードウェアとソフトウェアのよう

に，ネットワークの規模に応じてその製品の使用価値に直接関係するソフトウェアの提供される量や質が決定され，そうした補完財となるソフトウェアの存在がユーザにとってのハードウェアの価値を左右するといった効果をいう．例えば，パソコンのソフトウェアでいえば，Macintoshよりも Windowsの方が高普及率であり，より多くの販売が見込めることから，ソフトウェアベンダは Windowsパソコンを優先して販売し，そのため多種類のソフトウェアが提供されている．ユーザは Windowsパソコンであれば，より多くの選択肢の中からソフトウェアを選ぶことができるという便益があるため，Windowsパソコンを選択する傾向がある．

ネットワークの外部性が働く製品やサービスには，クリティカルマスと呼ばれる一定の普及率があるとされている．これは，マーケティングに関する用語で，ある商品やサービスの普及率が一気に跳ね上がるための分岐点となっている普及率のことである．その市場において多くの人が受け入れることができる利用価値が達成される普及の度合いであるが，この普及率を超えるとその製品やサービスは急速に広まるといわれている．

ネットワーク外部性の考え方は，1980年代には録画機の VHS とベータの事例から技術標準の普及の仕組みを説明する際に用いられた．最近の例としては，DVD レコーダ，地上デジタル対応 TV などが挙げられるであろう．

2　グループウェア

ネットワークの特性を理解したところで，その技術の活用例の1つであるグループウェアについて触れる．グループウェアとは，企業内 LAN などを活用して情報共有やコミュニケーションの効率化をはかり，グループによる共同作業を支援するソフトウェアのことである．グループウェアは，多くの機能を保有しており，すべての機能を活用する場合もあるが，組織の形態や目的に応じて部分的に利用することが多い．

主だった機能として電子メール機能，電子会議室機能，テレビ会議機能，電子掲示板機能，スケジューラ機能，文書共有機能，ワークフロー機能などがある．まず電子メール機能は，グループ内のメンバー間や外部とのコミュニケーションを円滑化するのに無くてはならない存在になっている．電子メールが存在しなかった時代は，職場で電話を置くことがないぐらい電話を連続使用するビジネスマンが日常に見られたが，今ではその姿を見ることは少なくなった．

このことは，かなりの割合で電話から電子メールの活用に取って代わったからだといえよう．電子会議室機能は，メンバー間の打ち合わせや特定のテーマについて議論を行い，電子掲示板機能は，グループ全体に広報の役割を果たす．また，メンバー間のリアルタイムな打ち合わせするには，テレビ会議機能を利用すると遠隔地であっても気軽に実施でき，交通費や宿泊費といった直接的なコストだけでなく，時間的な節約に効果があり，間接的なコストも大幅に削減することができるであろう．ほかに，スケジューラ機能としてメンバー間でスケジュールを共有したり，文書共有機能としてアイデアやノウハウなどをデータベース化して共有したり，ワークフロー機能として稟議書など複数のメンバーで回覧される文書を電子化し流通させたりする機能がある．

次にグループウェアによる組織的影響について触れてみる．もともと組織階層の上下間での報告命令系統による情報伝達に依存する階層型組織は，組織内のコミュニケーション処理能力が限られている場合には有効である．ところが，新しいコミュニケーション技術が実用化すると，階層型組織は必ずしも効率的な組織ではなくなり，より柔軟性の高いネットワーク型の組織構造が可能になる．このネットワーク型組織は，ピラミッド型や官僚型組織とも言われる拘束力および命令権の強い組織に対して，リーダの命令権が弱く自律した意思決定を行え，メンバーが相互に作用しあう組織のことをいう．この組織は，誰がその組織のメンバーかメンバーでないかの境界は曖昧であり，報告は厳守だがメンバーの主体的判断と責任が保証されている．一例として，織田裕二主演の「踊る大捜査線 The Movie 2 レインボーブリッジを封鎖せよ」という映画の中で，organization of U. S. Army in the future というタイトルのついたネットワーク型組織の模式図が登場しており，ネットワーク型組織が一般大衆に脚光を浴びる機会となったのではないだろうか．

また，グループウェアは速やかに関係者全員に対して情報共有できることから，コスト削減や作業の効率化が狙える．そこでグループウェアの目的を整理してみると，直接的な目的と，組織に関係するようにすぐには効果が見えづらい間接的な目的がある．グループウェアの直接的な目的としては，電子メールなどによる情報伝達の迅速化，電子掲示板などによる情報の共有化，遠隔会議による出張コストや時間の削減，意思決定の迅速化などが挙げられる．それに対してグループウェアの間接的な目的としては，組織のフラット化，組織文化のオープン化，組織としての創造性の向上，組織の活性化などが挙げられるが，

即効性があるわけではなく効果の測定も難しい．

3 マルチメディア

ネットワーク技術の活用例としてグループウェアを採り上げたが，現在のネットワークのステージ（ICT時代）を築いたベースとして，マルチメディアによるところも大きい．特に単独でマルチメディアを活用するのではなく，ネットワークを使いながらマルチメディアを活用することで，現在のステージを築いたといえよう．そもそもマルチメディアとは，コンピュータ上で，文字，静止画，動画，音声など，様々な形態の情報を統合して扱うことをいうが，単に複数の形態の情報を統合するだけでなく，ユーザの操作に応じて情報の表示や再生の仕方に変化が生まれる双方向性を持っていなければマルチメディアとはいえないと定義されることがある．つまり，ネットワークとマルチメディアが融合することで，利便性が高まり，ユビキタス社会への引き金になったと考えられる．

マルチメディアによる変化の例として，紙メディアなどの従来メディアからの脱却，CDメディアからの脱却，マスメディアからの脱却，従来ビジネスからの脱却など多岐にわたる．そもそも従来メディアからの脱却ということで，ビデオカメラやデジタルカメラで撮影した動画の加工や編集とコンピュータとの連携がある．そしてネットワークを組み合わせて，CDメディアからの脱却として音楽ダウンロードサービスと携帯音楽プレイヤーを連携させたり，マスメディアからの脱却としてグラフィックと双方向性を多用したホームページを利用して情報発信させたりするようになった．さらに，従来のビジネス形態からも脱却し，インターネットを活用した仮想商店街であるeコマースを構築したり，これらが相互に連携して新たなビジネスモデルを構築したりするマルチメディアによる変化の例もある．

4 ユビキタス社会に向けての取り組み

ここまでネットワークの特性や技術の活用例を見てきたが，次に鳥瞰してユビキタス社会に向けての取り組みはどのようになっているかについて触れていく．ユビキタス社会は，「いつでも，どこでも，何でも，誰でも」が，ネットワークにつながることにより，様々なサービスが提供され，人々の生活をより豊かにする社会のことである．「いつでも，どこでも」とは，パソコンだけで

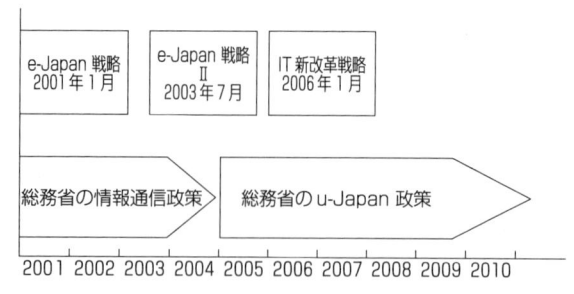

図 8-3　日本政府のIT戦略

なく，携帯情報端末をはじめ屋外や電車や自動車など，あらゆる時間や場所でネットワークにつながることで，「何でも，誰でも」とは，パソコン同士だけでなく家電などのあらゆる物を含めて，物と物，人と物，人と人がつながることである．

　ユビキタスとは，ICTが生活の隅々に融けこむことによって，これまで通信機器とは思われていなかったものも含め，あらゆる人や物が結びつくというベースとなる考えに着目した理念で，高齢者や障害者も含め，誰でも簡単にICTを利用でき世代や地域を越えたコミュニケーションが盛んになる，人に優しい心と心の触れ合いが期待されている．商品やサービスの提供などにおいては，ユーザのニーズや利便性が優先されユーザの視点が融けこむようになり，独創的なビジネスやサービス，さらには新しい社会システムや価値観が次々と生み出される，個性ある活力が湧き上がる社会を目指そうとしている．

　日本では，政府全体で進めてきたe-Japan戦略のもと，2005年までに世界最先端のIT国家となるようブロードバンドの普及や安い料金設定などの着実な成果を挙げた．そして，引き続き世界最先端のIT国家であり続けるフロントランナーとして国際貢献を行うなどの役割を果たしていこうとしている．そして，政府（総務省）は，新しいu-Japan政策を通じて，ユビキタスネット社会の実現を目指す．

　u-Japan政策の「u」はユビキタスの「u」に加え，ユニバーサル，ユーザ・オリエンテッド，ユニークの3つの成果の「u」を表している．u-Japan政策は，ブロードバンドからユビキタスネットへ，情報化促進から課題解決へ，そして利用環境整備の抜本強化という，3つの基本軸において進化を目指している．

u-Japan 政策の1つ目の基本軸であるブロードバンドからユビキタスネットへでは，これまでの有線中心のインフラ整備から，有線や無線の区別のないシームレスなユビキタスネットワーク環境への移行を目指す．有線から無線，ネットワークから端末，認証やデータ交換などを含めた有機的な連携によって，あらゆる場面で継ぎ目なくネットワークにつながる環境を整備する．その結果，ネットワークが生活の隅々にまで融け込む草の根のような ICT 環境が実現しようとしている．

u-Japan 政策の2つ目の基本軸である情報化促進から課題解決へでは，これまでの利活用は，情報化の遅れた分野を後押しするための取組が中心であった．今後は，21世紀の社会課題を解決するために ICT を積極的に利活用する段階に移行する．その結果，社会に役立つ具体的なツールとして ICT をより深く実感できるようになるとしている．

u-Japan 政策の3つ目の基本軸である利用環境整備の抜本強化では，ICT が国民生活に広く普及浸透し，利活用が進むにつれて，プライバシーや情報セキュリティなどの不安や障害が意識されるようになる．ICT のいわゆる影と呼ばれるこれらの問題を未然に解消し，ユビキタスネット社会を支障無く迎えるためには，利用環境整備を抜本的に強化し，具体的かつ包括的な対策を講ずる必要があるとしている．

第3節　ネットビジネスの特徴

インターネットが普及することで，ネットビジネスと呼ばれるビジネス形態が，従来のビジネス形態に対して全体に占める割合が年々膨らんできた．そこで，e コマースと e ビジネスの違いを明らかにし，e コマースの具体的な事例を取り上げる．

1　e コマースと e ビジネス

e コマースは EC（Electronic Commerce）と略し，コンピュータのネットワーク上で情報を伝達し，企業間や，企業と消費者間の商取引を電子決済で行うことをいう．いわゆる電子商取引のことである．それに対して，e ビジネスとは，企業活動におけるあらゆる情報交換や蓄積手段を電子化し，経営効率を向上させることをいう．また，その結果もたらされる電子化された企業活動の諸形態

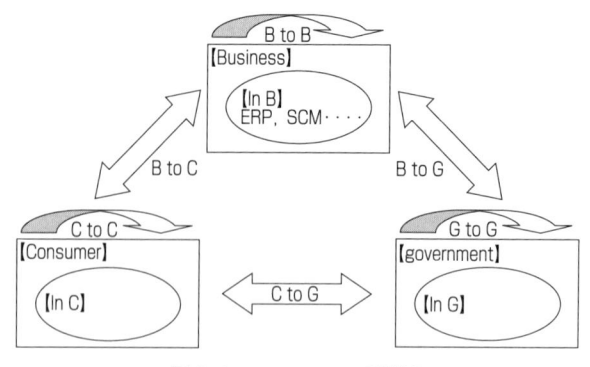

図 8-4　eコマースの関連

をいうこともある．eビジネスは，eコマースよりさらに進んだ企業の包括的な電子化構想であり，社内での連絡やデータ管理から取引先との商談まで，業務の一切をネットワーク化された情報システムで行おうという戦略である．

eコマースは，電子媒体を基盤とした商取引で，オンライン商品販売，オンライン株式取引，インターネットオークションなどが該当する．しかし，eビジネスは電子商取引を包括する広い概念であり，インターネットおよび情報技術の適用対象として企業全般の価値活動まで含まれる．eビジネスの例としては，代表的なビジネスモデルであるCRM，SCM，ERPをはじめ，オンライン注文処理，オンラインユーザサービス，オンライン人材採用などがある．

2　代表的なeコマースの例

eコマースつまり電子商取引の主なものとして，企業同士の取引をB to B（Business to Business），企業と消費者間の取引をB to C（Business to Consumer），消費者同士の取引をC to C（Consumer to Consumer）と呼ぶ．さらに政府，公共団体などを加えてG（government）とし，企業や消費者の関係を示すと図8-4のようになる．

B to Bの例として，情報交換や取引をおこなうeマーケットプレイスがある．eマーケットプレイスとは，Webサイトを通じて売り手と買い手を結び付ける電子市場のことで，インターネット取引所ともいわれる．従来は，商社が企業間の仲介を行っていたが，インターネットを利用することで，情報交換や取引をリアルタイムに行い，また仲介コストも抑えられることから，売り手

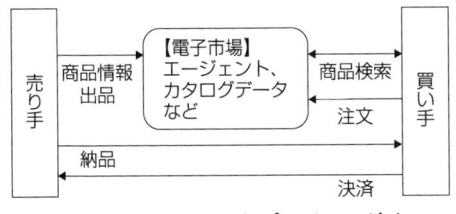

図8-5 eマーケットプレイスの流れ

と買い手の双方にメリットがあるとされている．売り手にとっては，新規取引先の開拓や，営業コストの削減，取引先の増加による在庫リスクの平準化，在庫調整などを実現できる．また，買い手にとっては，調達コストや物流コストの削減，スポット取引による緊急時の調達手段の確保などが実現できる．

事例として米国では，トレードエクスチェンジと呼ばれる自動車業界の部品調達サイトがある．これは，ゼネラルモーターズが開設したサイトで，フォードやクライスラーと提携して，世界的購買ネットワーク市場を作り上げた．日本では，鉄鋼や化学などでは商社主導のものが多く，電子部品や建設資材などではメーカー主導の市場が多い．ほかにも，医薬品，医療機器，化粧品，繊維，衣料品，オフィス用品，一般消費財など，様々な分野のeマーケットプレイスが存在している．

大まかなeマーケットプレイスの処理の流れを示すと図8-5のようになる．まず，売り手が電子市場のカタログデータに提供する商品を登録し，買い手はインターネットを通じて欲しい商品を検索する．場合によっては，エージェントを利用して欲しい商品を探してもらうことがあるかもしれない．欲しい商品が見つかれば，電子市場に対して注文し，売り手から直接商品が送られてくることになる．

BtoCの例として，電子モールがある．電子モールとは，複数の電子商店（オンラインショップ）が軒を連ねるWebサイトをいう．電子モールは，消費者である買い手には複数店舗の商品を縦断して検索が行えたり，決済や配送などを一括して行えたりするなどのメリットがあり，個々の電子商店である売り手にとっては電子モールのもつ集客力を活かせるというメリットがある．現在では，最新の技術やビジネスモデルを導入し，決済方法を一元化したり共通のポイントを集めることで様々な割引に使えたり，購入者や販売店の生の声を公開することで，活況を呈している電子モールが生まれた．例えば，日本を代表す

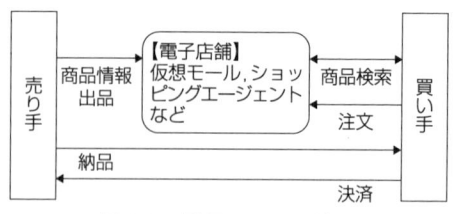

図 8-6　電子モールの流れ

る電子モールとして，楽天市場などがある．信頼ある電子モールであれば，そこに登録される電子商店について不良店舗を排除する仕組みが備わっていることが多く，安心感を得ることができるであろう．

　CtoCの例として，ネットオークションがある．通常のオークションは，提示された商品に対してセリの開始価格と締め切りなどの条件を提示することで，セリが開始される．セリが開始されると，締め切りまでの期限内で最も高い価格をつけた購入希望者が，落札することになり，セリが終了する．これを，インターネットを利用することで，時間や場所に関係なくセリに参加できる仕組みが可能となった．ネットオークション（電子オークション）はインターネットを利用したオークションのことで仮想のセリ会場が仮想空間（電子オークション会場）に準備され，それを購入希望者がセリ会場を利用する方法をとる．どこからでも参加できるので，日本からの海外オークションサイト利用，海外からの日本国内オークションサイト利用も徐々に増えているが，他の国に比べると少数に留まっている．国際ネットオークション取引については補償制度やサービス体制が国内取引に比べ不充分であり，トラブルも少なくはない．図8-7は，大まかなネットオークションの処理の流れを示すが，通常のオークションと基本的には同じ動きをする．

　ところで，eコマースの課題には，ユーザや売り手は本当に信用できるかどうか，代金決済はどのようにするかなどがある．その解決方法の例として，デジタル署名とエスクローサービスについて説明を加えておく．

　まず，デジタル署名とは，デジタル文書の正当性を保証するために付けられる，暗号化された署名のことをいう．技術としては公開鍵暗号を応用したもので，文書の送信者を証明し，かつその文書が改ざんされていないことを保証する．このことで，本来あるべき送信者でない偽の送信者を見抜いたり，改ざんされた文章を見抜いたりすることができる．ところで公開鍵暗号とは，暗号化

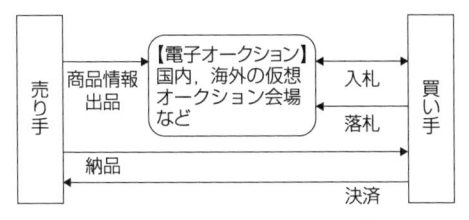

図 8-7　電子オークションの流れ

するときに使う鍵と，暗号を解くときに使う鍵が異なる方式で運用される暗号化手法をいい，暗号での取引相手が多くなっても，1人ひとりに対して個別の暗号を把握する必要がないので，eコマースで一般的に用いられている．

また，エスクローサービスとは，取引の安全性を保証する仲介サービスのことをいう．エスクローサービス事業者は売り手と買い手の間に入り，買い手から購入代金を預かり，売り手が買い手に商品を配送するのを待つ．配達が完了したことを確認すると，エスクローサービス事業者が預かっていた購入代金を売り手に送金する．エスクローサービス事業者は買い手から購入代金を預かる際に，併せてサービス手数料を受け取る．ただし，エスクローを利用するには料金がかかるため，取引の際にあらかじめ売り手と買い手がサービスの利用を同意している必要がある．

お わ り に

以上，この章では，経営情報の歴史を振り返り，現在のICT時代について整理することから始めた．そして，ネットワークの特性，代表的なネットワークの活用例，そしてユビキタス社会に向けての取り組み，ネットビジネスの特徴について触れたので，今までの知識を整理し，より理解を深められたのではないだろうか．より詳しい内容について触れたい読者は，次の参考文献をご覧いただきたい．

参考文献
岩田一男［2008］『ビジネス情報の基礎』DTP出版.
梅田望夫［2006］『ウェブ進化論』筑摩書房.
加藤英雄［2004］『ネットワーク経営情報システム』共立出版.

神田敏晶［2006］『Web 2.0でビジネスが変わる』ソフトバンククリエイティブ.
佐原寛二［2006］『経営情報論ガイダンス　第2版』中央経済社.
総務省［2009］『情報通信白書　平成21年版』ぎょうせい.
遠山暁，村田潔，岸真理子［2008］『経営情報論　新版』有斐閣.
野村総合研究所［2009］『ITロードマップ　2010年版』東洋経済新報社.
宮川公男［2004］『経営情報システム　第3版』中央経済社.
森田進［2009］『Web 3.0概説』ソフト・リサーチ・センター.
IT pro http://itpro.nikkeibp.co.jp/index.html
IT用語辞典（e-Words）　http://e-words.jp/
フリー百科事典（ウィキペディア）　http://ja.wikipedia.org/
All-in-One（INTERNET magazine）　http://i.impressrd.jp/

（岩田一男）

第9章

会　計　学

はじめに

　会計学は企業の経済活動を計数により測定し，伝達することを目的とする学問で，極めて広範かつ深遠な研究領域を有している．しかし，本書はあくまで経営学を主としており，その関連分野として限られた紙幅で会計学を紹介するものであることから，本章では会計学全般について全体を概観するに留めた．
　会計学の類型としては，財務会計論，管理会計論，税務会計論，原価計算論，簿記論，監査論等多々あるが，ここでは企業経営において特に重要と思われる財務会計，管理会計，税務会計の3つの分野に限定して述べる．

第1節　財務会計 (Financial accounting)

　財務会計は，会計学の中でも財務諸表の作成や開示について取り扱う領域である．財務諸表はいわば企業の成績表ともいうべき書類であるが，その構成要素としては，企業の一定時点の財政状態を開示する「貸借対照表」，一定期間の経営成績を開示する「損益計算書」，現金及びその等価物の入出状況を開示する「キャッシュ・フロー計算書」の3つがある．

1　貸借対照表

　貸借対照表（B/S: Balance Sheet）とは，前述のように，企業の財政状態，すなわち一定時点における資産を簿記でいうところの借方（左側）に表示し，負債をその貸方（右側）に，その差として定義される純資産を貸方の負債の下に開示する書類である（図9-1）．この書類によって後述する企業の安全性や支払い能力を判断する財務分析が可能になり，債権者や融資を行う金融機関は自分の売掛金や貸付金の与信管理に役立てることができる．

図 9-1　貸借対照表

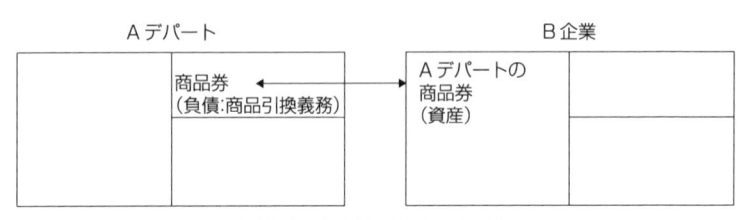

図 9-2　貸借対照表と商品券

　なお，預金は一般の預金者にとっては資産の1つとして貸借対照表の左側に表示される項目であることは理解しやすいと思われるが，預金の相手方である金融機関にとって預金は預金者に対する債務であることから，負債として貸借対照表の右側に表示される．同様に「商品券」について考察すると，これを所有する側から見ればまぎれもなく資産として左側に表示されることは理解できることと思うが，これを発行しているデパートにとっては，自己の商品券は商品券所有者に対する債務に他ならないことから，負債として貸借対照表の右側に表示される（図9-2参照）．

（1）　**資産**

①資産の分類

　資産は，企業の財政状態を主に表す貸借対照表において，借方に表示される科目である．では，日本の財務会計においては，いかなる内容のものがそもそも資産に該当するのであろうか．一般的に資産といえば，現金，売掛金，有価証券など形あるもの，所有権を有するものをイメージするであろうが，経済の発達した今日においては，特許権やのれん・ブランドのように姿形を有していないが，企業にとって排他独占的に価値を有するものがある[1]．また，リースにより調達したため企業が所有権を有しない資産であっても，長期間その企業が所有しているかのごとく排他的に利用できるものであれば，一定の条件のもと

に資産に計上される．このように現在の財務諸表に計上されている資産は所有権の有無と必ずしも一致しないという事実は今日の企業会計を理解する上で重要である．

さて，ここで，資産をいくつかのまとまりに分類する必要性があるが，この基準を「資産の分類基準」と言い，企業の支払い能力または財務流動性を重視する考え方によれば，資産を流動資産と固定資産の2つに分類する[2]．具体的には，短期支払い能力のあるものを流動資産とし，長期的な資金運用形態にあるものを固定資産として分類する．この方法は具体的には正常営業循環基準と1年基準という2通りのものがあり，前者は主たる営業の循環過程，すなわち現金預金 → 棚卸資産 → 売掛金 → 受取手形 → 現金預金というサイクル上にある資産は原則として流動資産，そのサイクル外にある資産を固定資産とする考えであり，後者は貸借対照表日の翌日から起算して1年以内に現金化される資産を流動資産，1年を超えて現金化されるか現金化を予定しない資産を固定資産として分類する考え方である．現行は正常営業循環基準を主として，まず流動資産の分類を行い，さらに正常の営業循環過程にないものに1年基準を適用して短期項目を流動資産，長期項目を固定資産に分類表示するという両者の折衷法が用いられている．

現行の財務会計においては，企業は，資産を原則として流動性の高いものから貸借対照表上，順に表示するものとされており，これを流動性配列法という（貸借対照表原則三）．この分類方法を表示面で適用することにより，流動性比率，当座比率などの後述する各種財務分析が可能となる．

貸借対照表における資産は，上から現金預金や商品などが表示される「流動資産」，建物，子会社株式などが表示される「固定資産」の他に，末尾に「繰延資産」というカテゴリーが存在する．

(i) 流動資産の区分

流動資産（current assets）は，前述の1年基準や正常営業循環基準にしたがい分類される資産で，現金預金，売掛金，商品，製品，短期貸付金，売買目的有価証券などが該当する．

(ii) 固定資産の区分

固定資産とは，企業が長期に渡って使用または収益する目的で保有する資産のことである．固定資産は，その形態的な特徴にしたがい，有形固定資産，無形固定資産，投資その他の資産という3つに区分される（企業会計原則第三，

四).

　ここで「有形固定資産」とは，建物のように固定資産のうち物理的な形態を有するものをいい，「無形固定資産」とは著作権のように物理的形態をもたない法律などの権利を中心とするものをいう．無形固定資産として考えられる法律上の諸権利は，法律によって排他的に使用することが保護されている権利であり，特許権の他，特許権ほど高度でないが実用的な考案を独占的に利用できる実用新案権，ブランドとして排他的にトレードマークを利用する権利を有する商標権などがある[3]．また，「投資その他の資産」とは長期貸付金や投資有価証券などのように主に現金化されるのが1年を超える金融資産をいう．

　企業の中には，独自のノウハウや秘伝の技術などのように，他の企業に比べて収益力が高い企業がある．このような企業に内在する超過収益力の原因をのれんという．のれんは，通常内在する限りは潜在的なものとして存在し，そのようなのれんは自己創設のれんまたは主観のれんといわれ，客観性を欠き未実現利益の計上につながることから，貸借対照表に計上されることはない．しかし，そのような企業が他の企業に買収・合併するような場合には，そのような潜在的な価値が買収価額に反映されるため，客観的な数値を有する項目として具体化することになるのである．すなわち，のれんは高収益企業を買収合併した場合に，その対価として交付した対価から継承した純資産を控除した金額として求められる．現在日本においては，のれんはその効果の及ぶ期間（最長20年）にわたり規則的な償却をするものとされている（企業結合会計基準三，2(4)）．仮に取得したのれんを償却しないものとすると，そののれんは徐々に自己ののれんと入れ替わるので，結局自己創設のれんの実質的な計上につながるということが理由の1つに挙げられているが，国際的にはのれんは非償却が主流であり，現行基準によれば巨額ののれん償却額は収益の圧迫要因となることから，国際競争的に不利であるとして経済界には反発論がある．

(iii) 繰延資産の区分

　貸借対照表には，その末尾において「繰延資産」を計上することが認められている．繰延資産とは，「将来の期間に影響する特定の費用」と呼ばれ，すでに対価の支払が完了するか支払義務が確定し，これに対応する役務の提供を受けたにもかかわらず，その効果が将来期間にわたって発現するものと期待される費用のことである（企業会計原則注解15）．現行では創立費・開業費・開発費・株式交付費・社債発行費等の5種類のみ計上が認められているが，このよ

表 9-1

	過去	現在	将来
購入市場	取得原価	再調達原価	—
販売市場	—	正味売却価額	(割引)現在価値

(出所) 広瀬義州[2009]『財務会計 第9版』中央経済社, 159頁.

うな費用は，費用とは言っても，その効果の発現が遅く当期の収益獲得に全く貢献せず，むしろ次期以降の収益獲得に貢献すると考えられる．すなわち，次期以降の収益に対応させるべきという費用収益対応の見地から，費用を繰延経理することにより経過的に計上される資産項目である．

このように，繰延資産はすでに発生した費用であり，換金価値を有するものではないにもかかわらず，資産として計上が認められるという点で，会計学的思考から計上される会計学的資産，または擬制資産とも呼ばれることがある．その計上は強制でなく任意であり（貸借対照表原則第三・一・D），計上したとしても早期に償却すべきとなっている（実務対応報告19号）．これは，前述のように繰延資産が換金性を有しないものであることに鑑み，保守主義，債権者保護の見地から資産計上に「限定列挙」，「任意計上」，「早期償却」という3点セットのブレーキをかけたものといえる．[4]

② 資産の評価

これまで，資産とは何か，資産を短期項目と長期項目に分類する方法について述べたわけであるが，ここで，資産の評価について述べなければならないであろう．すなわち，資産が貸借対照表上，いくらで計上されるべきかという問題である．

一般に時点には過去，現在，将来の3つがあり，金額には購入市場のものと販売市場のものがあるので，これらの組み合わせにより，4通りの金額評価基準を考えることができる（表9-1）[5]．結論からいうと，現行の財務会計においては，これら4つの金額を資産の種類に応じて使い分けることになる．以下，代表的な資産に対して各評価基準がどのように使われるのか述べる．

（i）商品の評価

商品は，原則として「取得原価（Historical Cost）」を使用して貸借対照表価額とする．取得原価とは過去に資産を取得したときに実際に成立した取引価額のことである．この金額を使用する資産は，購入したときの価格で据え置かれ

ることになるのであるから，すなわち期末に時価が値上がりしたとしても値上がり益が計上されないことを意味する．「含み益」という言葉を誰でも一度は聞いたことがあると思うが，それは売れば生じるはずの利益がその資産を過去の取得原価で据え置き表示しているために隠れているという意味である．

商品は財務会計上，棚卸資産という名称で表示される．棚卸資産は，購入したときは取得原価で，製造した場合は原価計算基準によって原価算定した金額で貸借対照表価額とすることとなっているが，期中に販売された場合はどのようになるのであろうか．現行の財務会計では棚卸資産の一部が期中に販売された場合には，その原価を収益獲得にすでに貢献した分と，これから貢献する部分，すなわち「消費分」と「未消費分」に分け，このうち未消費分のみを貸借対照表に計上することになる．消費分については，もはや貸借対照表ではなく，後述するように当期の収益獲得に貢献した価値分として損益計算書に「売上原価」という費用として計上することになる．

この売上原価の計算では，棚卸資産の取得原価を消費分と未消費分に分けるにあたり，①先入先出法②平均法③個別法などが用いられる．しかし，これらは会計上そのような仮定に基づき単価計算を行うというもので，実際の商品の流れの話とは別問題であることに注意が必要である．

一般に小売業では商品の品出しの方法として，先に賞味期限が来るものを前方に陳列し，新しい商品を最後尾に補充するため，実物商品の流れが先入先出となっていることが多いのであるが，にもかかわらず，計算方法としては，仕入れ単価を平均してその平均単価を用いる「平均法」によるということが可能である．

宝石などは実物の物の流れとしても大量生産された品物とは異なり，個々の商品が違うのであるから，個別法になるであろうし，計算方法としてもまさかダイヤと真珠の値段を平均して売上原価を計算はしないであろう．ダイヤを販売したらその売上にはダイヤの売上原価を対応させることが妥当なはずである．

このように，経営学と会計学を同時に学習する場合，「先入先出法」といっても「実物の流れ」と「実物の流れにかかわらず計算上流れを先入先出しであると仮定したもの」という2つの意味があることに注意が必要である．

(ii) 建物等の評価

建物等は原則として「取得原価（Historical Cost）」を使用して貸借対照表価額とする．棚卸資産においては，先入先出法などの方法により，その取得原価

を消費分と未消費分に分けたのであるが，建物を払出したりはしないので，そのような方法は取れない．すなわち建物や機械，車両のような有形固定資産は，その性質上，棚卸資産と異なり売上原価として売上に直接貢献するわけではなく，その耐用年数を通じて間接的に貢献することになる．そこで登場してくるのが，減価償却という概念である．

減価償却とは，有形固定資産の取得原価を，その耐用期間における各事業年度に配分する費用配分の手続きをいう．減価償却の目的は，その有形固定資産が購入時の一時でなく，耐用期間の長きに渡り売上げ獲得に貢献するその貢献度を，努力費用として表現することによって毎期の適正な期間損益計算を行うことにあるから，計画的・規則的に行わなければならない．減価償却が無計画に，恣意的に行われることは，利益操作の介入を許しかえって期間損益計算を歪めてしまう結果となる．

このように減価償却は有形固定資産における費用配分手続の代表例であるが，その費用については金銭支出を伴わないという特徴があることから，その毎期の費用化によって有形固定資産に投下された資金を徐々に留保する効果がある．これは減価償却の効果として「固定資産の流動化（固定資産が減価償却により徐々に流動資産として回収されること）」と呼ばれている．また，このように減価償却によって，あたかも外部から資金を調達するのと同等の効果を得ることができるわけであるが，これも「自己金融効果」という減価償却の効果の１つであると言われることがある．

この減価償却については，その耐用期間にわたる収益獲得への貢献度をどのような仮定に基づき計算するかによって，定額法，定率法，級数法，生産高比例法などの方法がある[6]．

定額法とは，有形固定資産の取得原価から残存価額を控除した要償却額を，その資産の耐用年数で除する方法によって毎期の減価償却費を計算する方法であり，これに対して定率法は，有形固定資産の期首未償却残高に一定率を乗じてその期の減価償却費とする方法である．

この定率法によると，減価償却費は初め比較的多額ではあるものの，年の経過と共に徐々に減少していくことになる．

(iii) 有価証券などの金融資産の評価

原則として「再調達原価」または「正味売却価額」を使用して貸借対照表価額とする．これらは一般に聞きなれない言葉であるが，いわゆる「時価」と呼

ばれるものである．このうち，「再調達原価」とは，現在その資産をもう一度購入したならばいくらかという金額のことであり，「正味売却価額」とは，現在その資産を売却した場合の金額から補修費など売却後に負担を強いられるアフターコストを差し引いた，正味の売却金額と考えられる価額のことである．このうち前者は購入市場に注目したものであり，後者は販売市場に注目したものと考えられる．

ただし，時価評価が行われるのは決算期末であり，まず有価証券を取得した場合には，その購入対価に付随費用を加算してその取得原価とする．また，期中に有価証券を売却した場合には，単価計算により売却分の取得原価を求め，これと売却金額との差額を利益とするが，同一銘柄の有価証券を複数回に渡って取得している場合には，総平均法または移動平均法によってその売却分の有価証券の単価を求めなければならない．

さて，いよいよ決算期末になったところで，時価評価を行うわけであるが，売却を目的とする有価証券については，原則通り時価評価を行い，差額を評価益または評価損とする一方（金融商品会計基準15），子会社株式のような有価証券については，親会社等がこれらの企業を支配又は影響力を行使する目的で保有するものであるから，たとえ市場価格があってもそれで処分するというわけではない．よって貸借対照表に表示するにあたり時価評価は行わず，取得時の取得原価のまま表示するものとされている（金融商品会計基準17）．

③売掛金，受取手形，貸付金のような金銭債権の評価

これらは金融資産であるから，前述のように時価で評価するということも考えられるが，これらについては例外的に時価で評価せず，原価で評価を行う．というのも，これらについては市場がないケースが多く，客観的な時価を用いることが困難と考えられるからである．（金融商品会計基準14，注5）．なおこれらは安全度の順に一般債権，貸倒懸念債権，破産更生債権の3区分に細分され，以下図9-3にて紹介する貸倒れに応じた計算方法によって，貸倒引当金が計上される．

④売掛金の一部（貸倒懸念債権），減損会計適用の資産の評価

これらの資産については，貸借対照表の表示にあたり，割引現在価値（Discounted Cash Flow）を使用することがある．これは将来の現金による収支額を一定の利子率により現在の価額に割り引いた金額の総和のことである．これは近年新会計基準において重要性を増した概念で，資産のみならず，後述する負

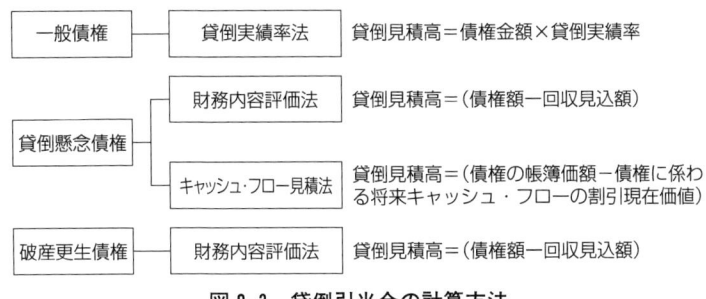

```
一般債権 ── 貸倒実績率法    貸倒見積高＝債権金額×貸倒実績率

貸倒懸念債権 ┬ 財務内容評価法    貸倒見積高＝（債権額－回収見込額）
            └ キャッシュ・フロー見積法  貸倒見積高＝（債権の帳簿価額－債権に係わる将来キャッシュ・フローの割引現在価値）

破産更生債権 ── 財務内容評価法    貸倒見積高＝（債権額－回収見込額）
```

図 9-3　貸倒引当金の計算方法

債の部でも年金債務を現在価値に割り引く計算などに使用される．

（2）負債

負債と言えば，真っ先に思い浮かぶのが買掛金や借入金ではないだろうか．これらは法律上の債務で，当然支払い義務や返済義務を伴うものであるから理解はしやすいことと思われる．しかし，財務会計において，負債は債務性があるものに限定されてはいない．すなわち，法律上の債務の他に債務性のない「会計上の負債」が負債として扱われる．

この「会計上の負債」とは，企業外の第三者に債務として支払い義務や返済義務があるというわけではないのであるが，発生主義の原則，費用収益対応の原則という，今日の期間損益計算の思考に基づき計上されるという意味で「会計上の負債」と言われる．具体例としては，未払費用，前受収益，修繕引当金や損害補償損失引当金がある．

負債は後述の純資産が自己資本と呼ばれるのに対し，他人からの借り入れが主体となるため他人資本とも呼ばれ，貸借対照表の右側上部に表示される．

① 分類

負債も資産と同様に，流動負債と固定負債に区分される．資産における売掛金や受取手形同様，買掛金や支払手形はその支払い期日の長短を問わず流動負債とされる（正常営業循環基準）．また，資産における貸付金同様，借入金や未払金は，貸借対照表日から起算して1年を超える長期にて決済されるものは固定負債，そうでない短期のものは流動負債となる（1年基準）．

② 未払費用・前受収益とは

財務会計の期間損益計算の考え方では，たとえば店舗を賃借して毎月20日に引き落としにより家賃の支払いを行っているような場合には，決算月の月末

まで10日ほどの家賃はすでに費用として発生したものと考え計上しなければならない．そして，これに対応して経過的に10日分の未払家賃を負債として計上する．この賃貸契約のような継続した役務提供契約を締結している場合に，期間損益計算の要請上，経過的に計上される負債項目が未払費用であり，未払家賃はその代表例である．同様に継続した役務提供により収益を得ている場合に，いまだ提供していない役務に対し支払いを受けた対価を前受収益という．

③引当金とは

引当金とは，将来の特定の損失または費用であって，その発生が当期以前の事象に起因し，発生の可能性が高く，かつその金額を合理的に見積もることができる場合に，当期の負担に属する金額を費用または損失として計上し，その対応として生じる項目である．

具体例を挙げると，仮にある企業にて当期から5年後に修繕が生じるとし，その修繕金額はおよそ100万円と見積もれるものだったと仮定する．さて，このままでは5年後に修繕費が100万円生じるということは容易に予想できると思うが，財務会計的思考に基づけば，それではまずいということになるのである．すなわち，5年後に修繕が生じるのは，その資産を当期使用して劣化せしめているからである（発生が修繕以前の事象に起因）．そして，その資産からは，5年後にまとめて収益が生じるのではなく，劣化しながらも毎期使用することにより毎期の収益が獲得されている．ここに費用の発生主義，費用収益対応の原則という財務会計上の期間損益計算の要請からすると，修繕費はその支払いが5年先だったとしても，毎年発生している，すなわち費用として毎期計上すべきであるということになるのである．

すなわち，修繕引当金繰入という費用を毎年計上し，これに対応して修繕引当金という負債を計上するのである．5年目はこの引当金を取り崩して修繕代金を支出することにより，たとえ修繕の支出が生じても，全額を一時の費用とすることはない．

引当金は，どれも費用または損失の引き当てとして計上されるわけであるが，貸倒引当金のように，その設定対象となった資産の部の売掛債権等から控除する形式で表示する「評価性引当金」と，負債の部に計上される「負債性引当金」がある．負債性引当金は，さらに債務性の有無によって「債務性引当金」と「非債務性引当金」に区別することができる．

⑦貸倒引当金のように売掛債権等から控除されるもの……評価性引当金

㋑賞与引当金のように，債務性があり設定されるもの……債務性引当金
　㋺修繕引当金のように，債務性がないが設定されるもの…非債務性引当金
（3）　**純資産**

　純資産とは，資産から負債を差し引いたものであり，貸借対照表上，右下の部分に表示される項目である．純資産は，主に株主の持分を意味する「株主資本」のほか，評価・換算差額や新株予約権のような「株主資本以外」に大別される．

　また，株主の持分たる株主資本は，さらに資本取引を源泉とし，企業の元手として維持拘束すべき部分（資本金と資本剰余金）と，企業活動の成果としての獲得利益を表す利益剰余金に分かれる．

① 資本金

　企業が株主から財産の拠出を受けた場合には，その財産が資産となるのはもちろんであるが，純資産の部においても，会社法の規定に従い，原則として全額を資本金としなければならない．

② 資本剰余金

　前述のように，株主からの拠出は全額資本金とするのが原則であるが，会社法は例外的に一定額を資本金に組み入れなくともよい旨の規定をおいている．この場合，組み入れなかった部分は資本金ではないが，維持拘束性を有する株主持分として資本剰余金の区分に資本準備金として表示する．また，その他資本剰余金とは会社法上の資本準備金には該当しないが，財務会計上，株主からの拠出資本の一形態として維持拘束すべきと考えられるものをいい，具体的には，減資をした場合の差益（資本金及び資本準備金減少差益），自己株式を処分した場合の差益などが該当する．

③ 利益剰余金

　利益剰余金は獲得した利益の現在までの累積留保額を表す．そのうち，会社法の規定により一定額までの積立が強制されるものを利益準備金と言い，残りの部分のうち会社の任意により積立てた部分を積立金，利益処分の対象として繰り越すものを繰越利益剰余金という．

④ 評価・換算差額等

　資産・負債を時価評価したが，差額を当期の損益とすることが適切でない場合に用いられる．例えば，売買を目的としていないが時価評価の必要がある「その他有価証券」の評価換算差額が該当する．そもそも売却を予定していな

表 9-2　純資産の部

Ⅰ　株 主 資 本
　　1　資本金
　　2　資本剰余金
　　　(1)資本準備金
　　　(2)その他資本剰余金
　　3　利益剰余金
　　　(1)利益準備金
　　　(2)その他利益剰余金
　　　　　積立金
　　　　　繰越利益剰余金

Ⅱ　評価・換算差額等
　　1　その他有価証券評価差額金
　　2　繰延ヘッジ損益

Ⅲ　新株予約権

　　　　　純資産合計

いので，評価差額を当期の損益計算に係わらせるべきではなく，評価・換算差額等に純資産の変動として表示する．

⑤新株予約権

新株予約権は，権利者がそれを行使することにより会社から新たに株式の交付を受けることができるものである．会社にとって負債ではないのであるから，負債の部に表示はできず，純資産の部の末尾に表示する．

2　損益計算書

損益計算書（P/L: Profit and Loss statement）とは，一定期間の経営成績を表示することを目的として作成される財務諸表の1つで，収益から費用を控除して利益を表示する形式で作成される．ここで収益とは，増資などによらない純資産の増加要因であり，売上高，受取利息などが該当する．他方費用とは減資などによらない純資産の減少要因であり，具体的には広告費，減価償却費が該当する．

これら収益と費用は，明瞭性の原則という会計原則に基づいて実際にはその性質ごとに区分表示される．

①売上総利益

Ⅰ	＋	売上高
Ⅱ	－	売上原価
		売上総利益
Ⅲ	－	販売費及び一般管理費
		営業利益
Ⅳ	＋	営業外収益
Ⅴ	－	営業外費用
		経常利益
Ⅵ	＋	特別利益
Ⅶ	－	特別損失
		税引前当期純利益
	－	法人税，住民税及び事業税
		当期純利益

図 9-4　損益計算書

売上高から売上原価を差し引いて表示する．「粗利」ともいわれる．

② 営業利益

売上総利益から「販売費及び一般管理費」を差し引いたものが営業利益である．販売費及び一般管理費に該当するものは，具体的には広告費，福利厚生費，減価償却費などがある．この営業利益は次の営業利益が営業外項目を加減算して算定されることから見てもわかるように，本業のもうけを意味する．

③ 経常利益

営業利益に受取利息，受取配当金などの「営業外収益」を加算し，さらに支払利息，社債利息などの「営業外費用」を差し引いて算定する．この経常利益は，次の特別損益項目を加減算する前に算定されることからわかるように，本業に加え営業外の損益も含むものの，毎期経常的に生じる項目のみで計算された利益ということができる．

④ 税引前当期純利益

経常利益に，特別利益を加え，これから特別損失を差し引いて表示する．保険事故により差益が出たような場合や，差損が出たような場合，または風水害により臨時に損害が生じた場合の費用などが該当する．これらは毎期生じるものではないので，上の経常利益までの部分で計算することはできない．しかし，当期に生じた損失であることには変わりはないので，ここで差し引くことになる．

⑤ 当期純利益

税引前当期純利益から，法人税，事業税，住民税（以下法人税等という）を差

し引いて求める．この当期純利益は，最終的に会社に留保される利益としての意味を持つが，ここで差し引く法人税等は，後述する税務会計によって求めなければならない．

3 キャッシュ・フロー計算書

　今日の財務会計においては，費用は未払費用や繰延資産のところでも述べたが，資金の支出を伴うとは限らない．同様に，売上などの収益が生じたからと言って掛売りを行っていれば当然，入金となるのはしばらく後ということになる．この結果，損益計算書では利益がきちんとあがっており，十分な黒字であっても資金繰りに苦しみ廃業ということがありえる．いわゆる「黒字倒産」である．また，貸借対照表は決算日の一定時点の財政状態を表す静的なものであり，後述する財務安全性の分析によってその企業の決算日の支払い能力を判断することはできるが，動的な資金移動状況を判断することはできない．そこで作成を要請される財務諸表が，このキャッシュ・フロー計算書である．キャッシュ・フロー計算書は，大きく分けて以下の3つの区分に分けて区分計算される．

　① 営業活動によるキャッシュ・フロー

　営業活動によるキャッシュ・フローの区分では，売上による掛代金回収などの営業活動にかかわるキャッシュ・インフローをまず計上し，ここから買掛金・支払手形の支払い，人件費支出などの支出を差し引いて企業の主たる営業活動によりキャッシュがどの程度獲得されたかが明らかにされる．

　② 投資活動によるキャッシュ・フロー

　投資活動によるキャッシュ・フローの区分では，有価証券の取得や売却，貸付による貸付金の回収や支出などが表示される．

　③ 財務活動によるキャッシュ・フロー

　財務活動によるキャッシュ・フローとは，借入の増減・社債の発行償還，株式の発行または消却のような，資金調達に伴う現金流入と現金流出を表示することにより企業の財務部門の資金活動を明らかにしようとするものである．

4 連結会計

　ここでは子会社，親会社という存在が問題となる．今日の企業経営においては，自動車産業などが代表例であるが，その傘下に関連企業を多く抱え，それ

らが資本的にも人的にも密な関係であることが少なくない．

　財務諸表は，いわば企業の成績表とも言えるわけであるが，企業同士の関係がこのように密接な場合は，個々に作成された財務諸表の数値の中には子会社への押し付け販売のようなものが含まれているかもしれない．

　グループ企業にとって，グループ内部の個々の売上高を増加させるために最も簡単な方法は，あたかもマルチ商法のようにグループ内部で取引を「ぐるぐる廻す」ことである．例えば，親会社が子会社に1兆円の売上を建て，子会社が親会社から1兆円で仕入れ，さらに決算期をまたいで今度は逆に子会社が親会社に1兆円で売上げ，親会社が子会社から1兆円で仕入れるというスキームを親子会社間で計画したとする，もちろん実際には掛取引ということになるが，債権と債務が同額で相殺されることが初めから当事者同士でわかっているわけであるから，決済資金は全く必要ない．

　しかし，個々の個別財務諸表の上では，親会社の損益計算書にはこの1兆円が売上高として計上され，それを逆流させる時には子会社の損益計算書にはやはり売上高として親会社への1兆円の売上高が計上されてくる．

　このような場合には，個々に作成された個別財務諸表は信頼性に問題があると考えられる．そこで，グループ企業の場合は個別財務諸表を合算して，グループ内部の取引を相殺して調整した「グループとしての財務諸表」を作成する必要性が生じる．この要請に基づき作成される財務諸表が連結財務諸表であり，これを作成開示する手続きが連結会計である．

5　財務分析

　以上，財務諸表を作成する側の立場に立って財務会計の各制度を概観してきたが，ここで述べる財務分析は財務諸表にある会計情報を利用して企業分析を行うものである．財務分析の方法としては，例えば売上目標値と売上実績値の比較を行うというような比較分析，他社と比較することにより，対象企業の他社との相対的な優劣を把握するクロスセクション分析，同一企業の時系列数値を追うことによりその変異を読み取る時系列分析などがある．

　以下，財務分析で用いる代表的な財務指標を解説する．なお，財務分析は① 安全性分析② 収益性分析③ 生産性分析に大別される．

　① 安全性分析

　安全性分析とは，貸借対照表の資産と負債のバランスをみることによって，

企業の財務健全度合いを探ろうとするもので，代表的な財務指標に次のものがある．

(i) 流動比率・当座比率

$$\text{流動比率（％）} = \frac{\text{流動資産}}{\text{流動負債}} \times 100$$

流動負債はおおむね企業が1年以内に返済すべきものであり，流動資産は1年以内に現金化されるものとみなせることから，これが100％以上あれば1年以内に資金ショートを起こさないと考えることができる．可能であれば余裕を持って200％以上あることが望ましいとされる．

(ii) 固定比率

$$\text{固定比率（％）} = \frac{\text{固定資産}}{\text{自己資本}} \times 100$$

固定資産は流動資産と異なり，売却するのではなく利用することに主眼がある．よって容易に売却するわけにはいかないので返済の必要のある借入金などの流動負債ではなく，返済の必要のない自己資本で調達したほうが望ましいということである．この数値が100％以下であれば，固定資産の全部が自己資本で調達されていることになる．

(iii) 固定長期適合率

$$\text{固定長期適合率（％）} = \frac{\text{固定資産}}{\text{自己資本} + \text{固定負債}} \times 100$$

算式を見てわかるとおり固定比率のアレンジ版とも考えられる．分母に固定負債が加わっているところが相違点である．これは，固定資産を全額自己資本で賄えないまでも，自己資本に加えて1年以内に返済の必要がない固定負債まで資金の調達源泉と考えた場合には，固定資産を賄えるかもしれないという思考に基づくもので，固定比率で100％を割った場合に補完的に使われる．

(iv) 自己資本比率

$$\text{自己資本比率（％）} = \frac{\text{自己資本}}{\text{総資本}} \times 100$$

総資本における自己資本の割合を示す財務指標である．総資本とは他人資本と自己資本の合計で，貸借平均の原則により資産の金額を用いても計算上は一致する．この比率は，資金の調達源泉のうち，返済義務のない自己資本の部分がどれだけ占めるかという割合を表すものであり，この割合が高いほど，返済義務のある資金に頼らずに済んでいることを示すことになる．

② 収益性分析

収益性分析とは，主に企業の経営成果たる利益に着目し，各種財務数値を分母に取ることによって，その分母となった財務項目が，分子となった利益獲得にどれだけ貢献しているかという効率を見るものである．

(i) 売上総利益率

$$売上総利益率（\%）=\frac{売上総利益}{売上高}\times 100$$

売上総利益は粗利とも言われ，分子に売上総利益を用いることにより，売上に対して粗利の高い企業かどうかを判断することができる．業種的には昔から「薬九層倍（くそう）」と言われ，売上が原価に比して高く，すなわち粗利が大変高いことで知られる製薬業はこの数値が高く，薄利多売型の，取引量で勝負する大手スーパーや商社のような流通分野の企業はこの数値が低くなる．

(ii) 営業利益率

$$営業利益率（\%）=\frac{営業利益}{売上高}\times 100$$

分子に営業利益を用いる．営業利益＝売上総利益－販売費および一般管理費であるから，当然(i)の売上総利益率よりもさらに低くなる．

販売費および一般管理費の主なものに，広告費がある．たとえ同じ売上総利益を上げていても，化粧品業界のような広告費が巨額にのぼる企業とそうでない企業では，前述の売上総利益率で差が出なくとも，この数値の段階で差が大きくなることは容易に想像できるであろう．

(iii) 経常利益率

$$経常利益率（\%）=\frac{経常利益}{売上高}\times 100$$

分子に経常利益を用いる．ここで経常利益＝営業利益＋営業外利益－営業外費用である．営業外項目を加減算するため，(ii)の経常利益率より大きくなる場合もあれば，小さくなる場合もある．営業外項目には，本業ではないが，毎期経常的に生じる「受取利息」や「支払利息」などの財務活動利益や費用があり，すなわちこの数値は本業に加え財務活動をも含んだ企業の毎期経常的な収益獲得能力を示すことになる．

(iv) 総資本利益率

$$総資本利益率（\%）=\frac{当期純利益}{総資本}\times 100$$

総資本利益率は，企業に投下された他人資本と自己資本の合計，すなわち総資本が，どれだけの利益を生み出したかという点に着目した財務指標である．意味は違うが，総資本＝総資産であるから，総資産利益率（Return On Assets: ROA）と数値上は等しくなり，この数値は同時に資産の利用効率をもあらわしていることになる．

(v) 自己資本利益率（ROE）

$$自己資本利益率（\%）=\frac{当期純利益}{自己資本}\times 100$$

自己資本利益率（Return On Equity: ROE）は，自己資本がどれだけの利益を生み出したかという点を判断する財務指標である．自己資本は主に株主から拠出された資金調達源泉としての意味を持つから，この数値が高いということは，株主からの出資金で効率よく利益を上げているということになり，株式投資上の判断として特に重要な指標である．

(vi) 資本回転率

$$総資本回転率（\%）=\frac{売上高}{総資本}\times 100$$

総資本回転率は，売上高を分子に，総資本を分母に用いることで算出され，総資本が何回転して企業の売上を稼ぎ出したかということを表す財務指標である．この数値が高いということは，少ない総資本（＝総資産）で多くの売上を稼ぎ出していることになり，資本の利用効率を見る上で有益である．なお，こ

の比率は，以下のように(iv)総資本利益率を２つに分解した構成要素として分析することもできる．

$$総資本利益率（\%）$$
$$=\frac{当期純利益}{総資本}\times 100$$
$$=\frac{当期純利益}{売上高}（売上高利益率）\times \frac{売上高}{総資本}（資本回転率）\times 100$$

③ 生産性分析

企業の生産性とは，経営資源の投入に対して算出がどの程度あったのかという生産要素の効率的使用を見る財務指標であり，この指標の一例として従業員１人に対してどれくらいの付加価値があるかをみるものが以下の算式で示される労働生産性である．

ここで，付加価値とは，企業がインプットに対してどれだけの価値を付加してアウトプットを行ったかというものである．具体的には人件費＋賃借料＋租税公課＋他人資本利子＋利益で定義される．

$$労働生産性=\frac{付加価値}{平均従業員数}$$

第２節　管理会計 (Management accounting)

1　管理会計とは

管理会計とは，会計情報を経営管理目的に役立てようという思考に基づく会計学の一分野である．ここで，製造業においては製品や仕掛品を自分で算定するため，原価計算が欠かせないが，この原価計算により決定した製品原価が貸借対照表の資産の部に計上され，外部報告目的に使用される．

2　原価計算としての管理会計

同時に，原価計算は，予定配賦や標準原価計算を採用して原価差異分析を行うことにより，経営管理目的に資することができる．すなわち原価計算は外部報告という観点からは財務会計の要素があり，内部経営管理目的という観点に立てば管理会計の要素があると言われている．

図 9-5　CVP 分析

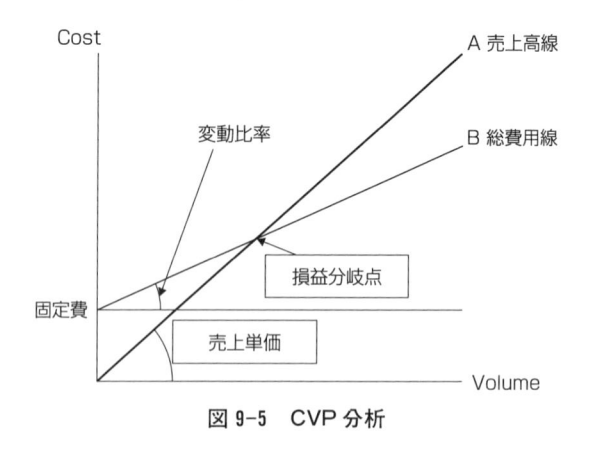

3　特殊原価調査

　一方，管理会計には外部報告と全く関係のない，純粋な内部経営目的のものがある．いわゆる特殊原価調査と呼ばれるものだが，そのうち企業経営上重要と思われる代表的なものを紹介する．

① CVP 分析

　C は Cost，V は Volume，P は Profit の略である．すなわち，営業量を増加させると利益がどれだけ増減するかを考察する分析手法のことをいう．まず，売上高はおおむね営業量 Volume に正比例すると考えられることから，縦軸に売上を，横軸に Volume をとると以下の図 9-5 の A 線のようになると考えられる．一方，費用は Volume に正比例する変動費と，全く固定的な固定費からなると仮定すると，B 線のようになる．

　すると，この両線の交点は利益も出ないし損も出ないというポイントを表すことになり，これを「損益分岐点」という．もちろん A と B の差が「利益」を表すことはいうまでもない．損益分岐点の左側では売上高が常に総費用を下回っており，損失が発生しているが，損益分岐点の右側では売上高が総費用を上回り，利益は損益分岐点から営業量が増加するほど拡大することが明確に分かる．

② 経済的発注量（EOQ）

　材料などを購入する場合，一度に発注する量が問題となる．すなわち，一度に発注する量を増やせば，それだけ在庫切れまでのスパンが長くなり，発注回数は少なくてすむので，回数に比例して発生するような発注費用を相当節減で

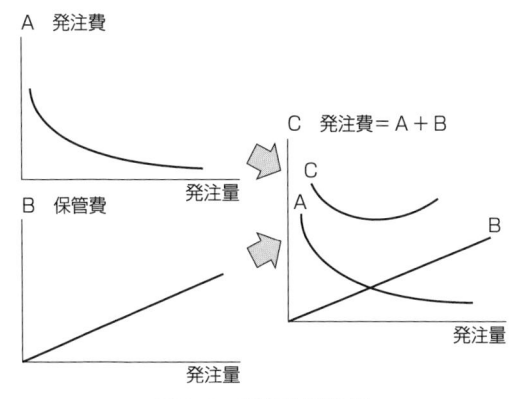

図 9-6　経済的発注量

きることは容易に想像がつく．しかし，話はそう単純ではない．すなわち発注量を増やし在庫切れまで大量の材料を倉庫で保管するということは，倉庫の保管料金の増加をもたらずかもしれないからである．つまりモデルを単純化すると，発注費は1回あたりの発注量の減少関数，倉庫などの保管費用は1回あたりの発注量の増加関数と仮定できる．両社はトレードオフの関係にあるが，最も安くなる最少費用点というものがあるはずである．これを分析することにより求められる費用が最少となる1回あたりの発注量を，「経済的発注量（Economic order quantity: EOQ）」という．

具体的に計算方法を見てみるとしよう．まず，発注費（A）は求めるべき1回あたりの発注量をXとおくと，1回あたりの発注費×$\dfrac{材料必要量}{X}$で表わされ，また，保管費（B）は，1個当たり保管費×$\dfrac{X}{2}$（平均在庫量）で表わされる．発注費（C）は両者の合計であり，この発注費が最小となる1回あたりの発注量Xの下では，図9-6でも明らかなようにA＝Bが成り立つことから，これをXについて解くことで，発注費が最小となる1回当たりの最適発注量を求めることができる．

$$経済的発注量 X = \sqrt{\dfrac{1回当たりの発注費 \times 材料必要量}{1個あたり保管費 \div 2}}$$

第3節 税務会計 (Tax accounting)

1 税務会計とは

　財務会計が外部報告に必要な財務諸表の開示作成，管理会計が企業内部の経営管理をその主要な目的としていることはすでに述べた通りであるが，最後に会計の重要な一領域として税務会計を紹介する．すなわち，税務会計とは課税所得ひいては納税額を算定するために用いる会計であるが，この算定は法人税法，所得税法，消費税法などの税法に基づいて行われなければならない．この中でも企業経営において財務会計との関係で特に重要と思われるものが法人税法に基づく法人税である．

2 法人税の算定──益金と損金──

　損益計算書に収益と費用が計上され，各種利益が算定されることは，第2節で述べた．そこでは末尾において税引前当期純利益から法人税等を差し引いて税引後当期純利益を表示する構造になっていた．それでは，この「法人税等」はどのように計算されるのだろうか．

　財務会計上の収益に相当するものは法人税法では「益金」といい，費用に相当するものは「損金」と言う．結論から言うと，税務会計ではこの「益金」から「損金」を控除して課税所得を計算し，これに法人税率を乗じて税額を算出する．

　このように，税務会計では「益金」と「損金」という財務会計の「収益」「費用」と別個の概念を用いるが，収益費用と共通している部分も多いため，一致するものについてはそれをそのまま用いることとしている．すなわち，財務会計において作成された確定決算書をベースに，収益費用のうち相違がない部分はそのまま益金・損金とし，相違がある部分にのみ調整計算を行って，課税所得を算定する．このように，財務会計上の確定された決算数値をもとに調整計算を行って課税所得を算定するという税務会計の方針を「確定決算主義」という．

① 収益と益金の相違の調整計算

　受取配当金は，財務会計上は営業外収益に該当する．しかし，配当についてよくよく考えてみれば，配当金を支払う企業では一度法人税の課税が行われ，

その剰余金を配当に廻している．したがって，これを受け取る企業で再び法人税を課税してしまうと，理論上は二重に法人税を課してしまうことになる．したがって，受取配当金については，財務会計上たとえ収益とされようとも，税務会計上，益金とするべきではない．このような項目は益金不算入といい，財務会計上の利益から減算調整する．

また，逆に財務会計上，たとえ収益に計上されていなくとも，課税所得を構成すると考えられれば，益金とすべきである．財務会計上，資本助成目的で物品を受贈した場合は資本剰余金を構成し，収益とはならないが，税務会計上は原則として益金となる．このような項目は「益金参入」といい，財務会計上の利益に加算調整する．

- 資本助成目的の受贈益 → 益金参入 → 財務会計上の利益に加算調整
- 受取配当金 → 益金不算入 → 財務会計上の利益に減算調整

② 費用と損金の相違の調整計算

交際費はいうまでもなく財務会計上は費用に該当する．しかし，税務会計上もそのままですべて損金というわけにはいかないのである．「節税のために交際費で使ってしまえ」などとなっては冗費の節約という観点からも望ましくないが，交際費費用をすべて損金として認めてしまっては課税庁としても租税収入の確保に影響が出る．そこで，交際費については，財務会計上の費用をすべて損金と認めることはせずに，一定金額のみを損金としている．このような項目を「損金不算入」といい，財務会計上の利益に加算調整する．

また，逆に財務会計上は費用として計上されていなくとも，税務会計上は損金となるものがある．一例を挙げると，増加償却とか割増償却と言われる税法上特に定められた，財務会計の減価償却とは別建てで行われる臨時ボーナス的な償却費がある．このような項目を「損金算入項目」といい，財務会計上の利益から減算調整する．

- 交際費 → 損金不算入 → 財務会計上の利益に加算調整
- 割増償却 → 損金算入 → 財務会計上の利益から減算調整

注

1）企業会計基準委員会が公表している討議資料『財務会計の概念フレームワーク』においては，資産を「過去の取引または事象の結果として，報告主体が支配している経済的資源またはその同等物」と定義している．そこで指摘される資産の条件とは，① 経

済的資源であること，②企業が支配していること，③過去の取引または事象の結果であること，というものである．
2）他にも貨幣性資産と非貨幣性資産，金融資産と事業資産に分類する考え方がある．
3）他に法律的権利としては意匠権，著作権，借地権，地上権，鉱業権などがある．
4）繰延資産である開発費に類似の項目として，「研究開発費等に係わる会計処理基準」に規定される「研究開発費」がある．「研究開発費」は原則として発生時にすべて費用化することとされている（同基準三）．
5）ここで過去に売ったら，将来買ったらということは意味がないので，過去の販売と将来の購入は資産の評価基準として考慮されない．
6）級数法は，有形固定資産の耐用期間に渡り，毎期一定額を算術級数的に逓減した金額を減価償却費として計算する方法であり，生産高比例法とは，固定資産の耐用期間に渡り，毎期その有形固定資産の生産または用役提供の度合いに応じて減価償却費を計上する方法である．

参考文献

大沼宏，和田博志編［2009］『ベーシック企業会計』創成社．
河崎照行ほか編［2007］『スタンダードテキスト財務会計論Ⅰ 基本論点編』中央経済社．
河崎照行ほか編［2007］『スタンダードテキスト財務会計論Ⅱ 応用論点編』中央経済社．
桜井久勝［2010］『財務会計講義 第11版』中央経済社．
櫻井道晴［2009］『管理会計 第4版』同文館出版．
広瀬義州［2009］『財務会計 第9版』中央経済社．
富岡幸雄［2008］『新版 税務会計学講義』中央経済社．

（大澤弘幸）

第 10 章

経営学を学ぶ上で必要な法律

はじめに

日頃から日本経済新聞等の専門紙を読み慣れているのであれば，紙面で扱われる法律に関する話題の多さから，企業活動には法律が常に伴うという認識を持たれていると思う．しかし，経営学と法律は密接な関わりがあると言われても，意外性を感じる読者も多いのではないかと想像する．

そもそも「会社」という存在自体，「法律」という一定のルールに基づいて設立，活動が認められたものであり，企業活動には様々な法律が複雑に作用するため，経営学と法律は密接不可分な関係であることを十分理解しておかなければならない．

本章においては，経営学を学ぶ上で必要な基礎的な法律知識を身につけることを目的としている．

第1節　法人格と会社組織

1　法人格という考え方
(1)　法律の適用対象

「私権の享有は出生に始まる」(民法3条) という条文は，法律を学ぶと最初に登場する条文である．少しわかりにくいかもしれないが，この条文は「人間は生まれたときから法律で定められたあらゆる権利，義務の適用主体となる資格を得る」ことを明確に規定しているのである．

このように人間(自然人)については，「出生」という常識の範囲内において，法律の適用対象となる(権利能力が備わる)始期が定められており問題はないが，会社などの組織体の場合，存在自体が人間ではないので，法律の適用対象となることが出来るのかという根本的な疑問がある．

（2） 会社は法律の適用対象となるか

　もし，多くの社員が在籍している「会社」が法律の適用主体として認められない場合を考えてみる．例えば，会社で働く従業員の雇用契約や，他の会社等と取引する契約は誰が主体となって行えば良いのだろうか．また，会社の資金を管理するため必要となる銀行口座も，会社名義の銀行口座は作成することが出来ず，結果として社長など会社を代表する自然人が口座の名義人となって作成するしか手段はない．

　しかし，会社は様々なタイプの膨大な件数の契約を締結し，莫大な金額を収支しているのである．会社の銀行口座が取締役等の会社の代表者個人名義で開設された場合，会社の資金と個人のお金の区別が付かなくなるのは簡単に想像できる．もし，すべての法律行為を自然人名義で行うならば，組織としての会社は大変な混乱が生じるであろう．

（3） 法人格とは

　このような問題を解決するため，法律は法人格という考え方を採用している．

　法人格とは，ある一定の目的の下に集結した人（社団法人）や財産（財団法人）に対して，権利能力を与えることである．

　経営学が前提としている株式会社や合同会社などの会社組織は，法律（会社法）の定めにしたがって設立条件を満たし，登記を完了することにより，法人格は公のものとして認められる．会社は法人格を取得することにより，会社名義で会社の運営に必要な様々な法律行為を行うことが可能になり，行為に対する義務を負うことになる．

　法律の定めがなければ，会社という組織は機能しないのであり，企業活動のあらゆる前提が法律により規定されることを認識しておく必要がある．

2　会社の形態と法律
（1）　会社の形態

　会社法は会社の形態を，合名会社，合資会社，株式会社，合同会社と規定しているが，会社を設立する際に，どの会社形態を選択するのが得策であるのだろうか．

　会社の形態は，会社を構成する社員の責任の軽重や，出資者の人数など，設立しようとする会社の規模など様々な要因から決定されることとなる．

　以下，既に制度が廃止され，今後の新設が認められない有限会社を含め5つ

の会社形態の概要を説明する.

(2) 合名会社

会社法上規定されている会社形態において，組織が比較的小規模のものが予定されているため，設立，運営のルールが簡単である．合名会社は，複数の出資者が，金品のみでなく，その労務や信用を出資し，共同して会社を設立することが可能であるが，会社は出資者である「社員」（会社組織上の「従業員」とは意味が異なる，以下同じ）のみで構成され，非常に小規模な範囲で限定されてしまう（会社法576条以下）．もちろん社員の個人資産と会社資産は区別され管理されるが，合名会社の社員は事業から生じるあらゆる責任を負わなければならない（これを無限責任社員という）．したがって，会社が大きな負債を抱え，会社財産で弁済することが出来ない場合に，出資者は私財をなげうっても弁済する必要がある（会社法580条）．このような，人を中心として結成された会社を「人的会社」という．

(3) 合資会社

合資会社とは，合名会社と同じ無限責任社員と，出資した範囲内で責任を負う有限責任社員から構成される会社形態である（会社法576条以下）．有限責任社員は無限責任社員と異なり，利益の配分を得ることをのみを目的としており，自分が出資した金員の範囲内で会社に対して責任を負えば良いので，より広く出資者を募集することが可能である．

(4) 有限会社

有限会社とは，旧有限会社法において規定されていた会社形態であり，株式会社と同様に，出資額（これを持分という）以上の責任を一切負わない有限責任社員（旧有限会社法12条）のみから構成される会社である．有限会社は株式会社と比較すると小規模な会社組織を想定しており，かつて株式会社の最低資本金が1000万円必要とされていた法制下，300万円の資本金で設立が可能であったことから多くの有限会社が設立された．

新会社法施行にともない有限会社制度は廃止され（会社法の施行にともなう関係法律の整備に関する法律1条3号以下），今後有限会社を新設することは出来ないが，既存の有限会社は，有限会社の会社形態を継続する限り「特例有限会社」として存続が可能である．

(5) 合同会社

合同会社とは有限会社制度の廃止にともない新たに規定された会社形態であ

る．

　合同会社は有限責任社員のみから構成されるが，会社の運営に関する規定は合名会社，持分の譲渡については合資会社のルールが適用され，人的会社の色彩が強い．

　制度導入時にはベンチャー企業，子会社の設立など，小規模会社の設立を見込んでいたが，株式会社と比較すると，設立，運営に関する法規制が大幅に緩やかであることから，既存の大規模な株式会社が合同会社に組織変更するという現象も生じている（ユニバーサルミュージック，西友などの組織変更が注目される）．

（6）　株式会社

　株式会社は株式を購入した有限責任社員のみから構成される．このような株式会社の社員を「株主」と呼ぶ．株主は，万が一会社の業績が悪化し倒産に至った場合にも，会社に出資した額を限度として間接的な責任を負うのみ（会社法104条）であり，会社の負債を支払う義務は一切ない．

　株式会社は株式の発行を通じて不特定多数から出資を募り，多額の資金を集めることが可能なことから大規模な会社設立に適している．また，合名・合資会社のような人的要素ではなく，会社の財務状況を重視することから「物的会社」に分類される．

　しかし，企業規模が大きくなればなるほど，出資者たる株主が経営に参画する機会は限定されてしまう傾向がある．

　株主が会社経営に直接関与する手段としては，原則として年1回開かれる株主総会において，株式の持分に応じた議決権を行使するのみであり，日常の業務執行は取締役等の会社の従業員が行なっている．取締役の業務執行が適正に行なわれているかチェックする監査役の選任は，株主総会における決議を経て決定されるため，会社運営に対する株主の意思は間接的に作用しているといえるが，業務執行に関する個別の案件について，株主の意思を直接反映させることはむずかしくなってしまう．

　ただし，株主が会社の業務執行について不服がある場合には，株式を市場で売却するか，会社に対して株式の買取を請求し投下資本を回収する余地はある（会社法140，469条）．

> **トピックス**
>
> あなたたちが実際に会社を設立する際に，どの会社形態を選択すれば良いのだろうか，考えて下さい．
>
> **◎ヒント**
>
> 合名・合同会社は少し特殊な会社組織なので除外して考えます．
> あなたたちが設立を想定している会社の規模を考慮して，株式会社とするメリット・デメリット，合同会社とするメリット・デメリットを参考文献やwebなどを利用して調べてみて下さい．

第2節　企業間取引において重要な法律

1　民法に基づく契約ルール

(1)　契約とは

企業活動に付随して最も多く行われる法律行為は，おそらく「契約」であると考えられる．

会社組織であれば従業員が雇われ，営業を行う場所が確保され，営業所内に様々な事務機器が配置されているのが一般的であろう．これらは法人格を持った会社が主体となり，従業員と雇用契約を締結し，不動産の売買契約（もしくは賃貸借契約）を行い，事務機器の売買契約（もしくはレンタルやリース契約）を交わすことで初めて実現するのである．

企業活動における契約の締結はあまりにも頻繁に行われるため，契約のルールや内容を慎重に検討せず交わされることも多く，その結果として様々な法律問題に発展することもあり，契約内容の検討と理解は不可欠なのである．

(2)　契約の成立

契約の成立には当事者間の合意が必要である．

例えば，売り手Aが商品を100万円で販売する意思があると買い手Bに提案し（申込），Bは90万円ならば購入したい（90万円であればAからの申込を「承諾」する）と返答したと仮定する．Aは出来るだけ高く販売し，Bはなるべく安く購入したいのは当然であろう．現状では，申込と承諾の金額は一致していないので売買契約は成立しないが，相談の上どちらか一方，または双方が譲歩し，

お互いが納得する金額で合意に至れば契約が成立する．

このように，はじめはバラバラであった当事者の意思を，話し合いにより近づけるよう交渉することは企業において日常的に行われているが，交渉の最終的な目的は「当事者意思の合致」，すなわち契約という法律行為を成就させることにある．

（3）契約の種類と契約自由の原則

民法では典型的な契約の類型として，贈与，売買，交換，消費貸借，使用貸借，賃貸借，雇用，請負，委任，寄託，組合，終身定期金，和解の13種を規定している（典型契約（有名契約））．

契約は，いつ，誰が，どこで，どのような内容の契約を締結するのかについて，私的自治の原則（憲法13条）に基づき，自由（契約自由の原則）であると考えられている．われわれが締結する契約の内容には，原則的に国家は介入しない．

したがって，民法で規定されている13種に属さない契約の締結も有効と認められる．リース契約やフランチャイズ契約は13種のいずれにも属さないし（非典型契約（無名契約）），ホテルや旅館の宿泊契約のように，賃貸借契約と請負契約がセットになった，複数の典型契約の要素を含んだ契約（混合契約）の締結も可能である．

契約の自由と言っても，社会常識から逸脱した契約は公序良俗（民法90条）に反することを理由に無効となる．また，現代社会の急激な変化に伴い，電子商取引に特有なルールを定める電子商取引法，消費者保護の目的からクーリング・オフ制度を認める特定商取引法，企業の競争ルールを規定する独占禁止法，従業員の労働条件，最低賃金などを保障する労働法など，契約自由の原則は様々な例外が規定されていることも留意しなければならない．

2　物権，債権の考え方

（1）物権とは

物権とは動産，不動産などいわゆる「物」を支配し利益を得る権利である．

例えば，不動産の所有者Aと，購入希望のBとの間に売買契約が成立した場合，原則として契約の成立とともに不動産の所有権がAからBに移転する（民法176条）．

売買契約の対象が動産であれば，対象物の引き渡しが完了しBの支配下にお

かれれば，その動産は「Bのもの」という外形を備えたことになり，所有権（物権）の変動は完全なものとなる．

ただし，不動産の場合は，所有権移転登記が完了しなければ契約当事者以外の第三者に対して所有権を主張できないので，債権債務関係は少々複雑になる（民法177，178条）．

（2） 債権，債務関係の発生

不動産売買を例として，売り手A，買い手Bの関係を債権，債務という言葉で表した場合，契約が締結された時点では，代金の支払いについてAが債権者でBが債務者という関係であるが，不動産の明け渡しと登記についてはBが債権者でAが債務者となる．

すなわち，AはBに対して代金の支払請求を行う「債権」を持ち，逆にBはAに対して不動産の明け渡しと登記を求める「債権」を有している．また，同時にAはBに対して登記と不動産の引き渡しを行う「債務」を負うし，BはAに対して代金を支払う「債務」を負うのである．

実際に不動産の売買契約が締結されるときには，このような混乱を避ける為，契約書にどの時点で所有権移転登記を完了するのかあらかじめ定めておく必要がある．このような債権，債務関係が交錯する取引の過程において，一方の当事者が履行を怠った場合，契約の解除や損害賠償の請求へと発展することも考えられる．

例えば，BはAに対して代金の支払を完了したが，Aは所有権移転登記の実行が可能であるのにそれを怠っている場合（履行遅滞，民法412条），BはAに対して「登記を実行せよ」という一方的な債権を有する（AはBに対して登記を行う債務を負う）ことになる．さらにBはAに対して，登記が実施されないことにより生じた損害の賠償請求（民法709条）や，契約の解除（民法541条1項）を求めることが可能となるのである．

このように債権，債務の関係は，契約履行の進み具合により刻々と変化して行く性質をもつものであり，契約が複雑になればなるほど綿密な打ち合わせが必要となる．

また，不測の事態が発生した場合，その問題解決方法を事前に取り決めておくことも重要である．特に国際間で交わされる高額な契約では，契約に直接関係する条項はわずかであるのに対して，トラブルが発生した場合の解決方法に関する条項が数十ページに渡って規定されることは決して珍しくはない．

契約に際しては契約の直接的な内容だけではなく，どのような責任が契約履行のどの段階で生じるのか，また，トラブルが発生した場合どのようにして（裁判や仲裁等を行う場所についても）問題を解決するのかなどについても重要となるのである．

3 会社の商取引に適用される法律
（1） 商法とは

商法を説明する言葉として，「商法は民法の特別法である」という表現が多く使われる．

民法では，前節で説明した契約ルールのように，企業活動にも適用される様々な規定が存在している．しかし，民法は，原則として私人間において行われる法律行為を想定したもので，「不要になったパソコンを友人に譲る」というような事例についても適用される．このような個人が行う契約は，1回に限り行われることが多く比較的のんびりしたものである．

そこで，商法は，特に会社などの組織により行われる「商行為」に代表されるような法律行為について規定している．

会社が主体となる法律行為は，私人間で行われる法律行為と比べて，営利性，継続性，円滑，迅速性が要求されるため，民法のルールを大幅に修正する必要があり，民法に対する特別な法律（特別法）である「商法」が規定されたのである．

以下において，一部ではあるが重要な事項について解説する．

（2） 商行為

商行為は，絶対的商行為（商法501条），営業的商行為（商法502条）および，付属的商行為（商法503条1項）に分類され，それぞれ具体的な商行為が規定されている．

① 絶対的商行為とは，商人が行わなくとも，また営業行為として行われなくても商行為となる取引形態であり，商材を安く買って高く売る「投機購買」（商法501条1号），先物売りのように，将来安く購入できると考える商材の売却を現時点で約束する「投機売却」（同2号），先物取引市場などで扱われる動産や，証券市場において取引される有価証券など「取引所において行う取引」（同3号），手形その他商業証券に関する行為（同4号）の4種類が規定されている．

商人ではない一般私人でも，これらの商行為に該当する取引を行えば「商人」と見なされ商法が適用されるので注意が必要である．

②営業的商行為とは，営業を目的として，反復・継続して行われる場合に限って商行為とされ，「投機賃貸およびその実行行為」（商法502条1号），他人のためにする「製造，加工」（同2号），「電気，ガスの供給」（同3号），「運送」（同4号），「作業，労務の請負」（同5号），「出版，印刷，撮影」（同6号），ホテルや遊園地など，多数の人が来場する施設を運営する「場屋取引」（同7号），「両替など銀行取引」（同8号），「保険」（同9号），倉庫業など他人の商品を管理する「寄託の引き受け」（同10号），不動産の売買斡旋などの「仲立ちまたは取次」（同11号），保険の代理店などの「商行為の代理」（同12号），「信託の引き受け」（同13号），が規定されている．

③付属的商行為とは，営業のための開業準備や営業終了後の整理など，商人が営業のために行う法律行為全般に適用され，直接営業に関係しない行為であっても「商行為」と見なし，商法の適用対象とする規定である．

(3) 商法による民法ルールの修正

①申込に対する諾否通知義務

民法の規定を知らなくても，契約とは両当事者の合意が前提となって成立することは常識として理解出来ると思う．ただし，商法では，従来から継続的に取引関係にあり，特に取引関係を解消する事由もなく，今後も取引が継続されると考えられる相手方から申込を受けた際，申込についての諾否を通知しなかった場合，申込を承諾したものとみなす，と規定している（商法509条）．

これは，継続的取引関係にある相手方からの申込は承諾される可能性が多いことから，「商取引の迅速性」という観点から規定されたものである．

②商事債権の消滅時効

民法の規定によると債権は10年の消滅時効にかかる（民法167条1項）．つまり，債権者が債務者に対して返済の催告を10年間行わなければ，その権利を失うのである．

ただし，商行為により生じた債権については，「決済の迅速性」という要求から5年間を消滅時効として期間の短縮を図っている（短期消滅時効，商法522条）．

なお，商行為であっても，為替手形の所持人から引受人に対する請求権（手形法第70条1項）や，約束手形の所持人から振出人に対する請求権（手形法77条

1項8号）など，別の規定が存在する場合にはその規定にしたがいさらに短縮される場合もある（双方とも3年の消滅時効）．

③ 多数債務者間の連帯と債務者の連帯

民法の規定では，債務者が複数存在し債務者間で特に取り決めが無い場合，各債務者はおなじ範囲（例えばA，Bの2人で1000万円の債務であれば，各自2分の1の500万円ずつ）の責任を負うことが原則となっている（民法427条）．

ところが，商行為により生じた債務について，複数の者が債務を負担する約束をした場合，商法の規定が適用され，複数の債務者は自動的に「連帯債務」を負うことになる（商法511条1項）．

連帯債務とは，複数の債務者が独立して全責任を負う債務であり，債権者は債務者のいずれに対しても債務の全額を請求することができる．先の例を用いれば，債権者は債務者A，Bどちらでも支払い能力があると思われる債務者を自ら選択し，1000万円全額の返済請求が可能となり（民法432条），「債権回収の確実性」が高まるのである．

同様に，債務者の商行為により生じた債務に対して「保証」を行った場合，それは自動的に債務者と保証人が連帯して債務を負うことになり，債権者は，債務者，保証人いずれに対しても全額の返済を請求することが可能となる（商法511条2項）．

④ 代理権

代理とは，本人に代わって別の者（代理人）が意思表示をして様々な法律行為を行い，その効果は本人に帰属するという制度である（民法99条以下）．

代理人に代理をお願いする（委任）場合，あらかじめ当事者間において委任される権限の範囲や期間を相談し定めておく．万一，与えられた権限を越えて代理権が行使された場合，その結果を誰に帰属させるのか問題になるからである（民法110条）．

それでは，もし本人が死亡してしまった場合，代理権はどのように扱われるのだろうか．民法では，代理権を付与した本人が死亡しているのだから，当然のごとく代理権は消滅すると規定している（民法111条1項1号）．

ところが商法の規定では，代理権を付与した本人が商人であり，代理人は本人に代わって営業活動をしている場合，代理権は消滅しないとしている（商法506条）．商法は，たとえ本人が死亡したとしても，その代理人が営む企業活動全体が同時に終了するとは考えず，代理人による従来通りの活動を認め「取引

の円滑，迅速性」を確保しようと考えているのである．

　また，民法の規定では，代理人が本人から代理権を与えられ，本人に代わって法律行為を行うことを相手方に伝えなかった場合，相手方は代理権が存在することを知ることが出来ないので，相手方が代理の事実を知っていたか，または知ることが容易に出来たという状態でなければ代理の効果は生じない（民法99条，100条，顕名主義）と規定するが，商法では，本人にとって商行為となる契約であれば，代理人が本人の代理で行う契約であると明示しなくても，本人と相手方の間に契約が成立すると規定されている（商法504条，顕名主義の例外）．

　反復継続して行われる商取引に際して，いちいち本人の代理であると明示するのは面倒であるし，相手方としても代理であると承知している場合も多いと考えられるので，先に述べた代理権の消滅の扱いと同様，「取引の円滑・迅速性」という観点から民法の例外を規定しているのである．

4　手形，小切手の役割
（1）　手形，小切手とは

　手形，小切手と言えば取引の決済方法として誰もが1度は聞いたことがあると思う．

　しかし，近年のネットワーク環境の整備により，インターネットバンキング，一括決済方式（複数の債権債務を一括して決済する），ネッティング（債権・債務を一定期日に相殺して差額分だけ決済する）などの新しい決済方法がシステム化され，次第にその役割が替わられようとしている．

　作成に手間と印紙貼付の経費を必要とする「紙」ベースの手形，小切手の取引額は，ピーク時の1990年の約4800兆円に比べ，2010年には約370兆円に減少している（全国銀行協会，『決済統計年報21年度』）が，中小企業を中心とした企業間決済ではいまだに重要な役割を果たしており，またあらたな試みとして電子手形（web上で手形のデータのみが流通する，電子記録債権法）の普及が図られるなど，手形，小切手制度の知識は不可欠である．

（2）　小切手

　商人が行う取引は反復，継続して大量の取引が行われ，取引額も高額となる場合も多い．取引の相手方が最も心配するのは，「代金がすべて遅滞なく支払われるか」という点であろう．すると，最も確実な決済方法は，契約成立と同時に行われる現金決済ということは間違いない．

しかし，仮に売買代金が「9000万円」と高額になった場合，契約と同時の現金決済は現実的であろうか．商人が決済に備え大量の現金を常に持ち歩くことは，紛失，盗難などのリスクを負うし，相手方としても大量の現金を保管しなければならず同様のリスクを負うことになり，反対に迷惑な場合もあると考えられる．

そこで小切手という決済方法が考案された．

商人は銀行において「当座預金」口座を開設し入金すると，銀行から商人に「小切手帳」が交付される．商人は相手方に対して代金相当額の小切手を発行（振出）すれば，銀行は小切手と引き替えに相手方に代金を支払うというシステムである．

商人は常に高額な現金を持ち歩く必要はなく，相手方も銀行という決済にふさわしい場所で代金を受け取ることが可能となり，双方にとってメリットがある．

ただし，代金回収の確実性は，振出人の当座預金口座の残高に左右されることになるので，振出人の信用度により小切手の価値は変化するという点に注意しなければならない．

(3) 約束手形

約束手形とは小切手と異なり，手形を振り出した本人が定められた期日に，定められた金額を相手方に支払う事を「約束」する証券である．

企業の売掛金の決済は契約の都度行われるのではなく，期日を定め一括して行われる場合も多い．すると，契約時点で手持ちの資金が不足していても，後日，他社からの支払いが受けられる予定があれば，契約時に約束手形を振り出すことにより，代金支払の先延ばしが可能となり商人にとって非常に都合が良い．

手形を受け取った相手方は，支払いの期日（満期日）を待たず，手形を金融機関に持ち込んで現金化することも，手形に「裏書」を行い売買代金等の支払として第3者に譲渡することも可能である（手形割引）．ただし，約束手形を満期日以前に換金，譲渡する場合，満期日が到来していないため，最大でも手形に記載された額面金額から，満期日までの利息分が「割り引かれた」金額分の価値しか認められない点に注意が必要である．

また，実際には取引が行われていないにも関わらず，約束手形が振り出される場合がある．特に経営状態の悪化した企業が，その場しのぎの資金調達手段

としてお互いに約束手形を発行し合うのである（融通手形）．取引の支払いのために振出された通常の手形であれば，仕入れた商品を売却することによる収入が期待できるが，融通手形は振出人の資金不足により決済ができない「不渡り（1号不渡り）」になる可能性が大きい．

実際に行われている取引と，手形の発行，そして手形の流通状況を注視することにより，取引先の体質を推測することが可能であることは記憶しておくべきだろう．

（4） 為替手形

為替手形とは，約束手形と異なり，手形の振出人が手形代金の支払いを約束するのではなく，振出人から指定された支払人（通常は取引の相手方）が支払う義務を負う手形である．

隔地者間の取引，特に国際取引の送金，取立て手段として利用される場合が多く，振出人が受取人となり相手方を支払人とする手形を振り出す．振出人は自らの近い金融機関で手形割引を行うことで遠隔地に赴くことなく売掛金の回収が可能となる．

金融機関は振出人から手形割引の申し入れがあった場合，相手方の近隣で営業している自行の支店，もしくは手形交換所を通じて他の銀行と手形交換を行い手形金の請求を行う．

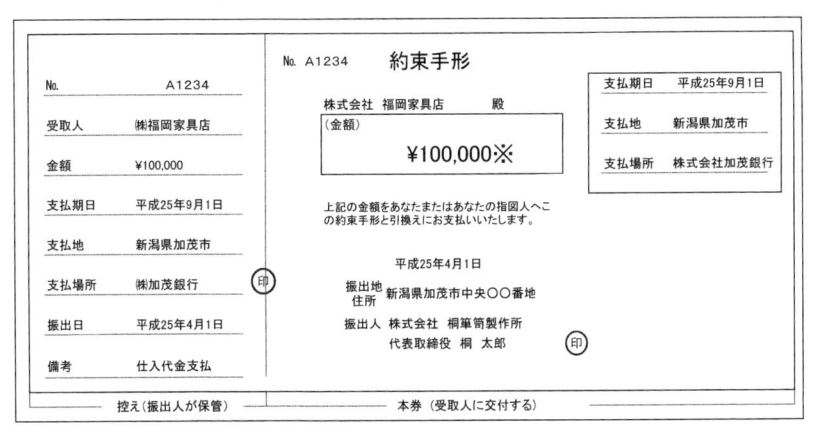

この約束手形は桐箪笥製作所（振出人）が福岡家具店（受取人）に対し，平成25年9月1日に金10万円を加茂銀行を通じて支払うことを，平成25年4月1日に約束した手形である．

図 10-1　約束手形

ただし，手形割引を依頼された金融機関は，隔地者間の取引という性質上，支払人と面識が無い場合も多く，支払い能力が判断できない事態も想定される．そのような場合には，手形の振り出しが商品の売買代金の決済であれば，為替手形と，引き渡しのため運送途中の商品に対して発行される「運送証券」を手形金の支払い担保として，セットで金融機関に引き渡すこともある（荷為替手形）．

（5） 裏書人の責任

手形が「不渡り」になった場合，売買代金の回収は一切不可能になるのであろうか．

もし，自らが直接振出人から手形を受け取っている場合，回収の見込みは少なくなる．1号不渡りを出した後，6ヵ月以内にもう1度1号不渡りを出せば銀行取引停止処分を受けるため事業の継続は困難になり，「事実上の倒産」と言われる状況に陥る．このような会社の大部分は，時を待たずして破産などの

```
手形の裏書（手形裏面に記載される事項）

表記金額を下記被裏書人またはその指図人へお支払いください
平成25年6月1日                    拒絶証書不要
住所    福岡県博多区中央〇〇番地
        株式会社 福岡家具店
        代表取締役 福岡 太郎  ㊞
（目的）手形譲渡

被裏書人      株式会社 日野木工      殿

表記金額を下記裏書人またはその指図人へお支払いください
平成  年  月  日                  拒絶証書不要
住所


（目的）手形譲渡

被裏書人                          殿
```

裏書は手形が平成25年6月1日に，福岡家具店から日野木工に譲渡されたことを示す．つまり，日野木工は手形の期日に福岡家具店に替わって金10万円を受け取ることが約束される．
振出人の桐箪笥製作所が資金不足により手形代金を支払うことが出来なければ（不渡），日野木工は手形の譲渡を受けた福岡家具店に対し支払いを求めることが出来る（遡求権）．

図 10-2　手形の裏書

法的な会社整理を行う事になる．もし，法的整理前であれば支払いを求める手形訴訟を提起し，振出人の財産に対して強制執行をすることも考えられなくはないが現実的ではないし，法的整理に着手されてしまうと，整理後の会社財産に残された金額の範囲内で，債権者平等の原則に則った回収が限界である．

しかし，手形が他の「裏書人」から譲渡されたものであれば話は異なる．手形は満期日を迎えるまで決済金として転々と流通することが多く，手形を他人に譲渡する際には，原則として手形の裏面に現在の所有者名を記載する「裏書」が必要となる．

裏書人は手形代金の支払いを担保する責任があるので，振出人が支払い不能に陥った場合，手形の所有者は裏書を行った者に対して手形代金の支払いを要求することが出来る．

これを手形の「遡求権」または「償還請求権」と言う．

実務においては裏書が，手形の信用力を持たせる目的として行われることもあり，制度を理解していないと無意識のうちに他人の債務保証をすることになりかねない．

手形の流通量が減少している現在，実際の手形，小切手を扱ったことがないという経営者もいると言うが，制度の仕組みを熟知しておく必要性は従来とかわりないのである．

第3節　消費者保護と公正な企業活動の確保

1　電子商取引に対する法規制

（1）　電子商取引とは

近年新しい取引形態として電子商取引（EC）が注目されている．

電子商取引とは，インターネットなどの電子的ネットワークを通じて行われる隔地者間の取引形態である．

2008年の企業間電子商取引（B to B）額はおよそ159兆円，すべての商取引における電子商取引の割合（EC化率）は13.5％，消費者向け電子商取引（B to C）額はおよそ6.1兆円，EC化率は1.8％を占めるようになった（経済産業省，平成20年度電子商取引に関する市場調査）．電子商取引は急速にその市場を拡大するとともに，今後も様々なビジネス展開が期待されることから一層の拡大が予想されている．

しかし，市場の拡大とともに，従来は想定されていなかった様々な契約上のトラブルが生じることとなったが，民法で規定されている契約ルールでは，電子ネットワークの利用を前提とした新しい取引形態に十分に対応することが出来ないという問題点が明らかになったのである．

(2) 契約ルールの修正

民法は，隔地者に対する意思表示（例えば，販売者による「Aという商品を購入しませんか」）について，その通知が相手方に「到達」した時からその効力が生じ（民法97条1項，到達主義），隔地者間の契約成立時期については，承諾の通知（購入者による「A商品を購入します」）を「発信」した時と規定している（民法526条1項，発信主義）．

意思表示を伝達する手段として郵便等の通信手段を用いた場合，購入者は販売者が提示する販売条件等の内容を確認出来なければ話にならないので，意思表示が到着することは必須であるが，なぜ承諾の意思表示について発信主義を採用しているのだろうか．

これは，郵便等による承諾の通知が販売者に到達するまでは，ある程度の時間がかかることが当然予測されることから，承諾の通知を発信した時点を契約の成立時期とすることで，購入者は早期に代金支払いなどの準備に取りかかることが可能となる．発信主義は迅速な取引の実現を望んだ結果として，規定されたのである．

ところが，電子ネットワークを用いれば，隔地者間の契約の申込みに対する承諾の通知は，瞬時に相手方に到達させることが可能となった．

発信主義には様々な不確定要素があり，B to B取引では，あらかじめ両当事者の合意の上で特約として，到着主義を採用するケースが大部分であったことから，平成13年，「電子承諾通知に関する民法の特例」として，電子的な手段で承諾通知を発する場合は，到着主義を採用することが規定されたのである（電子契約法4条）．

また，B to C取引においては，消費者が1個の商品を注文する際に，誤って「11」と入力するような，従来であれば重大な過失とみなされ錯誤無効（民法95条但書）の主張が認められないと考えられるケースでも，業者が消費者の意思を確認するための適切な措置を設けていない場合には，取り消しを認める（電子契約法3条）という，消費者保護のための法整備が行われているので注意が必要である．

コラム　企業丸紅のコンピューター価格ミス

　2003年10月，丸紅の直販サイトである「丸紅ダイレクト」で，本来19万8000円で販売する予定であった商品を，誤って1万9800円と一桁少ない額でサイトに掲載してしまうというトラブルが発生した．

　原因は単純な入力ミスであるが，ネット掲示板等で情報を知った消費者からの大量の注文が殺到し，対応に苦慮した丸紅ダイレクトは，誤った表示価格で消費者に商品を販売することを決定し，商品の引き渡しを行ったことで注目された事件である（翌年2月末をもってサイトは閉鎖されている）．

　今回の事件では，消費者による注文が申込の意思表示となるのだが，注文に対する業者の承諾意思の送信が，「自動返信メール」で瞬時に送信されていたのである．

　承諾の意思表示は送信とほぼ同時に申込者のメールサーバーに到着しており，業者が錯誤無効（価格を間違ったので契約を白紙に戻す）を主張したくとも，価格の入力ミスが「重大な過失」と解釈されるのであれば契約の無効は主張できない恐れがある（民法95条但書）．

　対面式の販売であればレジを打つ時に，一桁間違っていれば当然気づくのであろう単純なミスが，電子商取引という販売形態故に大問題に発展してしまった代表的な事件であった．

　このようなインターネットサイトにおける価格の誤表記は少なからず発生しており，どの程度まで業者は消費者に対し責任を負うのかという問題がある．

　一般的に考えると，業者は消費者があくまで善意で注文した場合業者は最大限の義務を負わなければならないが，ミスであることを認識した上で大量の注文をするような悪意の消費者に対してまで引き渡し義務は生じないと考えるのが妥当かと思う（どのようにして善意，悪意を判断するかは別問題として）．

2　特定商取引法による消費者契約の白紙撤回

（1）　特定商取引法の概要

　特定商取引法（以下，特商法と略称する）は，トラブルの多い契約形態を特定し規制の対象としており，訪問販売，通信販売，電話勧誘販売，連鎖取引販売（マルチ商法），特定継続的役務提供，業務提供誘引販売取引についてクーリング・オフを認める法律である．

　通常，既に成立した契約を解除する場合，契約が履行されないなどの合理的な「理由」が必要であり，一方的な契約の解除は認められない．

　クーリング・オフは「冷静に考えたら不必要な契約であった」，「商品，契約内容が気に入らない」など，通常では契約解除の根拠とならない事由でも，消

費者側の一方的な意思表示のみで契約解除が可能なため，強力な消費者保護機能を有する規定として熟知しておく必要がある．

通常，高額商品を購入する際には，様々な同種の商品と価格や機能など比較した結果，購入を決断するが，訪問販売やキャッチセールスの場合，消費者は突然現れたセールスマンの巧みな話術により，強い購入意思を持たないまま契約してしまう場合も多い．

この様な「不意打ち」的な要素を持つ販売方法では，契約時よく考えて判断する機会が与えられないため，契約締結後，その内容を熟慮するための一定期間を設定しているのである．

なお，特定商取引法は企業（事業者）と消費者が契約する場合に適用され，企業間の契約，国外にいる者，国または他方公共団体が行う販売や業務提供，組合，事業者がその従業員に対して行う販売や役務の提供については，原則として適用されない（特商法26条以下）．

(2) クーリング・オフの行使

クーリング・オフが認められる期間は契約の書面が発行された日から訪問販売，電話勧誘販売，特定継続的役務提供は8日間，連鎖販売取引，業務提供誘引販売取引は20日間である．通信販売は通常カタログ等をみて商品を比較検討する「熟慮期間」があるためクーリング・オフは認められていないが，業者が自主的な返品ルールを定めていない場合に限って，商品の引き渡しを受けた日から8日以内であれば，返品に必要な費用は消費者負担となるが契約の解除が認められる（特商法15条の2）．

なお，クーリング・オフは消費者の意思を発信（意思の発信日を証明するため記録の残る簡易書留が一般的）した時点から契約解除の効果が生じる（発信主義，特商法9条2項）．

事業者は，消費者が契約を締結した際，契約内容，クーリング・オフの権利，期間など法定された事項を明記した契約書面を交付すること等が義務づけられている．書面が交付されない，書面にクーリング・オフ期間の明示がない，消費者がクーリング・オフ行使をしようとしているのに妨害した場合には刑事罰が科される（特商法70条・72条1項）とともに，正しい内容の契約書が交付されるまで，クーリング・オフの権利行使期間は進行しない．また，妨害行為が行われ，消費者が権利行使を躊躇している場合にはいつでもクーリング・オフは可能とされている（特商法9条・24条・40条・48条・58条）．

事業者は，クーリング・オフの申し出があった場合，消費者に対し損害賠償や違約金の請求をすることは認められず，商品の引き取りに要する費用も事業者の負担となるので，強引な勧誘方法による契約締結には十分注意しなければならない（原状回復，特商法9条3項・4項）．

(3) その他の禁止事項
① 販売目的を隠した勧誘活動の禁止
近年問題となった「点検商法」において，セールスマンは「無料点検」を名目に訪問宅に上がり込み（訪問販売），消費者の不安を煽る巧みなセールストークにより莫大な額の改修工事契約を締結させていた．

このような勧誘方法に対して，特商法は販売目的を隠して勧誘活動を行うことを禁止する規定を新設した．事業者は消費者に対し勧誘に先立って，商品の販売目的があることを明示する義務がある（特商法3条，33条の2，51条の2）．

また，訪問販売では居宅または職場などを訪問した際，消費者に対しセールスを受ける意思があるのか確認の努力をするとともに，もし，断られてしまったらそれ以上の勧誘（再訪を含む）をすることも許されない（特商法3条，3条の2）．

また，訪問販売として規制を受ける，キャッチセールスやアポイントメントセールス等の勧誘では，販売目的を隠した上で，営業所やカラオケボックスなどの閉鎖的空間に連れ込み，長時間商品の購入を迫り，消費者が冷静な判断能力を欠く状態に陥らせ契約を締結させるという強引な手法が用いられていた．このような勧誘行為を阻止するため，販売目的を隠して公衆の出入りしない場所に誘い込み勧誘することも禁止されている（特商法6条4項，34条4項，52条3項）．

② 不実告知，重要事項の故意の不告知
特定商取引法は，事業者のおおげさなセールストークにより締結された契約や，契約の意思を決定する重要な要素について，意図的にマイナス面を隠して消費者を勧誘し契約締結に至った場合，その契約の取消を認めている．

従来このような場合，原則として民法の詐欺（民法96条）の要件を満たさなければ契約を取消すことは不可能と考えられていた．しかし，民法の詐欺が成立するには，消費者側に多くの証明しなければならない責任があり，結果的に契約を撤回できないケースがほとんどであった．

特定商取引法はクーリング・オフ期間経過後であっても，消費者の救済を図

るため，民法の詐欺の成立要件を大幅に緩和し，従来では契約を取り消せないと考えられていたケースに対しても取消を認めることとしたのである（特商法9条の3, 24条の2, 40条の3, 49条の2, 58条の2）．

なお，同様に消費者保護を目的とした「消費者契約法」にも紛らわしい言葉で消費者を勧誘した場合，契約の解除を認める条項が規定されており（消費者契約法4条1項1号等），対消費者取引についての契約自由原則は大幅な修正が加えられているのである．

3 独占禁止法による談合（カルテル）の禁止
（1） 市場メカニズムと企業間競争

日本には，大小併せて400万社以上もの企業が存在しており日々企業活動を行っているが，その前提として健全に機能していなければならないのが，「市場メカニズム」である．

例えば，商品価格が決定される方法として，商品の市場における需要が供給量を上回った場合商品価格は上昇し，逆の場合に価格が下落することはよく知られている．需要が拡大する局面では多くの企業が市場へ新規参入するが，低下傾向になると企業活動は厳しくなる．企業はそれぞれ市場で利益を得る（市場の勝者になる）為に，「良い商品をより安く」供給することにしのぎを削る．敗者は市場から撤退を余儀なくされ，結果的に希少性ある資源は最も有効に活用する企業に配分されることになるのである．

企業活動に対する国家の干渉は極力避けるべきであるが，企業間における競争にも一定のルールがあり，行き過ぎた利益追求手段に対しては，様々な法律が取り締まりの目を光らせていることを認識しなければならない．

（2） 談合（カルテル）とは

近年，新聞紙上などで「談合」や「課徴金」の見出しを見る機会が多くなった．

談合という語句を国語辞典で引いてみると，第1番目には「話し合うこと」，「話し合いの上で行うこと」，「相談すること」などの説明があり，言葉本来の意味としては違法性のある行為ではない．しかし新聞紙上で用いられる談合は，競争関係にある企業間において競争を中断するための話し合いが行われ，その結果，市場から企業間の競争が消滅してしまうことをいう．

談合は，参加業者間において商品の価格を統一する「価格カルテル」，商品

を販売することができる地域を決める「販路カルテル」，商品の生産量を決定する「数量制限カルテル」など様々な形態がある．

（3） 談合の違法性

企業は利潤を獲得するという目的を達成するためには，市場における勝者となる必要がある．企業間における利潤獲得のための激しい競争は，製品の質や価格などに現れ，我々消費者はそのような企業努力が反映されている製品を（一般に質がよく価格が安い），自らの判断で選択して購入することになる．したがって，消費者に最も多く選択される商品を市場に供給した企業が競争の勝者となるのである．

しかし，企業間で談合が行われた場合，企業努力というものが正しく製品に反映されることはない．価格カルテルが締結されれば，商品価格はカルテルに参加した最も効率の悪い（価格が高く品質も悪い）も企業の価格に合わせられてしまう．消費者は不当に価格がつり上げられた商品を購入せざるをえなくなり，さらにどこで販売されている商品も価格に差はなく商品を選択する権利も失う．

一方企業側は，熾烈な企業間競争を回避することが可能となる．不当につり上げた価格分，多くの利益が得られ，競争業者間の価格が統一されることから，取引先からの値引き要請にしたがう必要もないので，長期的な生産計画を立てることが可能となりメリットは大きい．

不況期など業界全体が厳しい時こそ不正の誘惑に駆られてしまいがちである．

（4） カルテル摘発の問題点と課徴金

市場における企業活動の「ルール」を定める法律が独占禁止法であり，「審判」に該当するのが独占禁止法の執行機関である公正取引委員会（以下，公取委）である．

独占禁止法は，企業活動を秩序付ける重要な法律であり，企業間の公正かつ自由な競争を促進することにより，消費者の利益を確保することを目的とする法律である．

カルテル摘発の問題点は，カルテル行為を立証することが非常に困難を伴うことである．カルテルが摘発されれば，課徴金（独禁法7条の2）と刑事罰（法人の場合5億円以下の罰金，カルテルの実施者は5年以下の懲役，独禁法89，95条）というペナルティが規定されており，企業側も慎重に慎重を重ねて違法行為に及ぶ．たとえ価格が突然同一になったという外形的な証拠があったとしても，価格の一致が企業間においてカルテルが行われた結果であるという証拠をつかむこと

は大変困難なのである．

そこで，カルテル摘発を容易にする方策として，課徴金減免制度（リーニエンシー制度）が導入された．

課徴金とは，カルテルにより得た不当利得を剝奪する制度である．課徴金の算出方法は，カルテルの実施期間の売上に一定の比率を乗じたものを基準とするが，公取委に対してカルテルの自主申告や，客観的証拠の提出を行った企業に対しては，申告の順位に応じて課徴金を減免するのである．

制度導入当初はその効果は未知数であったが，コラムに紹介した事件のように，株主代表訴訟を恐れる役職者に対し，カルテルからの早期離反を促す効果を発揮していると評価することが可能である．

コラム　課徴金の適用事例

2010年4月14日，ブロードバンド通信用途の光ファイバーケーブルの製造，販売会社である，住友電気工業，古河電気工業，フジクラ，昭和電線ケーブルシステムが，販売の際に見積価格を事前に調整するなどのカルテルを結んでいたとして，公正取引委員会から総額約160億円の課徴金の納付が命じられた．公取委が命じた課徴金の総額としては，過去2番目となる大規模な摘発となる．

今回の摘発では，アメリカのコーニングケーブルシステムズと日立電線の共同出資により設立された，アドバンスト・ケーブル・システムズもカルテルへ参加していたが，事前に公取委に対して自主申告を行い課徴金が免除されたとの報道があった（同15日，朝日新聞朝刊）．

カルテルは企業間相互の紳士協定という形で長い間実施されてきたが，「仲間内」から

離反者が頻出し摘発が相次いでおり，カルテルは危険で「割に合わない」違反行為となったことを認識しなければならない．

おわりに

本章においては，経営学を学ぶ上で必要となる最低限の法律知識について概説した．

実際の企業活動において理解が必要となる法律は様々なものがあるが，一朝一夕にすべてを理解することは困難である．

そこで法律専門職の「弁護士」に頼るという考えに傾きがちであるが，法的な問題が生じる度にアドバイスを求めていると迅速な経営判断が出来なくなる恐れもある．

もちろん，会社規模が大きくなれば，法律の専門家に対して，自分の行動が法律に抵触していないか客観的なアドバイスを求め，法務全般を委ねることも必要となるが，いずれにせよ，まず自らが法律の全体像を把握し，最低限の法制度について理解していなければ話にならない．

もう1つ法律の重要なポイントは，法律は制定，改廃が繰り返されるという点である．本章でも紹介したようにかつて株式会社の設立には1000万円の最低資本金が必要であったが，現在はそのような制度は無くなったし，有限会社の制度は廃止され合同会社という新たな会社形態が認められていることからも実感出来ると思う．

法律の改正は「知らなかった」では済まされないし，それではせっかくのビジネスチャンスを逃すことにもなりかねない．

常に法律の理解に努めるとともに，最新の法情報に積極的にアクセスする姿勢を怠ってはならないのである．

参考文献

大塚龍児・林たつみ・福瀧博之［2006］『商法3 手形・小切手 第3版』有斐閣．
落合誠一・山下友信・大塚龍児［2009］『商法1 総則・商行為 第4版』有斐閣．
落合誠一・神田秀樹・近藤光男［2010］『商法2 会社 第8版』有斐閣．
河原格編［2010］『法学への一歩 第3版』八千代出版．
消費者庁取引物価対策課編［2010］『平成21年版 特定商取引に関する法律の解説』商事

法務.
谷原修身［2010］『独占禁止法要論 第2版』中央経済社.
長尾治助編［2008］『レクチャー消費者法 第4版』法律文化社.
日弁連法務研究財団編［2004］『論点教材 電子商取引の法的課題』商事法務.
花水征一・土屋弘三・三浦哲男［2008］『企業取引法の実務』商事法務.
我妻榮・有泉亨・川井健［2008］『民法1　総則・物権法 第3版』勁草書房.
我妻榮・有泉亨・川井健［2008］『民法2　債権法 第3版』勁草書房.

（金津　謙）

第 11 章

リーダーシップ

はじめに

　近年，企業，学校，行政機関等でリーダーシップ（leadership）の重要性が強調されるようになった．この背景には，情報技術の発達，グローバル社会の進展など，世界的な環境変化に対応する為に，リーダーが組織をより良い方向へ導くリーダーシップの重要性が高まったことにある．そして，このリーダーシップという概念は特定の人物において必要とされるものではなく，組織を構成する全ての人々が，様々な場面においてその役割を果たすべき責任があると言える．その為，リーダーシップという概念を理解することは，経営学を学ぶ人のみに必要とされるものではなく，実際に組織の中で生活する個々人にとってもその知識は不可欠であると言える．そこで本章においては，リーダーシップ研究における主要な理論の内容を中心に，リーダーシップ研究のはじまりから現代における研究アプローチまで，リーダーシップに必要とされる多面的な要件を踏まえ説明していく．

第1節　リーダーシップとは

1　リーダーとリーダーシップ

　企業組織を取り巻く環境は年々激しさを増している．このような状況において，組織目標を達成し，より発展していく為に，リーダーの存在が大変重要であることは周知の通りである．特に，リーダーが，組織をまとめる際に用いる能力，「リーダーシップ」を効果的に発揮することが，組織を目標達成へ導く為の１つの条件と考えられている．具体的に，「リーダーシップ」とはリーダーのどのような能力を指すのだろうか．ここでは，一般的な定義を踏まえ，リーダーシップとは「集団および組織の目的を達成する為に，リーダーがメンバ

ーに対して影響力をこうするプロセス」とする．この定義から，筆者なりにもう少し詳しく言及する．リーダーシップが「メンバーに対する影響力行使のプロセス」であるということは「リーダーが影響力を与える対象」が存在する．この対象となるメンバーのことを（企業におけるリーダーシップ研究の世界では），「フォロアー（follower）」と呼んでいる．直訳すると追従者と言い，このフォロアーに対して影響力を発揮し，集団・組織を目標達成に導く能力をリーダーシップと理解することができる．また，ここで言う影響力という言葉の意味については，次の2つのパワーが含まれている．公式な組織構造で用いられる「公的」なパワーと，人間関係を基盤とした「心理的」なパワーである．前者は主に「権限」のことを指しており，後者のパワーを用いているのが「リーダーシップ」である．その為，組織から一定の権限を与えられた管理者が必ずしも「心理的」なパワーを有したリーダーと成りえるのではなく，リーダーシップを有効に活用できて初めて本当のリーダーとして機能するのである．しかしながら，このリーダーシップという概念は，心理的なパワーを用いていること，なおかつ多くの研究者や実務家により様々な視点から研究が進められてきたことにより，数多くの定義づけがなされ，現在の研究においても，有効なリーダーシップ理論は確立していないのである．

2 リーダーシップとマネジメント

ここでは，混同されて使われがちなリーダーシップとマネジメントの具体的な違いについて言及する．2つの影響力の違いから，心理的パワーを用いたものがリーダーシップであるということについては前述したとおりである．それに対して，「権限」パワーを用いた管理のことを「マネジメント（management）」と言い換えることができる．

コッター（Kotter [1999]）は，リーダーシップとマネジメントをそれぞれ独立したプロセスと捉えている．リーダーシップは「ビジョンと戦略をつくり挙げる，戦略の遂行に向けてそれに関わる人々を終結する，あるいは，ビジョンの実現を目指して人々に対してエンパワーメントを行うなど，障害を乗り越えてでも実現できる力」としており，他方マネジメントとは，「計画立案，予算作成，組織化，人員配置，コントロール，そして問題解決を通して，既存のシステムの運営を続けること」としている．これらの定義から，コッターは，「両者は同じ目的のもとで機能するものではなく，それぞれの目的の為に用い

られる機能である」としている．その為どちらが優れているかということではなく，その時々の環境あるいは状況に応じて，リーダーシップとマネジメントの重要性も変化し，両者は決して相反し合うものではなく，相互補完の関係にあるとしている．したがって，トップ・マネジメントは勿論のこと，その他のミドル・マネジメントやロワー・マネジメントといった，各組織階層における全ての管理者がマネジメントを理解し，さらにリーダーシップを効果的に発揮できる人材でなければならない．

第2節　リーダーシップの歴史的系譜

　リーダーシップ理論の研究は古代ギリシアより行われており，重要な考察の対象となっていた．プラトンは「国家論」の中で哲人リーダー論を唱え，孔子も「論語」においてリーダーの資質について論じている．このように20世紀以前は，哲学者や歴史家等が「リーダーたる者は生来から恵まれた資質を持つ人たちである」という独自の見解から望ましいリーダー像について提唱していた．しかし，これらの研究は科学的に実証されたものではなく，リーダーシップの科学的研究が始まったのは20世紀初頭であるとされている．

1　特性理論（資質理論）

　特性理論とは，「優れたリーダー達に共通する，個人特性や資質が備わっている」という考え方に立脚した古典的理論である．この理論の出発点は，1905年に心理学者のビネー（A. Binet）とサイモン（T. Simon）が人間の能力特性の科学的な測定に成功したことに起因している．また，1930年代には，アメリカの心理学者ストッグディル（R. M. Stogdill）がリーダーシップと高い相関関係がある様々な資質や能力を調査し，リーダーの特性として，「知性」，「慎重性」，「洞察力」，「責任感」，「発案力」，「忍耐力」，「自信」，「社会性」等を見出している．しかし，実際には，それぞれの特性についての定義や測定が困難であったことから，すべての有能なリーダーに当てはまる特性を発見するまでには至らなかった．このような研究結果から，特性理論の最大の失敗は，状況要因を無視したことであり，結果的にはリーダーシップを一般化することが極めて困難であるという結論に至った．その為，1940年代以降からは特性理論を脱する動きが高まり，行動スタイルを重視する研究へと移行している．

2 行動理論

特性理論で十分な研究結果が得られなかった研究者達は，1950年代から1970年代にかけて，リーダーの行動スタイルに着目している．「リーダーとリーダーでない人の行動パターンを分析し，どのような行動が有効なリーダーシップを形成するのかを研究したもの」が行動理論である．行動理論は，リーダーの有効な行動パターンを特定することができれば，有能なリーダーを育成することが可能である考えられたことから盛んに研究が進められた．特に，軍のリーダーを育成する必要性からアメリカにおいて発展し，数多くの研究者によって研究が行われている．

ここでは，アイオワ大学実験，PM理論，マネジリアル・グリッドの3つを取り上げる．

(1) アイオワ大学実験

最初にリーダーシップ・スタイルに着目したのが，グループ・ダイナミックス（group dynamics）の創始者と言われているレヴィン（K. Lewin）らの研究である．レヴィンらは，リーダーシップのスタイルを3つに分類し，集団の業績や雰囲気にどのような影響をもたらすのかに着目した．

専制型……リーダーが一方的に指示命令を出し，賞罰も主観的に行う．

民主型……リーダーがメンバーの意見を聞きながら意思決定を行い，自由

表 11-1 行動理論一覧

年	研究	研究者	機能
1939	アイオワ大学実験	・レヴィン ・リピット ・ホワイト	リーダーの行動パターンを「専制型」・「民主型」・「自由放任型」に分け，集団への影響を分析
1950	ミシガン大学研究	・リッカート ・カッツ他	リーダーの行動パターンを「従業員志向」と「生産性志向」に分け，集団への影響を分析
1957	オハイオ大学研究	・シャートル ・ハルピン ・ウィナー	リーダーの行動パターンを「構造づくり」と「配慮」に分け集団への影響を分析
1964	PM理論	・三隅二不二	リーダーの役割・機能を「課題達成機能」と「集団維持機能」に分け集団への影響を分析
1964	マネジリアル・グリッド	・ブレーク ・ムートン	リーダーの関心に着目し，「業績に対する関心」と「人への関心」に分け集団への影響を分析

に発言できる雰囲気を維持する．賞罰も客観的，即事的に行う．
　自由放任型……作業はメンバーに任せ，リーダーは質問が出た場合にのみ答える．賞罰は一切しない．

　実験では，10歳の少年集団を対象にいくつかのグループに分け，粘土を用いて仮面を作る課題を与えた．その際，グループのリーダーは社会心理学専攻の大学院の学生が勤め，6週間ごとに3つのスタイルをローテーションし，子ども達の行動を観察した．その結果「専制型」では，生産性が高いものの，リーダーに依存する傾向が強く，リーダー不在時には極端に生産性が落ちていた．また，子ども達同士で攻撃的な行動も観察された．「民主型」においては，子ども達の行動が前向きで，作業にも興味を示していた．その為，リーダーがいない場合にも自主的に作業を行い，メンバーの満足度も高かった．「自由放任型」では，生産性が低く，雰囲気はもっとも悪かった．これらの実験結果からレヴィンは，「民主型」のリーダーシップ・スタイルが最も望ましいと主張しているが，別の研究者の研究によっては，「専制型（指示型）」の方が生産性も満足度も高いという結果も示されていることから，必ずしも「民主型（参加型）」が望ましいとは言えないとされている．

（2）　PM 理論
　PM 理論は，三隅二不二によって提唱されたもので，集団機能を2つの次元に区別することができるという因子分析結果を基に，有効なリーダーシップ行動を示している．2つの次元とは集団機能の概念を表しており，「課題達成機能（Performance function）＝P機能」と「集団維持機能（Maintenance function）＝M機能」に分類している．P機能は，「組織が達成しなければならない目標に向かってメンバーが動くように，その行動を促進し強化する機能」を表し，M機能は，「メンバー間の協働関係が良好となるようにメンバーに配慮した行動をとり，組織内の人間関係を強化する機能」であると定義している．（三隅[1966]）三隅は，P機能，M機能をそれぞれX軸，Y軸にとり，リーダーの行動を4つのタイプに分類した（図11-1）．それを基にどのタイプのリーダー行動が作業の生産性を上げることに最も効果的であり，また同時にメンバーが最も満足して作業をするかということを明らかにしようとした．その結果，PM型が生産性，満足度ともに最も高い結果を示しており，P機能，M機能が相乗効果を持つことで，最大の効果を得られるとしている．

図 11-1　PM 理論

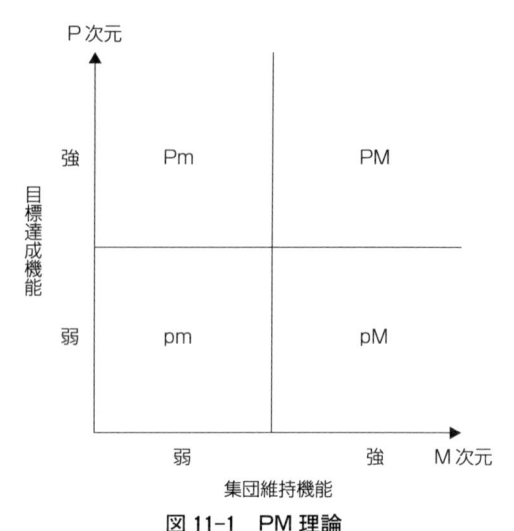

（出所）三隅二不二［1966］『新しいリーダーシップ——集団指導の行動科学——』ダイヤモンド社，128頁を基に筆者作成．

(3) マネジリアル・グリッド

ブレーク（R. R. Blake）とムートン（J. S. Mouton）は，三隅の PM 理論と類似した考え方を提示している．ブレークらは，図 11-2 のように，横軸に「業績に関する関心」，縦軸に「人間に対する関心」を設定し，「マネジリアル・グリッド」と呼ばれる格子型の図によって，リーダーシップ・スタイルを区分している．この理論は，これまでのようなリーダーの行動に着目しているのではなく，リーダーの「関心」から行動特性を明らかにしている点に特徴がある．具体的には，横軸，縦軸にそれぞれ 1 から 9 までの度合をきざみ，81 の行動パターンでリーダーの特性を示している．それを基に，図 11-2 に示される 5 つのタイプに分類し，リーダーのスタイルについて組織的な記述を行っている．また，記述された内容を踏まえ，「1.1 型」を無責任型・放任型，「1.9 型」を浪花節型・王道型・溺愛型，「9.1 型」を権力型・覇道型・厳父型，「5.5 型」を妥協型・小市民型・サラリーマン型，そして，「9.9 型」を理想型の管理者スタイルと結論づけている．「マネジリアル・グリッド」は，オハイオ研究やミシガン研究の考え方に近いが，より分かりやすくリーダーシップ・スタイルを示した理論である．

行動理論は，リーダーの行動や機能に着目したことによって，リーダーの最

図11-2 マネジリアル・グリッド

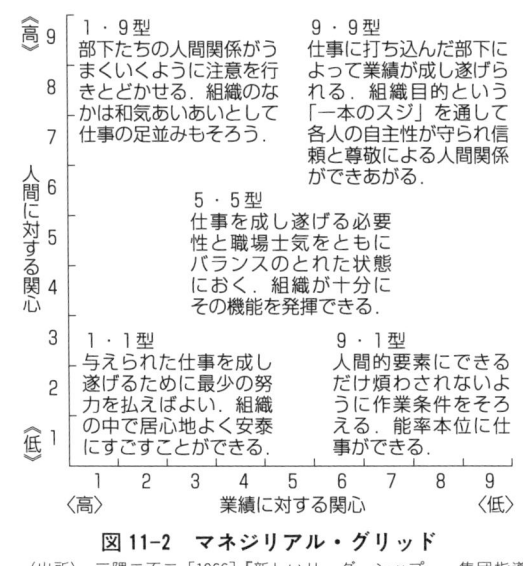

```
〈高〉9  1・9型                      9・9型
        部下たちの人間関係がう        仕事に打ち込んだ部下に
     8  まくいくように注意を行        よって業績が成し遂げら
        きとどかせる．組織のな        れる．組織目的という
人    7  かは和気あいあいとして        「一本のスジ」を通して
間      仕事の足並みもそろう．        各人の自主性が守られ信
に    6                              頼と尊敬による人間関係
対              5・5型                ができあがる．
す    5        仕事を成し遂げる必要
る              性と職場士気をともに
関    4        バランスのとれた状態
心              におく．組織が十分に
      3        その機能を発揮できる．
        1・1型                      9・1型
     2  与えられた仕事を成し         人間的要素にできる
        遂げるために最少の努         だけ煩わされないよ
〈低〉    力を払えばよい．組織         うに作業条件をそろ
     1  の中で居心地よく安泰         える．能率本位に仕
        にすごすことができる．       事ができる．
        1  2  3  4  5  6  7  8  9
       〈高〉    業績に対する関心    〈低〉
```

(出所) 三隅二不二［1966］『新しいリーダーシップ——集団指導の行動科学——』ダイヤモンド社，176頁を基に筆者作成．

適なスタイルやリーダーシップを育成できるという結論を見出したことに大きな特徴がある．しかしながら，リーダーの行動と集団の業績との間に一貫した関係を見出すことができず，特に状況が異なった場合の有効性が十分に説明できなかったことから，これ以後は状況要因を踏まえた研究へと発展していく．

3　条件適応理論（状況理論）

行動理論研究の結果から，あらゆる状況下で有効なリーダーシップ・スタイルは存在せず，リーダーが置かれた状況によって，必要とされるリーダー行動も異なるということに焦点をあてたのが「条件適応理論（コンティンジェンシー理論）」である．この理論を基にしたリーダーシップ研究をコンティンジェンシー・アプローチ（Contingency Approach）と呼んでいる．

（1）フィードラーの条件即応モデル（コンティンジェンシー・モデル）

条件適応理論を初めて発表した研究が，1964年にフィードラー（F. Fiedler）によって提唱された「コンティンジェンシー・モデル」である．フィードラーは，リーダーシップの有効性が，2つのリーダーのスタイルと3つの状況変数によって決定されるとしている．リーダーシップ・スタイルは，フィードラー

表 11-2　フィードラーの LPC 尺度

愉快な	8 … 5 … 3 … 1	不愉快な
つきあいのいい	8 … 5 … 3 … 1	つきあいの悪い
反抗的	8 … 5 … 3 … 1	協調的
役に立つ	8 … 5 … 3 … 1	いらいらする
無関心	8 … 5 … 3 … 1	情熱的
緊張している	8 … 5 … 3 … 1	緊張していない
寄りつかない	8 … 5 … 3 … 1	何でも話せる
冷たい	8 … 5 … 3 … 1	温かい
友好的	8 … 5 … 3 … 1	非友好的
支持的	8 … 5 … 3 … 1	敵意のある

(出所)　富岡昭［1993］『組織と人間の行動』白桃書房，238頁を基に筆者作成．

表 11-3　状況変数

①リーダーとメンバーの関係
　メンバーがリーダーに対して抱く信用，信頼，尊敬の度合い．

②タスク・ストラクチャー（タスク構造）
　メンバーの仕事の範囲が明確に定義されている度合い．

③リーダーの地位勢力
　リーダーがメンバーに対して持つ，影響力・権限（昇進・解雇）の度合い．

　が独自に開発したLPC尺度（Least Preferred Coworker の略で，リーダーの最も苦手な同僚の尺度を示す）を用いて測定された．LPC尺度は，表11-2に記載された16〜18項目の対語で構成されており，その合計が高い人は「人間関係重視型」，逆に低い人は「仕事重視型」のスタイルに分類している．また，状況変数は，表11-3の3つから構成されている．
　上記の，状況変数の組み合わせと，リーダーシップスタイルをもとに作られたのが，図11-3のモデルである．この図から分かることは，「人間関係重視型」のスタイルは，カテゴリーⅣ・Ⅴ等の状況が中程度の場合に集団の成果（業績）が高く，「仕事重視型」のスタイルは，カテゴリーⅠ・Ⅱ・Ⅲ・Ⅷ等のように状況が極めて良い場合，または，極めて悪い場合に集団の成果（業績）が高いということが理解できる．
　この結果から，状況を所与してそれにリーダーのスタイルを合わせるか，あ

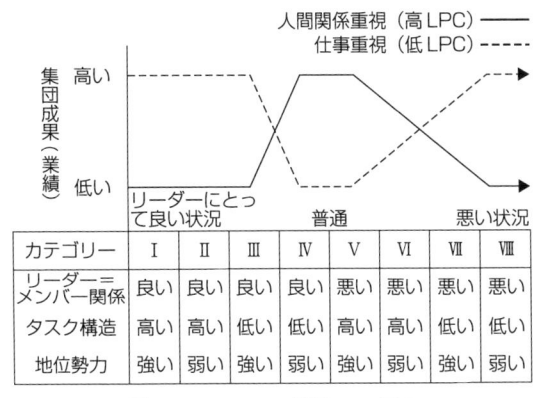

図 11-3　フィードラーモデル

(出所) ステファン・R. ロビンス [2006]『組織行動のマネジメント——入門から実践へ——』高木晴夫監訳，永井裕久・福沢英弘・横田絵理・渡辺直登訳，ダイヤモンド社，223頁を基に筆者作成．

るいは，リーダーのスタイルを所与して，それに適合するように状況を変化させることで，高い集団成果を得ることができる．

(2) SL (Situational Leadership) 理論

SL理論とは，1977年にハーシィ (P. Hersey) とブランチャード (K. H. Blanchard) とジョンソン (D. E. Johnson) によって提唱されたもので，フィードラーのコンティンジェンシーモデルの状況要因を掘り下げて提唱した理論である．この理論は，リーダー行動とメンバーとの関係に力点を置いており，メンバーの成熟度によって，リーダーシップのあり方を4つのパターンに分類している．

SL理論においては，成熟度（マチュリティ）を「達成可能な，しかし，できるだけ高い目標を設定しようとする本人の基本的な姿勢（成熟意欲），責任負担の意思と能力，ならびに，対象となる相手または集団がもつ教育なり経験なりの程度」としている．すなわち，個人や集団を全体的に成熟・未成熟と見るのではなく，現時点での課題に対するフォロアーの成熟度を理解しなければならない．そこで，まずフォロアーの成熟度レベルを設定する．部下の能力が低く不安な状態を「M1」，基本的な業務は行えるがまだまだ指示が必要な状態を「M2」，成熟度が高く非定型業務などもかなりこなせる状態を「M3」，フォロアーが自立性を高めてきた状態を「M4」とする．これらの成熟度レベルに下記のリーダーシップスタイルを対応させることでリーダーシップの有効性を高

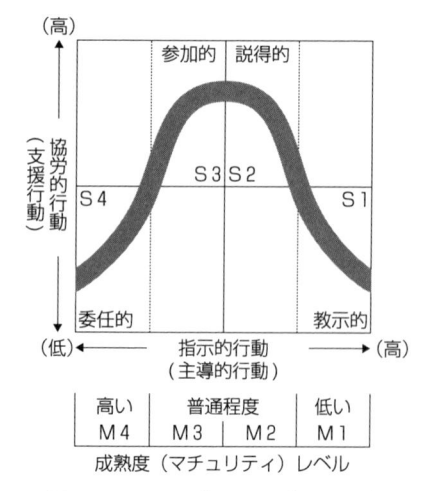

図 11-4 リーダーシップ SL 理論
(出所) P. ハーシー＆K. H. ブランチャート［1987］『行動科学の展開——人的資源の活用——』山本成二・水野基・成田攻訳, 日本生産性本部, 336頁を基に筆者作成.

めることに繋がる.

　教示的（S1）……部下の役割を明確にし, 作業の方法を一方的に支持する.
　説得的（S2）……リーダーの考えを説明し部下の疑問にも答える. 支援を行う.
　参加的（S3）……相互の情報交換を行い, 部下に意思決定をさせたりする.
　委任的（S4）……責任権限を大きく委譲し, 自立を支援する.

　S1～S4のスタイルを踏まえ, 4つのフォロアーの成熟度のレベルとリーダーシップスタイルの適合関係を示したものが, 図11-4のモデルである. 図中のベル・カーブは, 成熟度レベルが低状態から高状態に移るにしたがい, 適切なリーダーシップスタイルが曲線に沿って変化することを示している. つまり, 部下の成熟度に合わせて適切なリーダーシップスタイルを用いることで, フォロアーのモチベーション向上に繋がり, 組織目標を効率的に達成できるとされている.

　前述した, 資質理論, 行動理論においては, 最も効果的なリーダーシップスタイルを発見する為に研究が行われてきたが, 条件適応理論は, リーダーを取

り巻く環境に合わせて，リーダーシップを変化させるというアプローチから生まれた理論である．

現代のリーダーシップ理論（第4節で具体的に解説している）研究も，この条件適応理論を基盤にしているものが多く，リーダーシップ研究の歴史の中でも特筆すべき成果であったと言える．

第3節　リーダーシップの3要件

リーダーが効果的にリーダーシップを発揮するにあたり，いくつか主要な概念が挙げられるがその中でも特筆すべき「影響力」，「動機づけ」，「コミュニケーション」の3つを要約する．

1　影響力とパワー

リーダーシップにおける影響力が，心理的なパワーを指すということは前述した通りである．組織行動の領域では，この心理的なパワーのことを社会的勢力として扱っている．この社会的勢力について，フレンチ（J. R. P. French）とレイヴン（B. Raven）の研究では，リーダー（個人）がフォロアー（他者）に用いるパワーを「報酬性パワー」「強制性パワー」「正統性パワー」「専門性パワー」「準拠性パワー」の5つに分類している．その後，レイヴンによってパワーの研究が進められ，6つ目のパワーとして「情報性パワー」定義している．社会的勢力（パワー）を用いる場合，基本的には，この6つが取り上げられるが，研究者によっては，「恩義パワー」，「説得パワー」，「関係性パワー」といったパワーからの分析アプローチをとる場合もある．

（1）　6つの影響力

- 報酬性パワー（Reward Power）

昇進や賞与，励ましや褒めるといった「賞」を使った働きかけであり，影響を与える側が受ける側の報酬に値するものを理解していることで発揮される．

- 強制性パワー（Coercive Power）

働きかけに応じなければ「罰を受ける」と，影響の受け手が知覚することで行使できるパワーである．罰として減給，叱責等の精神的苦痛が挙げられる．

- 正当性パワー（Legitimate Power）

地位の高い人からの働きかけによって生じるパワーである．「権限」もその

1つで,影響の受け手が与え手の正当性を認めている場合に利用できる.
- 専門性パワー (Expert Power)

専門的な知識や技能を身につけていることから生じるパワーである.受け手に対して,専門性を保証できる資格等を示すことで用いることができる.
- 準拠性パワー (Referent Power)

影響を受ける側が与え手を「同一視」している場合に生じるパワーである.影響の与え手に対する尊敬や憧れから率先してしたがう気持ちが生まれる.
- 情報性パワー (Information Power)

専門家ほど相手を納得させることのできるデータや知識を持っている場合に生ずるパワーである.専門性の保証の必要はなく,与え手自らが説得力ある情報を集めたり,考え出すことによって生じるパワーである.

(2) パワーの現状

従来型のマネジメントでは,「タテの影響力」が中心であったことから,権限に代表される正当性パワーが飛びぬけて力を発揮していた.しかし,現在のような変化の激しい組織環境においては,従業員一人ひとりの自立性から生まれる新たな発想,効率化等の重要性が高まっており,「準拠性パワー」や「専門性パワー」,「情報性パワー」といった自然的な協力を促すパワーがより重要であると考えられている.しかし,フレンチとレイヴンの研究は,あくまでパワーの源泉に関するものであることから,実際にパワーを行使する問題は別に検討されなければならない.また,パワー行使の結果について考える場合,直接的に,リーダーからの影響力が生じていなくてもフォロアーの個人的動機や欲求によって,組織の目標達成へ向けた行動を起こす場合もあり得る.そのような場合には,リーダーの影響力として捉えるのか否かについて,適格に認識・判断する必要がある.

2 動機づけ理論

動機づけ(モチベーション)とは,組織行動の分野でも主要なテーマの1つであり,「メンバーをその気にさせ,持続させ,あるいは特定の方向に向かわせる心理的なプロセス」と定義される.リーダーシップを考えるにあたって,メンバーをやる気にさせること,意欲を持って業務に取り組むよう促すことは重要な課題の1つである.動機づけの研究は,大きく分けて「内容理論」と「過程理論」に分類することができる.以下,2つの理論について具体的に詳述す

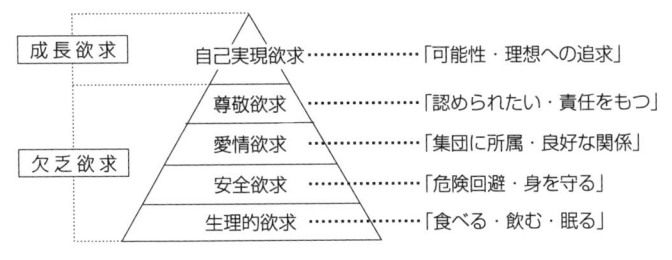

図11-5　マズローの欲求5段階説

る．
(1) 内容理論（欲求理論）

内容理論は，マレー（H. A. Murray）によって提唱された理論で「人間は基本的に自らの欲求を充足するために行動する」という仮定に基づき，「人が何によって動機づけられるのか」に着目した研究である．ここでは，代表的なマズロー（A. H. Maslaw）の欲求5段階説（欲求階層理論）とハーズバーグ（F. Herzberg）の2要因理論について紹介する．

① マズローの欲求5段階説（欲求階層理論）

マズローによると，人の心には5つの欲求が存在するとしている．それらの欲求を人が欲する順に下から積み上げて階層化したものが欲求5段階説である（図11-5）．

人間の欲求は下位から上位の順に高次となり，低次の欲求がある程度満たされないとそれよりも高次の欲求が発現しないとしている．また，生理的欲求から自尊欲求までは足りないものを満たすという意味で「欠乏欲求」と呼ばれているが，自己実現欲求は，自己を実現すればするほど欲求は高まっていくと考えられていることから「成長欲求」と呼ばれている．マズローの欲求5段階説は，人の動機づけを考える際に基本的な理論として幅広く受け入れられ利用されているものの，完全な実証に成功した研究は未だ存在していない．

② 2要因理論（動機付け・衛生理論）

2要因理論は，アメリカの臨床心理学者，ハーズバーグが提唱した「職務満足」および「職務不満足」を引き起こす要因に関する理論である．ハーズバーグは，200人の技師・会計士を対象に面談での質問という形で調査を行い，仕事における「満足」と「不満足」に関わる要因が全く別のものであるという結論を見出した．満足に関わる要因は，「達成すること」「承認されること」「仕

事そのもの」「責任」「昇進」などであり，これらが満たされることで満足感を覚えるが，欠けていても不満足を引き起こすわけではないとしている．また，不満足に関わる要因は「会社の政策と管理方式」「監督」「給与」「対人関係」「作業条件」などであり，これらが不足すると職務不満足を引き起こす原因となるが，満たしたからといって必ずしも満足感につながるわけではなく，単に不満足を予防する意味しか持たないとしている．ハーズバーグは，前者を「動機付け要因」後者を「衛生要因」としており，人のモチベーションを高める為には，衛生要因を解消するだけではなく，動機付け要因を満たす必要があることを示唆している．

(2) 過程理論

一方，「人はどのように動機づけられるのか」という動機づけのプロセスに着目したものを過程理論と呼び，ハル (C. L. Hull) によって最初の体系的な枠組みが作られたとされている．ハルは，人間の行動「B (behavior)」を，ある方向に向かわせる心的エネルギーの動因の強さ「D (drive)」と，過去の学習と経験による習慣の強度「SHR」の積によって表すことができるという「動因理論」を提唱した．

$$B[人間の行動] = (D[動因の強さ] \times SHR[習慣の強度])$$

この研究以降，トールマン (E. C. Tolman) やレヴィンの研究を始めとする様々な研究者によって展開されている．ここでは，過程理論の中でも代表的な，ブルーム (V. H. Vroom)，ポーター (L. W. Porter) とローラー (E. E. Lawler) の「期待理論」について説明する．

① ブルームの期待理論

ブルームの期待理論 (1964年) とは，認知不協和理論 (認知過程論) を基礎に置く考え方で，ある行動への意欲 (Force: F) は，職務遂行の努力が何らかの成果に繋がるであろうという「期待 (Expectancy: E)」と，その成果に対して人が持つ主観的価値，「魅力」の積で表される．ここでの「魅力」とは，「誘意性」

表 11-4 各要素の確立

	内容	確立
期待	結果が得られるか得られないか	1～0
道具性	一次結果が二次結果を生むのに役立つか	1～0
誘意性	結果に対して感じる魅力の度合い	1～-1

と「道具性」の2つに分解されている．「誘意性 (Valence: V)」は，仕事の成果がもたらす報酬の魅力度を表し，これを細分化すると，その成果自体がもたらす「第一次結果」の誘意性（高い業績等）と，その成果がもたらすであろう「第二次結果」の誘意性（昇給，昇進，自己実現等）に分類される（なお，誘意性の分類は，グレーン (G. Graen) とキャンベル (J. P. Campbell) によって分類されたものである）．これらを踏まえ「道具性 (Instrumentality: I)」とは，仕事の成果（第一次結果）が報酬（第二次結果）を生み出す手段になるかどうかの主観的な確率を表すものである．これらを数式に表したものが下記の計算式である．

$$F\,[モチベーションの強さ] = E\,[期待] \times V\,[誘意性] \times I\,[道具性]$$

　誘意性については，結果が欲しいと積極的に思うケース（正の誘意性），結果に無関心なケース（中立），結果を欲しくないと思うケース（負の誘意性）に分けられることから，数値上は1〜−1の間で表わされる．また，計算式が掛け算であるということは，仮に魅力的な報酬が高い場合でも，獲得の可能性がゼロであればモチベーションは生まれないということを表している．したがって，モチベーションを高める為には，全ての要素に対する働きかけが必要になる．

② ポーターとローラーの期待理論

　ポーターとローラーは，ブルームの理論が行動とその諸結果の関係を明確に区別していない点を指摘し，努力「E」・業績「P」・成果あるいは結果「O」を明確に区別することで，期待理論の新たなモデルを提唱している．具体的には，ブルームの「期待」を，努力（E）がある一定レベルの業績（P）をもたらすであろうという「（E→P）期待」と一定レベルの業績（P）が，ある具体的な結果（O）をもたらすであろうという「（P→O）期待」に分類している．さらに，この2つに成果の誘意性（魅力度）を表す「V」を用いて，モチベーションの強さ「F」を次のように定式化した．

モチベーションの強さ＝
　　　　　　　　　[F]
[努力→業績期待] ×Σ（[業績→結果期待] ×[結果の誘意性]）
　[E→P]　　　　　Σ　[P→O]　　　　　　　　[V]

　なお，E→P（努力→業績）とP→O（業績→結果）は，どちらも主観的確率であることから，1から0（ゼロ）の範囲で変動し，V（誘意性）は，非常に望ま

しいとする1から，全く望ましくない-1の範囲で表される．その為，ブルームの期待理論でも述べたように，いずれかがゼロの場合は，モチベーションの強さがゼロとなることを意味している．さらに，P→OとVとの総和（Σ）が求められるということは，すべての（P→O）×Vの和を算出した時，それがゼロであれば仕事意欲はゼロとなることを意味する．

期待理論の特筆すべき点は，動機付けを「期待」と言う概念，いわゆる「主観的確率」で捉え，結果の「魅力」，すなわち「主観的価値」が動機にどのように働くかを説明したことにある．

3 コミュニケーション

ホヴランドら（Hovland et. al. [1953]）によると，コミュニケーションとは「送り手としての個人が，受け手としての他者の行動を変容させるために刺激（通常は言語的シンボル）を伝達する過程である」としている．組織を構築し，機能させる為には，そこに存在するリーダーとフォロアー，メンバー間の情報交換が必須であることから，コミュニケーションは組織の血液のような働きをするといわれている．その為リーダーが効果的なリーダーシップを発揮する為には，フォロアーに働きかける手段であるコミュニケーション・スキルを理解することが重要となる．

（1） コミュニケーションの機能

組織において，リーダーとメンバーとの関係に焦点をあてた場合，最も重要視されるのは対人的コミュニケーションである．ロビンス（S. P. Robbins）は，対人的コミュニケーションの機能を伝達する内容によって表11-5の4つに分類している．いずれも，受け手に有効に伝達されることが重要である．

表11-5 コミュニケーションの分類

統制	仕事目標の伝達や目標達成の為の指示や管理を行うもの
動機づけ	リーダーが部下のモチベーション向上を図る為のもの
感情表現	部下の行動に対して，誉める，叱責または感謝を用いて社交的交流の供給源となるもの
情報	社内外問わず，あらゆる情報の伝達を用いて，個人や集団の意思決定に繋げるもの

(2) ジョハリの窓

コミュニケーションを円滑に進める為には，他者に対し，どのように自分を公開し，また隠蔽するのが効果的かを理解する必要がある．そこで，円滑なコミュニケーションを進めるためにルフト（J. Luft）とインガム（H. Ingham）が考案したモデルが「ジョハリの窓」である．ジョハリの窓は，開放された窓，盲点の窓，隠された窓，未知の窓の4つに分類されており（図11-6）この4つの窓にある仕切りを状況に応じて動かすことで人とのコミュニケーションのあり方を表している．その際，他人から認知されている自分を知る為の「フィードバック」と「自己開示」を行うことによって，お互いに信頼の厚い良好な人間関係を形成することができるとしている．しかし「自己開示」においては，環境や状況によって，逆効果に成りうることもあることから，「フィードバック」等を通して，相手や状況を理解し，効果的な自己開示を行うことが重要になる．

これらを繰り返し行うことで，未知の自分を知ることができ，自分自身を理解することで，様々な状況に対応できるコミュニケーション・スキルの向上に繋がる．ジョハリの窓では，自己理解について言及したが，リーダーシップ有効に用いる為には，フォロアーの理解と共に相互理解の為のコミュニケーショ

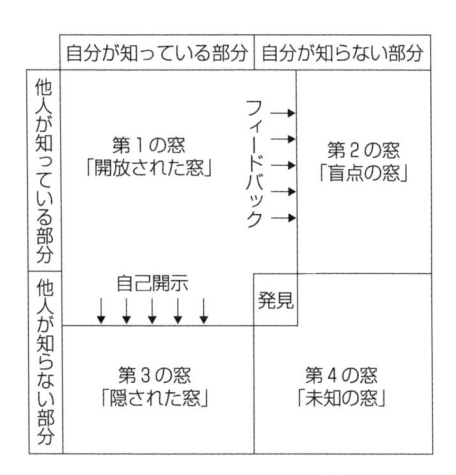

	自分が知っている部分	自分が知らない部分
他人が知っている部分	第1の窓「開放された窓」	第2の窓「盲点の窓」
他人が知らない部分	第3の窓「隠された窓」	第4の窓「未知の窓」

フィードバック →
自己開示 ↓
発見

図11-6 ジョハリの窓

(出所) P. ハーシー＆K. H. ブランチャード［1987］『行動科学の展開——人的資源の活用——』山本成二・水野基・成田攻訳，日本生産性本部，329頁を基に筆者作成．

ンが重要になる．その為，リーダーは仕事上のフォーマル（公式）な部分への働きかけだけでなく，フォロアーのインフォーマル（非公式）な部分への理解と働きかけも重要な要素となる．

第4節　現代のリーダーシップ

1980年代以降，市場には物があふれ，生活必需品の普及や人々の価値観の変化に伴い，良い物を作れば売れるという時代ではなくなった．さらに，情報技術の革新や国際競争の激化といった経営環境の変化を受け，企業をとりまく環境はより複雑性を増している．このような不確実な環境下で組織をより一層繁栄させていく為には，従来のやり方を改め，新たな可能性や方向性見出す為の「変革」を起こすことが必要になる．その牽引役となるのが組織のリーダーであり，変革型リーダーと呼ばれている．

本節では，これらの内容を踏まえ，「変革型リーダーシップ論」について言及するとともに，近年のリーダーシップ研究について紹介している．

1　変革型リーダーシップ論

変革型リーダーシップとは，組織における変革を実現する為に，どのようなリーダーシップのあり方や特性が重要なのかを追求している理論である．ここでは特に，変革型リーダーシップ論の中でも代表的なコッターの理論について言及する．

コッターは，リーダーシップとマネジメントの違いを明らかにしているが，変革の時代においては特にリーダーシップの重要性を強調している（リーダーシップとマネジメントの違い，及び定義については第1節で紹介していることからここでは，言及しないものとする）．変革型リーダーシップは，その言葉が示すように，一貫性や秩序は生み出さず，むしろ変革を生み出すことを中心に考えられていることから，そのプロセスを下記の3つに要約することができる（Kotter [1990]）．

1．方向を決める
　　将来に向けての（かなり長期的視点に立った）ビジョンを打ち立てる．このビジョンの達成に必要とされる変革を生む為の戦略を策定する．
2．人材を目的に向けて整列させる

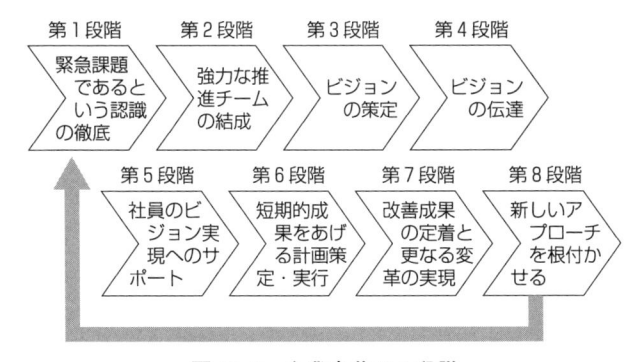

図 11-7　企業変革の 8 段階

第1段階　緊急課題であるという認識の徹底
第2段階　強力な推進チームの結成
第3段階　ビジョンの策定
第4段階　ビジョンの伝達
第5段階　社員のビジョン実現へのサポート
第6段階　短期的成果をあげる計画策定・実行
第7段階　改善成果の定着と更なる変革の実現
第8段階　新しいアプローチを根付かせる

(出所)　ジョン・P. コッター［1999］『リーダーシップ論――いま何をすべきか――』黒田由貴子訳，ダイヤモンド社，167頁を基に筆者作成．

協力を求める人々に方向を伝える．人々がビジョンを理解し，その達成に貢献する意欲を盛りたてるために人々との協力関係を築き上げる．

3．モチベーションと意欲昂揚

変革に対する政治的，官僚的，資源的障害をものともせず，非常に基本的ながらなお満たされていない人間的ニーズ，価値観，感情に訴えて，人々を正しい方向へ導いていく

これら3つの行動特性を中心に，変革に対する反発や変革から生じるストレスに耐えつつ，メンバーをより良き方向性へ導く役割を担うのが変革型リーダーであると言える．

しかしながら，企業組織において変革の必要性を理解しつつも，実際にそれに着手することは想像以上に困難を極める．そこには「変化」という言葉が一般的に脅威として捉えられていることから，変革に対する様々な抵抗を生んでしまうのである．そこで抵抗がどのような形で表に出てくるかを予測する為にも，変革が快く思われない理由を頭に入れておく必要がある．その代表的なものを以下に4つ列挙する．

- 大切なものを失いたくないという思い
- 変革は無意味との思い込み
- 変革とその意義に対する誤解
- 変革に対するアレルギー

これらの内容を踏まえ，コッターによって考えだされた変革を実現する為の

表 11-6 リーダーシップ理論

理論名	研究内容
リーダーシップ開発論 (Leadership Development Theory)	リーダーシップそのものを分析するのではなく，リーダーがどのようにして育つのかについて分析し，リーダー育成の方法を実践的に探求しようとする研究が，リーダーシップ開発論である．この理論は，リーダーの特性は「経験から学ぶことができる」という考え方を基盤にしており，適切な経験を積ませることで，リーダーを育成することができるとしている．(提唱者：Morgan W., jr. McCall)
フォロアーシップ論 (Followership Theory)	リーダーシップ研究において欠かすことができないのが，フォロアーの視点である．そこで，リーダーよりもフォロアーに焦点を当てた研究がフォロアーシップの考え方である．ケリーは，フォロアーのスタイルをリーダーに対する「批判的思考」と「貢献」という2種類の態度の組み合わせから成り立っているとしている．(提唱者：Robert Kelly)
サーバント・リーダーシップ論 (Servant Leadership Theory)	1970年に，グリーンリーフによって提唱された理論である．リーダーとして，常に他者が一番必要としているものを提供しようとする考え方が基盤となっており，エンパワーメント（権限委譲）の重要性を唱えている理論である．(提唱者：Robert k. Greenleaf)
EQ リーダーシップ論 (Primal Leadership Theory)	心の知能指数と言われる「EQ」とリーダーシップを結びつけたもので，リーダーの役割を，良い雰囲気を醸成して集団を導くものとしている．具体的には，集団に共鳴現象を起こし，最善の資質を引き出すことを基盤としている．(提唱者：Daniel Goleman)

「8段階のプロセス」を記載する（図 11-7）．

変革を行うことは相当の時間を要することから，その過程で様々な困難に直面する．そこで，変革を満足いくものにする為にも，変革プロセスのビジョンをもち，過ちを犯す確立を減らすことの重要性が説かれている．

急速な社会変化に適応し競争優位を築く為にも，「変革」に対するビジョンを共有し，自己改革を成し遂げられる企業の構築が不可欠であると言える．

2 リーダーシップ研究の動向

ここでは，現代のリーダーシップ研究において議論が進められている内容について取り上げる．特に，近年の動向としては，「変革」を中心とした考え方が基本になっているが，その中でも，新たな視点を見出している主要な理論について表 11-6 で紹介する．

おわりに

　本章では，リーダーシップ研究における主要な理論，及びリーダーシップに関わる重要な概念について言及してきた．これまで紹介してきたように古代ギリシャ時代から多くの研究者や実務家によってリーダーシップ研究が進められているものの，今なお有効なリーダーシップ理論は確立されていない．その原因の1つとして，リーダーの環境変化が大きく影響していると考えられる．具体的には，リーダーが属している組織，フォロアーの状態，経営環境など，リーダーを取り巻く環境に応じて有効なリーダー行動も変化していくと言うことである．つまり，リーダーに求められるのは，リーダーとフォロアーの間においての有効なリーダーシップを発揮することだけでなく，リーダーを取り巻く環境を読み取りその状況に即したリーダーシップを行うことが重要であると言える．その為には，これまで様々な角度から研究されてきたリーダーシップの在り方を整理，分析していくことで，複雑な環境変化に対応できるだけでなく，次の時代に向けた新たなリーダーシップの切り口が見出せるだろう．

参考文献

Buchholz, T. G. [2007] *NEW IDEAS FROM DEAD CEOs*, Writers House LLC（T. G. バックホルツ [2008]『伝説の経営者たち──情熱と才能と幸運のドラマ──』藤井清美訳，日本経済新聞出版社）．

Goleman, D., R. Boyatzis and A. McKee [2002] *PRIMAL LEADERSHIP: Realizing the Power of Emotional Intelligence*, Harvard Business School Publishing Corporation（ダニエル・ゴールマン，リチャード・ボヤツィス，アニー・マッキー [2007]『EQ リーダーシップ　成功する人の「こころの知能指数」の活かし方』土屋京子訳，日本経済新聞出版社）．

Greenleaf, R. K. [1977] *Servant Leadership*, Paulist Press（ロバート・K. グリーンリーフ [2009]『サーバントリーダーシップ』金井真由美・金井壽宏訳，英治出版）．

Harvard Business School Publishing Corporation [2004] *A Psychological View of Leadership*, Harvard Business School Publishing Corporation（ハーバード・ビジネス・レビュー編集部 [2005]『リーダーシップに「心理学」を生かす』DIAMOND ハーバード・ビジネス・レビュー編集部訳，ダイヤモンド社）．

Harvard Business Review [1998] *HARVARD BUSINESS REVIEW ON LEADER-*

SHIP, Harvard Business School Publishing Corporation（ハーバード・ビジネス・レビュー編集部［2002］『リーダーシップ』DIAMOND ハーバード・ビジネス・レビュー編集部訳，ダイヤモンド社）．

Hovland, C. I. et al [1953] *Communication and persuaaion*, Yale University Press（カール・I・ホヴランド［1960］『コミュニケーションと説得』辻正三・今井省吾訳，誠信書房）．

Kelly, Robert [1992] *The Power of followership*, Dubleday Business（ロバート・ケリー［1993］『指導力革命！～リーダーシップからフォロワーシップへ』牧野昇訳，プレジデント社）．

Kotter, J. P. [1985] *POWER AND INFLUENCE*, Free Press（ジョン・P・コッター［1990］『パワーと影響力――人的ネットワークとリーダーシップの研究』護野忠男・谷光太郎訳，ダイヤモンド社）．

Kotter, J. P. [1990] *A FORCE FOR CHANGE*, Free Press（ジョン・P・コッター［1991］『変革するリーダーシップ――競争勝利の推進者たち――』梅津祐良訳，ダイヤモンド社）

Kotter, J. P. [1999] *ON WHAT LEADERS REALLY DO*, Harvard Business School Press（ジョン・P・コッター［1999］『リーダーシップ論――いま何をすべきか――』黒田由貴子訳，ダイヤモンド社）

Robbins, S. P. [1984] *Essentials of Organizational Behavior*, 5th Edition, Prentice-Hall Inc.（ステファン・P・ロビンス［2006］『組織行動のマネジメント――入門から実践へ――』高木晴夫監訳，永井裕久・福沢英弘・横田絵理・渡辺直登訳，ダイヤモンド社）．

江波戸哲夫［2008］『リーダーシップ原論――名経営者24人の「自著」を読む――』プレジデント社．

小樽商科大学ビジネススクール［2009］『MBAのための組織行動マネジメント』同文舘．

飫富順久［2004］『経営管理の新潮流』学文社．

鎌田英治［2007］『自問力のリーダーシップ（グロービスの実感するMBA）』ダイヤモンド・グラフィック社．

経営能力開発センター［2007］『経営学検定試験公式テキスト〈7〉人的資源管理』中央経済社．

榊原清則［2009］『経営学入門（上）』日本経済新聞出版社．

塩原勉・松原治郎・大橋幸［2005］『社会学の基礎知識』有斐閣．

菅野寛［2006］『経営者になる 経営者を育てる―― BCG戦略リーダーシップ――』ダイヤモンド出版．

田尾雅夫［1999］『組織の心理学［新版］』有斐閣．

富岡昭［1993］『組織と人間の行動』白桃書房.
中竹竜二［2009］『リーダーシップからフォロワーシップへ』阪急コミュニケーションズ.
波頭亮［2008］『リーダーシップ構造論――リーダーシップ発現のしくみと開発施策の体系――』産業能率大学出版部.
開本浩矢［2010］『入門 組織行動論』中央経済社.
廣井孝［1991］『組織行動論――生きている組織を理解する為に――』同文館.
三隅二不二［1966］『新しいリーダーシップ――集団指導の行動科学――』ダイヤモンド社.
若林満［2008］『経営組織心理学』ナカニシヤ出版.

（栁田健太）

人名索引

Goleman, Daniel　202
Greenleaf, Robert k.　202
jr. McCall　202
Kelly, Robert　202
Levitin, A. V.　105, 106, 108
Morgan, W.　202
Redman, T. C.　105, 106, 108
Strong, D. M.　105
Wang, R. Y.　104, 105

アレン，ポール　7
インガム　199
喜連川優　97
キャンベル，J. P.　197
グレーン，G.　197
ゲイツ，ビル　7
コッター　184, 200
コトラー　31
笹原健治　15
三方よし　94
シュンペーター　4
ジョーダン，マイケル　90
ショックレイ　6
ジョンソン, D. E.　191
ストッグディル　185
スローン，アルフレッド　44
関口恭毅　105, 108
孫正義　8
ターマン　5

テーラー　20
トールマン　196
ドラッカー，ピーター　5
西和彦　8
ハーシィ　191
ハーズバーグ　45, 195
バーナード　27
バーンズ　29
パッカード　5
ハル　196
ビネー　185
ヒューレット　5
ファヨール　20
フィードラー　51, 189
ブルーム　196, 197
ブレーク　188
フレンチ　193
ポーター　196, 197
マズロー　195
マレー　195
三隅二不二　187
ムートン　188
メイヨー　24, 36
ルフト　199
レイヴン　193
レスリスバーガー　24, 36
レヴィン　186, 187, 196
ローラー　196, 197
ロビンス　198

事項索引

〈アルファベット〉

adidas　90
AMA　31
B to B（Business to Business）　130
B to C（Business to Consumer）　130
BPR（Business Process Re-engineering）　121
C to C（Consumer to Consumer）　130
CS（顧客満足）　86
CSR（Corporate Social Responsibility）　103, 104
CVP 分析　154
DSS（意思決定支援システム）　120
e-Japan 政策　128
EMS（電子機器の受託製造サービス）　52
EQ リーダーシップ論　202
ES（従業員満足）　86
e コマース（EC, Electric Commerce）　129
e ビジネス　129
e-文書　115
G（Government）　130
GE　6
IBM　6
ICT　122
IPO（Initial Public Offering）　9
iPod　85
IR（インベスターリレーションズ）　87
JAS 規格　113
J リーグ　88
LAN（ローカルエリアネットワーク）　122
New Balance　91
NIKE　90
OA（Office Automation）　120
PM 理論　186, 187
QOL（Quality of life）　103
SIS（戦略情報システム）　121
SL（Situational Leadership）理論　191
SNS　15
STP マーケティング　89
　セグメンテーション　90
　ターゲティング　90
　ポジショニング　90

TLO　73
TRUSTe シールプログラム　113, 114
u-Japan 政策　128
WAN（ワイドエリアネットワーク）　122

〈ア 行〉

アイオワ大学実験　186
アップルコンピューター　9, 85
アメリカ電話電信会社　27
安全性　110
　――分析　149
アンチパテント　67
アントルプレナー　1
　――シップ　1
イーストマンコダック　6
意思決定　7
意匠法　62
1 年基準　137
移動平均法　142
イノベーション　1
意味情報　102
インターナル・マーケティング　82
インテリジェンス　4
インテル　9
イントラネット　122
インフォメーション　4
ウィキペディア　114
ウェスタン・エレクトリック社　24
ウォークマン　84
裏書　170, 171
　――人　172
売上総利益　146
エア・ジョーダン　90
営業的商行為　167
営業利益　147
益金　156
エコパテントコモンズ　72
エスクローサービス　133
NFL（National Football League）　80
MIS（経営情報システム）　120
MOT（マネージメント・オブ・テクノロジー）　14
LPC 尺度　190

索　引　209

エンジェル　1
オハイオ大学研究　186

〈カ 行〉

会社　160
価格　79
確定決算主義　156
貸方　135
過剰品質の時代　85
価値づけ　106
課徴金　179,180
過程理論　194,196
株式会社　162
借方　135
カルテル　178
為替手形　171
間接的情報　98,99,110
完全性　110,113
管理会計　153
機械的管理システム　29
機械的組織　29
企業の社会的責任　103
企業倫理　103
技術標準化　71
期待理論　196,198
キャッシュ・フロー計算書　135,148
供給源　106
共有性　105
クーリング・オフ　176,177
クラウドコンピューティング　15
繰延資産　138
グループウェア　125
経済的発注量（ECQ）　154
計算機貯蔵　106
形式情報　102
経常利益　147
契約　163,164
減価償却　141
原本性　111,114
ゴア　31
コアコンピタンス　53
合資会社　161
更新性　106
合同会社　161
行動理論　186,188
合名会社　161

コーポレートガバナンス　21
小切手　169
顧客　78
固定資産の流動化　141
固定比率　150
コミュニケーション　198
コンティンジェンシー・モデル　189
コンティンジェンシー理論　50,189
コンプライアンス　104
コンフリクト　21

〈サ 行〉

サーバント・リーダーシップ論　202
債権　165
再調達原価　142
最低資本金　161
債務　165
財務会計　135
財務分析　149
サイン・マイクロシステムズ　9
サッカー日本代表　80
自己金融効果　141
自己資本利益率（ROE）　152
資産　136
　──の分類基準　137
市場　78
私署証書認証　115
シスコ・システムズ　9
システムインテグレータ　121
実用新案法　61
資本回転率　152
資本金　145
資本剰余金　145
社会貢献　87
社会的勢力　193
社会的責任　87
　──マーケティング　82
社外向け情報サービスシステム　100
収益性分析　151
集中戦略　69
受動型市場志向　81
取得原価　139
需要　79
純資産　145
条件適応理論（状況理論）　189,192
商行為　166

商標　60
　　――法　62
商法　166
情報
　　――管理者　109
　　――システム　100, 101
　　――製作者　109, 110
　　――そのものとしての品質　104
　　――仲介者　116
　　――提供者　109-113, 116
　　――の固有品質　107
　　――の表現品質　107
　　――の文脈品質　107
　　――の利用品質　107
　　――爆発　97
　　――爆発時代　97, 98
　　――リテラシー　99-101, 111, 116
　　――利用者　107-112, 116
情報品質
　　――次元　107, 108, 110, 113
　　――の概念フレームワーク　104, 108
　　――保証　101, 111
　　アクセス性に関する――　105
　　表現に関する――　105
　　文脈に応じた――　104
情報品質　101, 103, 110
正味売却価額　142
ジョハリの窓　199
新株予約権　146
真実性　110-112, 114, 115
真正性　110, 111, 114, 115
スーパーボウル　80
ステークホルダ　103
ストーカー　29
スリーコム　9
正確性　110, 113, 115
生産志向　80, 83
生産性分析　153
成熟度（マチュリティ）　191
正常営業循環基準　137
製品志向　81, 83
税務会計　156
絶対的商行為　166
総平均法　142
遡求権　173
ソニー　53, 84

損益計算書　135, 146
損金　156

〈タ　行〉

第三者保証　109, 111
貸借対照表　135
タイプT　81
代理権　168
ダイリューション　56
ダウンサイジング　120
多角化戦略　69
タスクフォース　42
タタ自動車　79
談合　178
地域団体商標　60
知識　102, 103
知的財産　54, 116
　　――戦略　55, 69
　　――報告書　70, 75
直接的情報　98
著作権法　64
ディー・エヌ・エー（DeNA）　15
定額法　141
定率法　141
データ　102, 103
　　――処理　119
手形　169
適時性　110, 113
デジタル書名　132
電子公証制度　115
電子商取引　129, 173
電子モール　131
動因理論　196
当期純利益　147
動機づけ（モチベーション）　194
　　――理論　194
統合型市場志向　82
投資その他の資産　138
特性理論（資源理論）　185
独占禁止法　178
特定商取引法　175
特許　57
　　――・技術移転　116
　　――電子図書館　59
　　――法　61
ドメイン　7

索　引

トレースバック　113, 115

〈ナ　行〉

内容証明　115
内容（欲求）理論　195
ナレッジメネジメント　7
ニーズ　79
日本サッカー協会　80
日本総合研究所　8
日本マクドナルド　78
ニュージャージー・ベル電話会社　38
2要因理論（動機付け・衛生理論）　195
ネットオークション（電子オークション）　132
ネットワーク型組織　126
ネットワークの外部性　124
能動型市場志向　82
のれん　138

〈ハ　行〉

発信主義　174
発生主義の原則　143
パテントトロール　68
ハドソン　8
バリアン　6
バリューチェーン　71
販売志向　81, 83
引当金　144
ビジネスモデル発明　58
ビジョン　7, 87, 88
非代替性　106
費用収益対応の原則　143
ファーストリテイリング　77
フィードラーの条件即応モデル　189
フォード　81
フォックスコン　52
フォロアー　48, 184
　――シップ論　202
負債　143
不実告知　177
付属的商行為　167
物権　164
不変性　111, 114
プライス　20
プライバシーマーク制度　113
ブランチャード　191

フリーライド　56
プレイス　20
プロダクト　20
　――・アウト　83
プロパテント　67
文脈　99, 116
ベツレヘム製鋼所　22
ペティ＝クラークの法則　86
変革型リーダーシップ論　200
ペンシルベニア・ベル電話会社　38
ベンチャー
　――キャピタル　1
　――ビジネス　21
　――マネージャー　21
弁理士　65
法人格　159, 160
法令順守　104
ホーソン実験　24

〈マ　行〉

マーケット・イン　83
マーケティング
　統合型――　82
　包括的――志向　82, 83
　――・ミックス　91
　――志向　81, 83
マネジメント　184, 194
マネジリアル・グリッド　186, 188
マルチメディア　127
ミクシィ　15
ミシガン大学研究　186
ミッション　7, 87, 88
ミッドベール製鋼所　22
民法　163
無形固定資産　138
無限責任社員　161, 162
目的適合性　111, 115, 116
モチベーション　44
モノ余り　84
物言う株主　86

〈ヤ　行〉

約束手形　170, 171
ヤフー　8
有機的管理システム　30
有形固定資産　138

有限会社　161
有限責任社員　161, 162
ユニクロ　77
ユニソン・ワールド　8
ユビキタス社会　127
欲求　79
　——5段階説（欲求階層理論）　195
4つのC　91
4つのP　91

〈ラ　行〉

らくらくホン　85
リーダーシップ　47, 183, 184
　——開発論　202
リーマンショック　13
利益剰余金　145
利害関係者　103
理念　87, 88
流動資産　137
流動比率　150
利用目的への適合性　101, 103, 107, 109
リレーションシップ・マーケティング　82
連結会計　148
連帯債務　168
ロジスティクス　7
ロックフェラー財団　38
割引現在価値　142

執筆者紹介（執筆順，＊印は編者）

＊宮脇敏哉（みやわき としや）［まえがき，第1, 2, 3章］
　奥付参照．

小田哲明（おだ てつあき）［第4, 5章］
　立命館大学大学院テクノロジー・マネジメント研究科教授．1973年福岡県生まれ．東京大学大学院工学系研究科博士課程修了．　主要業績 "Enhanced Co-citation analysis using frameworks", *Technology Analysis & Strategic Management*（Tetsuaki Oda, Kiminori Gemba, and Katsumori Matsushima）Volume 20/Issue 2, pp. 217-229, 2008．小田哲明，杉光一成，玄場公規，石田修一「職務発明の対価の額とそれ以外のインセンティブによる技術者評価方法」『知財管理』59/9, 1175-1183頁, 2009年．「特許データベースを用いた技術開発戦略分析――東芝のDVD技術について」『日本知財学会』Vol. 6/No. 3, 22-27頁, 2010年．

福田拓哉（ふくだ たくや）［第6章］
　新潟経営大学経営情報学部スポーツマネジメント学科准教授．1979年北海道生まれ．立命館大学経営学研究科博士課程前期課程修了．修士（経営学）．　主要業績「企業スポーツにおける運営論理の変化に関する史的考察――日本的経営・アマチュアリズム・マスメディアの発達を分析視座として」『立命館経営学』第49巻1号, 183-207頁, 2010年．「Jリーグ・イレブンミリオンプロジェクト達成に向けた課題：スタジアムの集客率に着目した現状分析」『新潟経営大学紀要』第15号, 131-148頁, 2009年．

稲永健太郎（いねなが けんたろう）［第7章］
　九州産業大学理工学部教授．1973年福岡県生まれ．九州大学大学院システム情報科学研究科知能システム学専攻博士後期課程単位取得退学．博士（工学）．　主要実績「コミュニティバスの利用状況調査へのICT活用とその効果」, 日本経営システム学会誌 Vol. 36, No. 1, pp. 81-89, 2019年．"The Development of a Mobile Application to Collect Passenger Data for Regional Public Transportation", Proceedings of the 16th ITS Asia-Pacific Forum FUKUOKA 2018, pp. 1284-1297, 2018．共著「日本情報経営学会叢書4 情報品質の研究――Information Quality」, 中央経済社, 2009年．

岩田一男（いわた かずお）［第8章］
　関西学院大学共通教育センター教授．1959年大阪生まれ．大阪市立大学大学院創造都市研究科（システムソリューション研究分野）修了．　主要業績『情報ネットワークのビジネス活用』三恵社, 2011年．『ビジネスにおけるICT活用の基礎』大学教育出版, 2011年．『ビジネス情報の応用 ～プロジェクト管理編～』DTP出版, 2008年．「中小企業を対象としたICT利活用の実態調査」『IT経営ジャーナル』Vol 1, 9-16頁, 2014年．「初年次教育におけるタイピング練習とその関連性についての調査研究」『日本情報経営学会誌』Vol. 36, No 2, 74-85頁, 2015年．

大 澤 弘 幸（おおさわ　ひろゆき）[第9章]
新潟経営大学経営情報学部経営情報学科教授，税理士（関東信越税理士会 103216 号），1971 年千葉県生まれ，北海道大学大学院経済学研究科会計情報専攻修了，会計修士（専門職）．主要業績 共著「高率な純資産減少割合を伴う資本剰余金配当の異質性について——自己株式取得との共通点を踏まえて」『企業経営研究』第 17 号，31-44 頁，2014 年．「株式報酬による役員給与の課税連関に関する考察　—平成 29 年度税制改正を踏まえて—」『新潟経営大学紀要』第 25 号，27-36 頁，2019 年．共著『New ベーシック税務会計〈個人課税編〉』五絃舎，2018 年．共著『New ベーシック企業会計〈企業課税編〉』五絃舎，2020 年．共著『New ベーシック企業会計』五絃舎，2020 年．

金 津　　謙（かなつ　けん）[第10章]
実践女子大学人間社会学部専任講師．1970 年東京都生まれ．東洋大学大学院法学研究科私法学専攻博士後期課程単位取得退学．　主要業績 共著『法学への一歩（第3版）』八千代出版，2009 年．共著『契約・不法行為入門』泉文堂，2005 年．「独占禁止法のエンフォースメントと民事救済制度の拡充」浅野裕司先生古稀祝賀論文集『市民法と企業法の現状と展望』八千代出版，2005 年．

栁 田 健 太（やなぎた　けんた）[第11章]
宮崎学園短期大学現代ビジネス科准教授．2021 年 4 月より近畿大学産業理工学部就任予定．1985 年宮崎県生まれ．宮城大学事業構想学研究科博士後期課程修了．博士（事業構想学）．主要業績 Kenta Yanagita, Shigekazu Asai, "Issues and Countermeasures in IT-based Management Promotion of Small and Medium-sized Enterprises: Focus on Utilizing IT Personnel", *Pan-Pacific Management Science*, Vol. 3, pp. 19-33, 2020.「地域連携によるビジネス教育の学修効果に関する考察」『宮崎学園短期大学紀要』第 11 号，101-118 頁，2019 年．

《編著者紹介》
宮 脇 敏 哉（みやわき　としや）
　　徳山大学経済学部教授，マハサラスワティ大学客員教授
　　1955年　宮崎県生まれ
　　山口大学大学院東アジア研究科後期博士課程東アジア専攻満期退学

（単著）『ベンチャー企業概論』創成社，2005年
　　　　『ベンチャー企業経営戦略』税務経理協会，2005年
　　　　『ベンチャー企業産学官連携と財務組織』学文社，2006年
　　　　『ベンチャー企業マーケティングと経営管理』同友館，2006年
　　　　『急成長現代企業の経営学』大阪経済法科大学出版部，2007年
　　　　『マーケティングと中小企業の経営戦略』産業能率大学出版部，2008年
　　　　『現代経営管理と経営戦略モデル』流通経済大学出版会，2008年
　　　　『中小企業・地場産業のリスクマネジメント』第一法規，2009年
　　　　『ベンチャービジネス総論』税務経理協会，2010年
　　　　『マーケティング経営戦略』白桃書房，2010年
（共著）『企業経営の基礎』東京経済情報出版，2008年
　　　　『日本と中国の現代企業経営』八千代出版，2009年

経営学新講義

| 2011年3月10日　初版第1刷発行 | ＊定価はカバーに |
| 2021年3月25日　初版第2刷発行 | 表示してあります |

編著者　宮　脇　敏　哉Ⓒ
発行者　萩　原　淳　平
印刷者　田　中　雅　博

発行者　株式会社　晃　洋　書　房

〒615-0026　京都市右京区西院北矢掛町7番地
　　　電　話　075(312)0788番(代)
　　　振替口座　01040-6-32280

印刷　創栄図書印刷(株)
製本　(株)藤沢製本

ISBN978-4-7710-2217-1

JCOPY 〈(社)出版者著作権管理機構 委託出版物〉
本書の無断複写は著作権法上での例外を除き禁じられています．
複写される場合は，そのつど事前に，(社)出版者著作権管理機構
（電話 03-5244-5088，FAX 03-5244-5089，e-mail: info@jcopy.or.jp）
の許諾を得てください．